外國代理人

美國公關遊說業如何威脅全球民主

HOW AMERICAN LOBBYISTS AND
LAWMAKERS THREATEN DEMOCRACY AROUND THE WORLD

FOREIGN AGENTS

CASEY MICHEL

凱西・米歇爾——著　林添貴——譯

獻給我一生最摯愛的弟弟，諾伍德·米歇爾（Norwood Michel）

法律？憑什麼在乎法律？不是大權在握了嗎？

——康內流士・范德比（Cornelius Vanderbilt）[1]

女士們、先生們。您們吃得還盡興嗎……

您們的用餐時間即將結束。

——法蘭克・米勒（Frank Miller）[2]

目錄

第二部 怪物

第三部 革命

第四部　叛亂

外國代理人數字密碼

- 二〇一六年以前，監管美國境內外國代理人的人員數目下降幅度：四三％[1]
- 二〇一六年以前，審查外國代理人的人員數目下降幅度：八六％[2]
- 二〇一六年前半個世紀內，因外國遊說犯罪被判刑的總案件數：三件[3]
- 一九九〇至二〇一六年間，成為外國代理人的前國會議員人數：一百一十四人[4]
- 自二〇一六年以來，在美國註冊進行遊說活動的外國委託團體：一千零四十個[5]
- 自二〇一六年以來，外國委託團體在美國遊說所花費的金額：四十一億美元[6]
- 二〇一七年至二〇二一年間，中國海外遊說支出的增長幅度：四七六％[7]
- 二〇一七年至二〇二一年間，俄羅斯海外遊說支出的增長幅度：五八四％[8]
- 美國官員首次呼籲禁止為外國政府進行遊說的年份：一八六九年[9]
- 二〇一六年後柯林頓基金會捐款下降幅度：七五％[10]
- 美國大學從外國獲得且未被揭露的捐款金額：六十五億美元[11]
- 擁有最多名顧問因秘密擔任外國代理人而被起訴的美國總統：唐納・川普

序言
搞砸生意

在學校，我一開始只發現有些人是笨蛋，到後來才曉得他們都蠢到不行。

——奧罕・帕慕克（Orhan Pamuk）[1]

一九三四年五月十九日，艾維・李（Ivy Lee）坐在一排國會議員面前，議員們全想要搞清楚李是否替德國納粹新政府進行秘密工作。

李穿著衣領筆挺的細條紋西裝，厚重臉頰在悶熱房間裡開始流汗。國會議員們對李的面孔並不陌生，一九三〇年代初期，他已是美國家喻戶曉的名人；李與政客、大亨、文化名流來往密切，並導引他們的事業和政策，甚至引領了整個國家的政策方向。在此不久前，李創造出一個全新的行業，很快就風行全美。

對支持他的人來說，這個新行業是美國資本主義的救星，它結合了「廣告」和「建議」，能為二十世紀初期試圖應付各種壓力的企業主和政治勢力適時提供協助。但批評李的人士則認為，李所創造的行業只是在為財力雄厚的客戶編造謊言，企圖掩飾各種公然的欺騙，保護客戶財富免受大眾「侵害」。

在美國，這個新行業還在起步，涉獵範圍曖昧不明，包括召喚李來作證的國會袞袞諸公都搞不清楚新行業到底在做什麼。眾議院非美活動調查委員會（House Un-American Activities Committee）民主黨籍主席約翰・麥柯馬克（John McCormack）向李問道：「你是從事哪個行業？」[2]

李回看了他一眼，答說：「主席先生，這件事很難描述，它既是『宣傳代理』，也可稱為『公共關係顧問』。這樣形容，應該可以讓你比較有概念。」[3]但其實，就連李自己可能也不知道他創立的是哪門子行業。

不過，聽證會現場的人卻開始留意到箇中玄妙。這個日後被稱為「公共關係」的新領域和新行業，讓李的顧客遍及全美。鍍金年代（Gilded Age）的企業鉅子洛克斐勒家族，仰賴李掩飾美國史上慘絕人寰的屠殺悲劇。

另外，也有銅礦業、鋼鐵業和銀行業大亨，借重李的長才來阻止政府的法規監管；有些掌控美國交通運輸業的鐵路富豪，靠著李的服務，維持事業壟斷性；有些被富商豢養的政客，藉由李的協助，封殺全美正風起雲湧的進步主義勢力。

李的客戶還不局限在美國，正當李的業務蒸蒸日上時，不同政治光譜的「國際顧客」也慕名前來；在義大利扎根的法西斯勢力張開雙臂歡迎李；在莫斯科初露頭角的極權主義者渴望著李的幫忙。

一家德國的法本公司（I.G. Farben）在一九三〇年代延攬了李；根據李在國會的證詞，法本公司關心德國在美國人心目中的「形象」，希望李能幫助企業塑造「好形象」。

法本公司高層耳聞李的本事。他們意識到，只要客戶重金禮聘，李就願意敞開大門，動用豐厚人脈和專業為客戶漂白、化妝。正如那天李向國會調查人員透露的，法本公司樂意付費聘請李，提供他們久仰的「公關」服務，使美國人對德國的整個印象改觀，進而擴大柏林新獨裁政權在美國的影響力。

李在聽證中承認：「公司董事會告訴我，他們非常關心德美關係，以及美國對德國的敵意。他們希望得到改進德美雙邊關係的建言。因此我們做了相關安排。」[4] 對李來講，事情就這麼單純：誠實的協議，誠實的建言，他沒有違法，也沒犯罪。他很樂於收費，並提供協助（以通貨膨脹率換算，這筆錢大約是現在的五十多萬美元）。

李聲稱，他只向法本公司提供建言，且這些建言不具爭議性。他告訴德國客戶，如果希望德國政府成功的話（李寧願稱其為「德國政府」，而非「納粹政權」），就應避免過於明顯的宣傳。李聲稱：「美國人認為這是在干預美國事務，太過明顯的宣傳反而會搞砸生意。」調查委員會主席麥柯馬克問李是否曾經想過，他這麼做是在當納粹的傳聲筒；李僵住了，正色回答，「我很久以前就站穩立場，無論多麼無害的『宣傳』，都不會散播。」[5]他反過來建議納粹，應該「與美國駐德新聞記者建立親善關係」，讓記者散播納粹政權的訊息。李告訴他的德國夥伴，竅門就在這裡——找出可靠的喉舌和中間人，他們可以更廣泛地散布納粹訊息，改善德美關係。

但隨著質詢繼續下去，李坦承，他不僅提供建議，自己還指派一名員工監測美國媒體，瞭解「他們對德國的報導和評論」。隨後，李把媒體內容與他的分析傳達給德國窗口，讓德方可以據此進一步擬定對美宣傳內容，讓美國受眾明白，柏林新政府是值得支持的。

此時，聽證會的氣氛並未變得激動和喧鬧。李一度輕聲輕氣地說：「各位先生，我非常樂意合作。」然而，李優雅的舉止掩蓋不了自己的焦慮感，緊張態勢如同氣泡浮出水面般，席捲華府，蔓延到歐洲。因為無論李如何努力否認納粹和法本公司有任何關聯，國會議員們皆拒絕採信。眾議員塞繆爾．狄克斯坦因（Samuel Dickstein）一度指著法本公司送給李的資料說：「換言之，『法本公司』送來的資料，就是德國當局散布的資料，我們稱之為『宣傳品』。但是在我聽來，你在陳述中所做的區別只是，德國政府並未把它直接交給你，而是由『法本公司』交給你。」就像正由狄克斯坦因所點出的，李聲稱他只向法本公司提供建議，根本是在避重就輕、轉移話題。實際上，這家公司是個斷點，是李和他的終極客戶納粹之間的中間人，法本企業集團後來負責生產毒氣瓦斯，用以屠殺數百萬名猶太人。面對質疑，李只能訥訥回答：「是的。」6

隨著聽證會持續進行，李和納粹政權之間的關係愈來愈明顯，李的辯詞開始崩潰。他承認接受法本公司負責人馬克斯．伊格能（Max Ilgner）的延聘；這位扈從納粹政權的企業主管，日後在第二次世界大戰期間主持過德國重要的經濟任務。

李承認和納粹政權宣傳部門主管約瑟夫．戈培爾（Joseph Goebbels）直接見過面，並有過「非常有趣的對話」。他甚至見到希特勒（Adolf Hitler）本人，並告訴這位暴君，他「希望更瞭解他」，以便更適當地擬定納粹政權打算傳遞給美國民眾的訊息。他承認他透過法本公司，建議納粹政權編造一套說詞，「向美國人澄清」德國日益擴張的軍備武裝並不是威脅。7

李在結束作證時，依舊表現出他一貫的油嘴滑舌，感謝在座官員的指教，但他同時也感到頭痛欲裂。原先他已經規畫要去德國，盼望當地的水療能放鬆自己。已經五十七歲的他，身體已經有些狀況，理應避開突如其來的壓力，誰知竟被美國政府傳喚，質疑他究竟為誰效力、對美國外交政策產生什麼衝擊。

另外，他也需要向他剛才提到的客戶報告：這些德國人付出可觀的費用請他協助打開各種門路、精心擬定宣傳話術傳布給沒有疑心的美國民眾，而這些訊息將有助於納粹政權的崛起、統治，以及肆虐全歐洲。

當天下午，李離開國會時，汗水早已浸透了衣領，他忙著為即將到來的專案和客戶做準備。但是他怎麼也沒有想到，僅僅在幾個月後，他參加的這場聽證會幾乎讓他葬送性命，並摧毀數十年間建立起來的聲譽；他更不會料想到，在將近一個世紀後，他與納粹政權建立的各種「聯繫」將會捲土重來，並幾乎摧毀美國的民主體制。

＊　＊　＊　＊　＊

一九八六年初，也就是艾維・李出席國會聽證會的五十年後，一個名叫若納斯・薩文比（Jonas Savimbi）的男子來到美國華盛頓。在華府出沒的人物和江湖騙子中，薩文比給人一種奇特、引人注目的印象。他蓄著濃密的黑鬍子，戴著紅色貝雷帽，偏好共產游擊領袖鍾愛的革命裝束。這樣的裝扮並非毫無道理：薩文比在非洲南部地區蓬勃發展的左翼反殖民運動中嶄露頭角，他曾高舉親共產主義的旗幟，鼓吹與美國地緣政治目標格格不入的理念。

但後來，薩文比徹底改頭換面，在安哥拉這個擺脫葡萄牙殖民統治而獨立的新興國家，從「共產主義者」蛻變成為所謂的「自由鬥士」。接著，在南非極右派種族隔離主義政權的支持下，薩文比又回過頭來反抗在安哥拉奪得政權的昔日左翼同志。他領導的叛亂分子從安哥拉政府手中奪占部分領土，他的成功超乎多數人預期，薩文比成為一個「新角色」，有一份刊物稱他為「右翼的切・格瓦拉（Che Guevara）」。[8]

薩文比的崛起其實很恐怖，他在安哥拉各地犯下令人震驚的罪行。一位記者後來追述，薩文比的軍隊「對兒童犯下暴行」，「徵召婦女充當性奴隸」。[9]即使在冷戰時期，薩文比也顯得十分獨特。一位分析家形容，這位軍閥在非洲歷史上是獨一無二的，「因為他對自己造成的生靈塗炭毫無悔意。」[10]《紐約時報》曾報導，薩文比「親自動手將敵人的妻兒子女毆打致死。」[11]在薩文比的暴政下，安哥拉後殖民內戰延長，導致數十萬人喪生，摧毀了這個新興國家，並將戰火延續到下個世代。

不過，到了一九八〇年代中期，薩文比部隊的武器彈藥已所剩無幾。美國人與他切斷關係，不願意繼續與濫炸平民和紅十字會設施的人合作。他曾經多次前往華府，尋求美方解除停止支持其部隊的禁令，但沒有成功。沒有人肯開門見客，沒有人肯提供援助。

但是薩文比還是沒死心，一再嘗試，他緊握著貝雷帽，尋找所能找到的一切支援，希望能獲得美國向反共領導人發送的重型武器。他試圖讓美國決策者相信自己的志業值得支持、婦女兒童遭遇的暴行純屬謠言。好吧，即使它們的確發生，那也是為了更大的利益，不是嗎？

抵達華府後，薩文比跳上一輛等待他的加長型豪華轎車，展開美國華府求助之旅。沒多久，他就意識到這次會有所不同，無論他走到哪裡，大門都對他敞開，讚美和承諾紛紛湧向這位「自由鬥士」。[12]

薩文比拜訪許多智庫。美國企業研究所（American Enterprise Institute）的保守派學者珍妮・柯克派翠克（Jeanne Kirkpatrick）將薩文比奉承為「語言學家、哲學家、詩人、政治家、戰士」和「我們這個時代為數不多的真正英雄人物」。[13]他接受美國新聞主播的採訪，包括美國廣播公司（ABC）的《夜線》（*Nightline*）和哥倫比亞廣播公司（CBS）的《六十分鐘》（*60 Minutes*）等節目，甚至還有傳言提到，他可能登上《時代》雜誌封面。[14]薩文比在美國保守派聯盟（American Conservative Union）於華府希爾頓酒店舉行的豪華宴會上發表演說，與時任副總統的喬治．布希（George H. W. Bush）同台。兩人都得到聽眾熱烈掌聲，薩文比還開玩笑說他「長期以來一直在遠處或是在灌木叢中關注布希的職業生涯！」[15]

總而言之，薩文比這次的造勢十分成功。《華盛頓郵報》描述，他受到的歡迎，「不同於華府過去接待的非洲游擊隊領導人。」[16]

這次訪問不僅將薩文比帶進以前緊閉大門的權力殿堂，還得到他期盼的武器援助，幫助他不顧婦女和兒童的安危，以火線擊退共產主義對手。此行的最高潮是薩文比收到隆納．雷根（Ronald Reagan）總統即將發表的國情咨文「盜版副本」。雷根總統在演講中將特別提到安哥拉，並且承諾展望未來，美國將「道義和物質支持安哥拉人爭取權利，使他們不僅是為自由而戰和犧牲，且是為自由而戰並取得勝利。」[17]

對比過去的徒勞，薩文比這次造訪可以說是空前成功。在觀察家看來，這種轉變十分突然，且令人震驚。在沒有任何明顯外在因素的情況下，一次旅行，就讓過去十年間美國全面封殺薩文比的區域政策全面逆轉。

當然，薩文比不是靠一己之力扭轉大局。他得到一個「新人物」和一股「新勢力」的協助：這個人從薩文比手中收下巨額經費，為薩文比指點迷津，引導他在華府鑽營。這個人就像前面提及的艾維．李一樣，喜歡躲在陰影和密室中，低聲提出建議，帶領客戶穿越隱蔽地帶。

他攀交美國權勢人物，建立關係，再把自己的才能帶到全球各地，尋找最獨裁、最法西斯主義的客戶，為他們效力。這個人後來目睹他苦心孤詣經營的一切在恥辱中崩潰，美國的外交政策也遭到毀滅性、致命性的打擊。

這個人重新點燃艾維．李遺留的火種，開創一個新時代，偕同一批不知羞恥的美國人，為國外的獨裁者和專制者效力。這些傭兵穿著三件式西裝和閃亮皮鞋，規避法律，顛覆規定，為瘋子和暴君服務，為過去半個世紀全球最大恐怖事件的幕後黑手擦脂抹粉。在別的時代，這些人可能被視為叛國賊，但此刻他們卻受到上流社會歡迎，不僅扭轉客戶形象，也在過程中改變了美國外交政策和民主方向。

用專門的詞語來說，這些人被稱作「外國代理人」。而協助薩文比的這個人，就叫作保羅．馬納福（Paul Manafort）。他不僅追隨著艾維．李的步伐，還依循李的遺志行事。

＊　＊　＊　＊

艾維．李和保羅．馬納福是描述整個外國人遊說產業的重要基石，他們關係到遊說產業的誕生與擴張，以及公關遊說產業如何被外國政府利用，成為顛覆和重塑美國政策的平台。正是這些人的故事，勾勒出大時代轉變的輪廓，並透露他們如何遵循極其相似的道路，從輝煌走向毀滅。

李迄今仍被公認是「公關之父」，[18]他在第一次世界大戰後，成為美國最具有影響力的名人。他把自己的服務推銷至國外，然後眼睜睜看著自己的聲譽斷送在法西斯主義崛起的淺灘上。

同樣，馬納福這位第一個將遊說和政治諮詢領域結合在一起的人，在冷戰後的美國功成名就，建立響亮聲譽。隨後，他把自己的服務擴及國外，並親眼目睹自己的聲譽在日益壯大的法西斯勢力中徹底崩潰。

不過，本書不僅介紹這兩個人的事蹟，也探討了他們如何引發史無前例的關注，揭示外國政府如何試圖改變美國政策，以及這些為外國政權效力的美國人是如何實際運作，並取得成功。這是講述專制者和獨裁者樂於掏腰包付錢給願意出賣自身才華的美國人，讓他們竭盡所能效命，甚至不惜削弱美國民主的故事。

本書還講述數十年來為揭露這些行動所做的努力。因為本書的第三個主角並不是一個人，而是一部法案。《外國代理人登記法》（Foreign Agents Registration Act）起初是針對艾維．李支持法西斯行為所頒布，為一九三〇年代一系列政治進步改革的一環，目的在為新興的外國遊說領域帶來透明度。

本書還會敘述《外國代理人登記法》在接下來的四分之三世紀裡如何被遺忘和漠視，以及該法案未能被嚴格執行，導致外國代理人暴增，並充斥於華府，為世界各地的外國「王子」暗中效力。這是關於美國如何從李的失敗案例汲取教訓，然後又迅速將其遺忘的故事；也是馬納福如何接棒繼起，讓美國人再次意識到外國遊說人員所帶來的威脅。

如果你聽說過《外國代理人登記法》，或外國遊說者在華府所造成的威脅，很可能不是因為艾維．李或馬納福的作為，而是因為唐納．川普（Donald Trump）和他在二〇一六年總統大選所作所為。相較於盜賊統治（kleptocracy）、選舉公正性、美國民主的安全和未來等話題，川普的成功讓外國遊說者在美國構成的威脅突然被凸顯出來。

沒有一位總統像川普一樣，有眾多的核心成員秘密地替外國獨裁政權效力，讓川普成全外國客戶的心願，並遭到起訴或定罪，其中包括了前競選總幹事、國家安全官員、募款大將、政治顧問等。這個事實並沒有特別令人驚訝，畢竟，川普是第一位為了當選而公開接受外國政府援助的美國總統。

但川普根本不能算是一個異類。二〇一〇年代中期，美國各黨派政客，不論是保守派、自由派，甚至直言不諱的進步派，全都歡迎外國遊說人員或外國政府的幫助，尋求建立極為不透明的秘密聯繫。這些政客也絕非名不見經傳的小角色，最有名的就是比爾．柯林頓和希拉蕊．柯林頓夫妻，他們名下的柯林頓基金會就曾收受數以百萬美元計的外國資金，但是自希拉蕊在二〇一六年競選總統失利後，資金不僅頓時消失，基金會甚至還澄清捐助資金與政治無關。

另外，共和黨元老鮑伯．杜爾（Bob Dole）是公認的愛國人士，在一九九六年卸下公職後，立即被外國獨裁政權延聘，成為獨裁者的廷臣。還有像參議員伯尼．桑德斯（Bernie Sanders）這樣的人，在二〇一六年競選總統期間，首席參謀員成功把一位親俄羅斯的烏克蘭惡棍推上總統寶座，而統籌這項任務的正是馬納福。與此同時，馬納福也擔任川普二〇一六年競選活動的選務總幹事。

本書將會一一揭露，當外國資金如海嘯般湧向美國時，是如何企圖操縱美國政策，並且為外國勢力效勞；而且這些私下收受外國資金的美國政客，絕對不是唯一獲利的人士。其他如美國的大學和學術界，也大肆享用外國資金，無視揭露外國資金來源的要求，在過程中淪為專制勢力的傳聲筒。

此外，美國智庫在全國各地風起雲湧出現，名義上致力於獨立研究，實際上卻在散布有利於外國贊助者的訊息。美國有些「白鞋律師事務所」也放棄尋找美國客戶，轉而垂涎為獨裁者和專制者效力的機會。

上述這些不同的贊助者全都指向一個現實：儘管本書是探討遊說行業，但在各章節中所列舉的人物和機構，未必就是我們平常所認定的遊說人員。事實上，即使專家也難明確說明「遊說」這個概念。萊昂內爾・澤特（Lionel Zetter）在二〇一一年寫了一本少數以遊說為主題的教科書，書中寫道：「〔遊說〕還未出現眾議咸同的明確定義。」澤特認為，遊說只是「尋求塑造公共政策議程的過程，以便影響政府（及其機構）和立法計畫。」換句話說，它是一門「政治說服的藝術」。[19]或者如馬納福曾經說過的：「你或許會稱它為兜售影響力。我則稱它為遊說。」[20]

任何人都可以嘗試這種權勢交易，無需加入任何公司、任何顧問機構或任何經過認可的同業團體。這種權勢交易和遊說的行為，是任何人都可以做的事，在美國，也是憲法所保障的權利。美國憲法第一修正案規定，所有美國人都享有「向政府請願伸冤」的權利。21除了言論和宗教自由之外，遊說自由是第一修正案的核心。

幾個世紀以來，這種「自由」幾乎完全由美國人代表美國客戶、為了美國自身利益而使用。然而，近幾十年，外國勢力濫用這種「自由」，試圖規避外交和透明度等問題，只為操縱美國政策和國家安全，以便滿足其自身利益。這種做法已經常態化到令人吃驚，各種被服務的對象，如暗殺政治對手的專制者，或領導大規模謀殺無辜和姦淫婦女活動的暴君，又或者是負責策劃種族滅絕的獨裁者，都與美國客戶沒有區別。

讓這種做法「正常化」的過程，正是本書所要探討的主題之一。但我們也要檢視整個過程是如何顛覆我們對遊說或遊說人員的傳統理解。因為在二十一世紀的美國，遊說領域已經涉及前面提到的各種律師事務所和各類型智庫。它涉及政治領導人和幕僚人員，這些人可以在國會大廳穿梭，也可以引導客戶直接進入白宮。它也涵蓋了非營利組織、大學等名義上致力於追求知識或促進美國民主政治的機構，因為這些機構發現，只要自己願意敞開大門，就能獲得大筆外國資金。更令人震驚的是，這一過程還涉及過去十年間一些表面上最支持美國的知名人士，他們全都決定寧願偷偷摸摸為外國金主效力。

這就是本書所謂的「外國代理人」。這些為了鞏固和擴大全球最殘暴的政府，而向國外出價最高的人提供服務的「美國人」。有一位學者曾沉痛地寫下，這些美國人「創造獨裁者的天堂」；讓從事種族清洗和種族滅絕暴行的政權高枕無憂；讓世界上最可怕的環境犯罪、欺凌

LGBTQ的行為不被指責。總而言之，對於近一個世紀以來最成功的獨裁勢力來說，透過外國代理人的協助，一切惡行都可以安然無事。

＊＊＊＊

在各位開始閱讀本書之前，有幾點請留意一下。雖然本書討論的是在美國活動的外國代理人，但這不是關於「間諜活動」的書。討論在美國活動的外國間諜的書籍已經太多了。雖然，間諜與外國代理人都會設法隱匿行跡，刻意藏身在社會縫隙裡活動，滲透各種機構，竊取並轉移機密情報，但他們絕不會向聯邦機構註冊登記自己的工作，也不會按照《外國代理人登記法》等法律揭露自己的會議和行動。間諜們可能為同一個政府工作，但他們與本書所探討的外國代理人是不同的群體。外國代理人並未像間諜一樣，受到許多的關注，卻可能造成像間諜一樣的嚴重破壞。

這本書大致按照時間順序鋪陳，但並非面面俱到。數百個組織、數千份申報文件、數百萬個資料，以及數十億美元的支出，近年來我們所認知外國遊說活動的爆發規模，遠遠超過一本書的篇幅。不過，這並不意味著這類百科全書式的工作沒人在做。目前許多公民社會組織和單位都正細緻地研究，舉凡「政府監督計畫」（Project on Governmental Oversight）、「開放機密」（OpenSecrets）等，目的是為了建立資料庫並整理申報文件，使記者和研究人員能夠拼湊出真實故事。此外，他們也提供資料，幫助未來有志書寫此類書籍的作者們構建自己的敘述，進一步揭露外國遊說人員對美國政策與民主制度造成難以估量損害。

由於本書涉及的現象如此廣泛，因此無法提及外國遊說活動背後的每個國家。有些國家上了頭條新聞，如以色列、日本、英國等，不一定會占據太多篇幅，而其他國家，如亞塞拜然、阿拉伯聯合大公國和盧安達，則比預期的篇幅還多，箇中原因將會在文中交代清楚。

但是，俄羅斯這個國家將貫穿本書的整個時間軸。許多美國人在二〇一〇年代中期才意識到俄羅斯在美的秘密遊說活動，當時這些活動與駭客攻擊、假訊息戰略相伴出現。事實上，克里姆林宮暗中影響美國官員的活動可以追溯到十九世紀中期，最終導致了本世紀最大的一宗外國遊說醜聞。俄羅斯這場干預行動，正是下一章的起點，也為接下來發生的一切架好了舞台。

正是俄羅斯近期顛覆美國民主、利用外國代理人達成目標的行動，促使我撰寫了這本書。二〇一〇年代中期，我還是哥倫比亞大學哈里曼研究所的研究生，專注於研究後蘇聯獨裁政權如何操控西方（特別是美國）輿論。因此，我親眼目睹了克里姆林宮如何在現實中展開干預行動。我不僅最早記錄和報導俄羅斯社交媒體干預活動，甚至還親身成為這些外國代理人攻擊的目標，其中一些經歷散見於本書的各個章節。此外，我的研究正好涉及《外國代理人登記法》等議題，甚至在川普聘請馬納福這位外國代理人擔任競選經理之前，就已經接觸到他的相關資料。

時至今日，外國遊說人員、外國資金，以及各行各業如何逐漸淪為獨裁政權和黑手黨國家打手的議題，變得更加重要和明顯。而這，正是《外國代理人》的核心。本書探討的是外國政府如何有計畫、秘密地遊說美國官員為其執行命令的歷史。本書還將講述艾維・李這位「公關業奠基者」，如何以鞏固外國獨裁政權作為自己職業生涯的終點，最終留下了一個自己未曾預料的「遺產」。而在冷戰結束後，另一個人物將李的遺產延續至新一代，並擴展至全球，點燃了一條導火線，最終在川普當選時引爆，撕裂了美國的外交政策，甚至威脅美國民主的存亡。

第一部

毒藥

有群眾的地方，就會有暴政。

——艾維瑞・狄恩・馬丁（Everett Dean Martin）[1]

第一章 嚴重的後果

如果我提到懺悔，他們的回應會是：「我有什麼好懺悔的？」每個人都把自己當成受害者，而不是自願的共犯。

——史薇拉娜．亞歷塞維奇（Svetlana Alexievich）1

雖然外國遊說和外國代理人的盛行是相對現代的現象，但它們都起源於美國建國初期那些試圖利用新國家賦予「新權利」的人們。

一七九二年底，美國第一任總統喬治．華盛頓（George Washington）首次任期即將結束時，一位名叫威廉．赫爾（William Hull）的男子從維吉尼亞州來到美國建國時的首都費城（Philadelphia）。他有一個計畫：測試三年前剛頒定的美國新憲法極限到底到哪裡，以及第一修正案規定的權利能延伸到什麼程度。也就是說，赫爾想檢驗美國人是否真的擁有憲法所謂的「自由」，意即向政府官員「請願」的權利是否能真正落實。他只是一介公民，想向官員施壓，促請他們通過民眾想要的政策。

赫爾是個虛榮心旺盛的人，帶著漂亮的履歷來到費城，一位作家形容他「外表驕傲，頭髮茂密」。赫爾曾經率軍參加獨立戰爭，據稱「可以隨時隨地與華盛頓總統交談」。[2] 赫爾仗恃的也正是這段老交情，他此行不是為了自己，乃是應一群維吉尼亞退伍老兵的要求進京陳情，這群老兵曾在華盛頓麾下效命，於美國獨立戰爭中服役。在擊敗英國人多年之後，他們還癡癡地等待服役應領的報酬核發下來。但是美利堅合眾國建國初期的財政一團亂，只能靠著夢想和承諾維繫聯邦的運作。在國家財政基礎穩固之前，美國退伍軍人經常領不到薪餉。

赫爾寫信給其他退伍軍人團體，呼籲「代理人」出來幫助昔日戰友，推動戰時薪餉補償法案。[3] 抵達費城後，他四處拜會聯邦立法者，為自己的主張辯護，也設法熟悉新國家的政府運作模式。他強調，如果當年沒有這些退伍軍人浴血奮戰，立法者們今天怎麼會有工作？況且，他們恐怕早已被英國政府當作成美洲殖民地起兵稱亂的禍首，絞刑處死。

不過，赫爾不得不面對聯邦財政的窘況。美國政府一窮二白，他提議的薪餉補償法案以失敗收場。獨立戰爭的退伍老兵仍得不到他們要求的薪餉。

立法推動雖然失敗，但在過程中卻出現一些新發展。美國人，無論其職業或政治信仰如何，他們和立法者的互動出現了新模式，且這個新模式尚未經過任何檢驗。在幾年後，這種行為被命名為「遊說」。就像赫爾代表的「客戶」一樣，在許多方面都深具革命性。

＊　＊　＊　＊　＊

當然，赫爾並不是第一個試圖影響政策的人。學者塔倫．克里希納庫瑪（Tarun Krishnakumar）在二〇二一年出版過一本有關美國遊說歷史的專書，當中寫道：「只要個人和團體被賦予權力管理社會，其他人就會試圖影響他們及其決策。」[4]但與歐洲君主制國家不同的是，新興的美國政府並非遙不可及的精英，也無需宣稱擁有神聖權利來行使權力。民眾接觸聯邦政府與州政府官員，比起其他西方國家都要容易得多。（如果有什麼不同的話，那就是美國人影響政客的模式，就像揪住地方領導人的耳朵，敦促他們接受民眾偏好的政策，這種方式更接近美國之後就要消滅的原住民族群治理結構。）

即使赫爾失敗了，美國人不消多久就意識到「遊說」的箇中差異，並開始利用它來獲取好處。很快地，那些想要推動和挑釁立法者的人士，開始在費城想方設法鑽營。有一篇短文指出：「一七九五年，費城的一份報紙描繪遊說人員在國會議事廳外等待的方式，『他們伺機向議員暗示、糾纏或提出最合適的建議』。」[5]隨著財政開始穩定，十九世紀初期美國政府開始向西部擴張，想要影響立法者的人們漸漸嘗到遊說成功的甜頭。從關稅到財政政策，從鐵路建設到工業發展，隨著美國一路地向西擴張，這些人影響政治人物的機會也增加了。

這類遊說活動，最初大多集中在內政事務上。但很快地，自命不凡的遊說人員開始插足外交政策。在一七九八年美國與法國的對峙態勢中，一位參議員歡迎「由費城公民組成的一個大型委員會」進入國會議事廳，提出「請願書」，支持國會同僚們在美法衝突升級為戰爭時所主張的立場。然而，另一位參議員卻大表反對，主張參議院議不能淪為特定外交政策的一言堂，他「推動一項決議案，禁止個人或代表團以這種方式請願」。[6]

事實上，即使美國憲法賦予人民遊說的權利，但打從一開始，反對全面遊說自由的意見就融進美國的民主實驗中。從美國建國初期，人們就擔心憲法賦予的「自由」適用範圍太過廣泛和開放，請願自由與遊說自由很容易遭到濫用。亞歷山大·漢彌爾頓（Alexander Hamilton）曾在一本被公認攸關美國建國的重要文件《聯邦黨人文集》（*Federalist Papers*）中寫道：「共和國具有許多優勢，但美中不足的是，暴露了太多讓外國勢力滲透和腐化的途徑」。漢彌爾頓擔心美國的開放性會在人民渾然不覺的情況下，給予外國勢力干預、滲透、引導政策的操作空間。漢彌爾頓又補充說，歷史「提供給我們許多痛心的例子，即外國的腐敗仍在共和政府中橫行無阻。」[7]

漢彌爾頓的擔憂是正確的，後來殺死他的副總統亞龍·伯爾（Aaron Burr）就是和外國特務合作，試圖分裂美國。跟伯爾密謀分裂美國的同夥美國陸軍司令詹姆斯·威爾金森（James Wilkinson），也長期擔任西班牙國王的秘密特務。然而，更諷刺的是，「外國腐敗入侵的途徑」並不是出現在美國建國初期的數十年中。雖然美國在一七九六年和一八一二年曾出現過外國勢力試圖干預選舉的例子，但十九世紀上半葉卻很少有不受節制的外國遊說活動。這段期間，美國人幾乎都是為了內政事務，自由行使遊說「新權利」，而不是為了國際事務。

直至南北戰爭爆發，一切才變了調。

＊＊＊＊＊

南北戰爭期間，正當美國政府努力擊退一群意圖分裂國家、奴役百萬黑人的「白人至上主義」叛徒時，外國政府也注意到美國的局勢發展，等待著介入美國內政的良機。在巴黎，法國官員考慮承認南方邦聯，此舉將對美國造成致命打擊；在倫敦，英國官員考慮直接武裝南方邦聯，狠狠打擊美國。但是到最後，美國戰勝分離主義者，徹底終結歐洲干涉美國的意圖，而這場勝利同時也開啟了外國人在美國遊說的新紀元，並引發一樁醜聞。一百六十年後的今天，這樁醜聞顯得異常熟悉，甚至令人不安。

北方戰勝後，聯邦官員立即設法讓國家再度團結起來，其中一個可能的出路就是「擴張領土」。有些美國官員認為，如果美國能夠征服或奪取新土地，或許可以暫時緩和國內爭端。國務卿威廉．西華德（William Seward）認為，有一個地區可以提供完美的機會，不僅提高美國的全球與經濟地位，還可進一步將分裂的國家團結在一起，那就是阿拉斯加。

當時遼闊的阿拉斯加還是沙俄的殖民地。阿拉斯加原住民世世代代都受到俄羅斯墾殖者的虐待，一次又一次的屠殺，目的是鞏固俄羅斯對此一省分的統治。到了一八六〇年代中期，對沙俄政權來說，阿拉斯加已是不堪負荷的重擔。它的地理位置距離中樞太過遙遠，基礎設施也太少，俄羅斯沒有能力繼續挹注資金和人力。隨著俄羅斯財政慢慢崩潰，沙俄開始尋找接手阿拉斯加的買家。

然而買家卻寥寥可數，雖然鄰近阿拉斯加的加拿大省分為英國勢力範圍，但恰好英國是俄羅斯海外殖民的主要競爭對手，任何增強英國勢力的因素都應該避免，因此出售給英國的可能性較低。此時，美國成為頗具吸引力的考慮對象，倘若阿拉斯加賣給美國，將使華府成為制衡英國的區域力量。另外，在俄羅斯眼中，美國最終目標似乎就是要征服整個北美洲。那麼，為什麼不早點賣給她，至少還可以賺點錢。

但這裡有個問題。除了西華德之外，鮮有美國人覺得有必要購買阿拉斯加。一位學者說：「美國對阿拉斯加的興趣，是在『冷漠』和『不感興趣』之間搖擺不定。」[8]在許多美國人眼裡，一八六〇年代的俄屬阿拉斯加，只不過是一片空曠的苔原，像極了個「冰箱」或「北極熊庭園」，美國並不需要它，要一直到幾年之後，阿拉斯加才發現黃金與石油，成為美國最富有的州之一。[9]此外，這時華府還有更迫切的問題有待處理，例如對前南方邦聯各州執行軍事占領、通過基本民權保障條例保護黑人等。阿拉斯加的事必須再等一等。

但是，俄羅斯人不能再等了！出售阿拉斯加是穩定俄羅斯財政最簡單的方法。而在美國人亟需再度站穩腳跟之際，說服他們花費巨額資金購買並不想要的東西，談何容易。俄羅斯若想說服華府，就必須另闢蹊徑。

幸運地，俄羅斯派駐在華府的大使愛德華．德．史托克爾（Edouard de Stoeckl）有一個點子，可以繞過美國的反對聲浪，在美國民眾與大部分政府官員不知情的情況下悄悄推動出售任務。

史托克爾沒有實際的爵銜，卻有「男爵」的綽號。一八六七年開始，他與西華德湊在一起，敲定初步協議，美國將支付相當於七百二十萬美元的黃金，買下阿拉斯加。但西華德仍需說服國會，因為只有國會才有權撥款。問題還不止於此。西華德的主要盟友安德魯．約翰遜（Andrew Johnson）總統的種族主義政策正陷入政治風暴，讓他變成美國史上首位遭到彈劾的總統，這場危機吸引了華府所有的注意力，也耗盡華府所有的精力。[10]

到了一八六八年初，西華德的購地協議幾乎已壽終正寢，但就在此時，史托克爾插手制定出一套「劇本」，這套劇本日後將在二〇一〇年代中期復活，讓俄羅斯再次躲開公眾視線，引導美國政策走向。

首先，史托克爾留意到，有個美國人可以協助爭取國會議員投票支持撥款購買阿拉斯加。他鎖定了曾任密西西比州聯邦參議員和財政部長的羅伯特．沃克（Robert J. Walker），作為可以提供「助力」的人選。史托克爾認為，沃克應以獨立之姿向美國立法者施壓出資購地，而且不會有人意識到沃克已經成為俄羅斯的秘密代言人。史托克爾提供給沃克相當於現在的五十萬美元的資金，「讓他隨時隨地運用影響力」。[11]

沃克不僅樂意效勞，還積極展開行動，設法在毫無戒心的報紙上發表匿名文章，以頭版專欄譴責反對購地計畫者的主張。沃克素來缺乏創意，他在匿名文章上竟落款署名「阿拉斯加」。他也公開為史托克爾和購買阿拉斯加計畫辯護，預言若收購失敗，將帶來「嚴重的後果」。他在華府竭盡全力推動購買計畫，每當被問及時，沃克都否認他的作法是「遊說」。[12]在史托克爾幕後資助下，沃克的努力似乎奏效。到一八六八年六月中旬，國會已有夠多的議員改變主意，支持撥款購地。撥款法案出乎意料地快速通過，美國得到建國史上第二大的領土擴張。

事實上，這個舉動來得如此突然，如此出乎意料，以至於怎麼看都不對勁。因此，細節很快就被洩露出去，一位為叫做尤賴亞・佩因特（Uriah Painter）的記者報導稱，紐約有小偷從沃克那裡偷走數千美元，但當局抓到小偷時，沃克卻拒絕提告。佩因特進一步指出，這是一種巧妙轉移資金的手段，沒有人能夠察覺資金的最終流向。佩因特還報導說，有一大筆資金在正式購買前幾個月就已經「消失」了。[13]

到處都有資金莫名消失的事件，再加上國會引爆新的賄賂傳聞，佩因特不禁懷疑這是「華府有史以來最大的遊說騙局」。[14]

由於資金流向不明的指控甚囂塵上，不久國會就針對外國遊說展開首次正式調查。國會調查人員證實，整個事件是一場騙局和醜聞。他們甚至發現相當於數百萬美元的資金居然從金融紀錄中消失。所有跡象都指向一個無可避免的結論：賄賂與秘密遊說，全都是在為俄羅斯關說。

當然，有個人可以幫助國會解開謎團，揭露資金的最終去向，那就是史托克爾。但當國會調查人員察覺資金下落不明時，男爵本人早就銷聲匿跡，返回俄羅斯了！曾經研究這項醜聞的作家羅納德・簡森（Ronald Jensen）就指出：「這位俄羅斯官員可能是唯一知道阿拉斯加撥款方案所有失踪資金去向的人，而這個秘密顯然跟著他一起落跑了！」[15]

直到今天，數百萬美元仍下落不明。但根據簡森的分析，答案似乎很明顯。在約翰遜總統浩瀚的文件中找到一份備忘錄，是有關他與西華德的談話，而西華德正是最初啟動購買阿拉斯加計畫的官員。備忘錄詳述兩人坐在「陰涼的樹林」中，西華德向總統透露，史托克爾本人「買通」美國一家主要報紙，還直接賄賂國會議員，改變他們的投票意向，共有十個國會議員收受俄羅斯賄款。[16]當然這些官員也全非默默無名，在受賄支持購買阿拉斯加的官員中，有以「廉潔」著稱的撒迪厄斯・史蒂文斯（Thaddeus Stevens），他曾經支持保護黑人民權，而被譽為是那個時代最偉大的政治家。[17]

不幸的是，對於調查人員來說，儘管這樁賄賂案在華府已是公開的秘密，但罪證始終難以確鑿。而且西華德否認知情，約翰遜則拒絕公開評論。國會調查以失敗告終。調查委員會「沒有得出肯定的結論，也沒有令人滿意的否定結果」。[18]

儘管無法將相關涉案人士繩之以法，甚至在阿拉斯加成為美國的一部分後，調查人員仍希冀有所作為，委員會成員公開點名沃克「在民眾不知情的情況下代表外國勢力」，並斥責他甘願為外國政府充當「代理人」。少數調查人員甚至提出一個可能的解決方案，就是徹底立法禁止美國官員在卸任後擔任外國政府的遊說人員。國會調查人員曾就此事件發表評論：「即使是曾擔任高階公職或擁有社會影響力，都無權將自己同胞賦予他的影響力、信任和信心，出售給外國政府，或涉入個人利益事務中。」19

調查人員認為，美國官員一旦卸任，就不應擔任外國勢力的代理人，這是超乎時代的聲明，直接指出未來幾十年將會出現的各式各樣外國遊說方法。但這也是一個幾乎未能引起注意的聲明，最終也就不了了之。

事情就這樣子畫下句點。這是美國史上第一起外國遊說醜聞，透過一名俄羅斯官員行賄美國官員和記者，並延聘一名美國前任高級官員充當俄國在華府的喉舌，目的是暗中操縱美國政策走向，最終卻沒有人被繩之以法，也沒有人丟掉飯碗或身陷囹圄。除了知情的俄羅斯官員外，根本沒有人瞭解完整金流，或掌握那筆突然消失的數百萬美元的最終去向。

對現代人來說，美國政府購買阿拉斯加是可以理解的。畢竟，購買阿拉斯加被認為是美國外交政策的偉大成就之一：美國絕對物超所值地買下這片領土，增強了美國的實力、財政和影響力，至今美國仍然在享受購地紅利。但它也是另一個故事：這個故事是有關外國遊說（和賄賂）美國官員有關的教訓，只不過很快就被遺忘了。這樣的遊說手法在未來只會變得愈來愈加熟悉，而且在往後幾十年裡，它將讓外國政府直接把手伸進入白宮。

＊＊＊＊

儘管醜聞的規模很大，但美國人大體上對阿拉斯加購地案的指控和爆料並不介意。這不是沒有原因的，因為到了一八七〇年代初期，一名俄羅斯間諜又暗中掌控美國外交政策，並且在華府撒下大把鈔票，顯示出華府的遊說醜聞有多麼泛濫。

事實上，阿拉斯加購地醜聞爆發後，「遊說」這個名詞才首度出現，那時在白宮當家的是尤利西斯・格蘭特（Ulysses S. Grant）總統。適逢美國工業大幅增長，利益集團們發現一個突如其來的機會，格蘭特有一個習慣，會在休息時間走到白宮對街新落成的「威拉德飯店」（Willard Hotel），在圓形酒吧小酌幾杯。我們不清楚格蘭特會喝多少酒，但當他喝足後，會再漫步走回橢圓形辦公室，繼續修復這個破碎的國家。

格蘭特在散步途中並非形單影隻，就像最著名的遊說教科書作者澤特所描述的，「那些尋求影響格蘭特的人會聚集在威拉德飯店大廳，試圖吸引這位大人物的注意。」他們認為，若能向格蘭特當面「提出具體關注的事宜」會更有效。[20]這些人試圖拉住總統，和他說上幾句話，為他們的客戶進言。舉凡鐵路公司需要批准一條新路線，或是某個工業家需要實施新關稅政策，又或者銀行團需要聯邦放鬆或收緊黃金政策，總之，他們央求總統略施恩惠。畢竟，格蘭特總統多少可以幫忙解決一些事，若能讓總統幾杯老酒下肚，那就更好說話了。

不過，格蘭特討厭在前往威拉德飯店大廳的路上頻頻被人攔住，他只想在小酌幾杯之後就回去上班。可是這些人都像禿鷹，個個不懷好意，試圖撬開他們中意的政策。每隻禿鷹都想為他們的客戶撈點好處。

格蘭特日後抱怨，他們是一群「遊說人員」，只要總統在威拉德飯店出現，他們就企圖發動「攻勢」。當時有一份報紙這麼形容他們：「遊說人員爬過走廊，拖著黏糊糊的身體，從長廊漫行到委員會會議室，最後在國會議場上全身伸展開來。這種耀眼的爬行動物，彷彿像是霸占走廊的一條鱗光閃閃巨大蟒蛇。」[21]

這種施壓政客的手法倒也不是什麼新鮮事。澤特寫道：「遊說活動自古以來就一直存在，而且確實有理由證明『遊說』是世界上最古老的職業之一。」[22]但是，到格蘭特擔任總統時，這類遊說手法卻「轉型」成比以前更具組織性、更接近現代遊說的形式。這些遊說組織與控股公司、空殼公司、離岸公司的結構很類似，在格蘭特擔任總統這段期間，遊說業漸漸成為一門新興行業。

但並不是每個人都贊同這樣的說法。如《國家雜誌》（*The Nation*）就寫道，新的遊說人員是「每個人都懷疑的人……而那些向立法機關提出法案的人只是在迫不得已的情況下才雇用他們。」[23]換句話說，遊說人員成為一種「必要之惡」，即使人們並不喜歡他們的存在，但他們確實可作為達成目的的手段。

但沒多久，這種「令人不悅的作為」逐漸惡化，阿拉斯加爭議後不久，又出現一個更新、更黑暗的醜聞，它直接導致外國遊說客協助製造人類第一次種族滅絕，而且迄今多數美國人仍忽視這段歷史的存在。

＊　＊　＊　＊　＊

一八八〇年代初期，歐洲各大帝國在非洲大陸肆意瓜分一個又一個國家，宣示它們有權建立殖民地，完全不顧因之產生的人命代價。其中，有一個歐洲小國特別覬覦一片地區，試圖據為己有。對瘦弱、面容嚴峻的比利時國王利奧波德二世（Leopold II）來說，剛果盆地是比利時的完美殖民地。它面積近一百萬平方英里，擁有無窮無盡的豐富資源。好戰的歐洲鄰國已經聲稱擁有非洲鄰近地區的權利，這位比利時國王當然想急起直追，分一杯羹。

但是利奧波德需要幫助。他無法依靠自己那支微不足道的比利時軍隊擊退對手，剛果盆地的居民也不會同意接受一位遙遠的君主。為了奪取剛果主權，利奧波德必須發揮「創意」。

於是，利奧波德國王制定了一項計畫，他求助一位令人意想不到的盟友：美國。利奧波德認為，如果他能讓美國承認比利時有權統治剛果，其他歐洲列強就不會挑戰他的主張，美國也將扮演好調解人的角色，支持比利時對抗各方力量。但是，利奧波德如何讓華府相信他就是統治數千萬剛果居民的真命天子呢？

在利奧波德的腦海中浮現一個人。幾年前，利奧波德結識一位名叫亨利・謝爾頓・桑福德（Henry Shelton Sanford）的美國人，他曾在一八六〇年代擔任美國駐比利時大使。桑福德是位戴著眼鏡的生意人，主要興趣是土地投資和住宅開發，也曉得利奧波德想在剛果建立殖民地。桑福德有意願協助比利時國王，在他看來，他可以擔任國王在華府的代表，說服美國立法者支持利奧波德的剛果戰略，而且，最具體的做法就是說服美國將剛果「送」給比利時。

國王也認可桑福德是他在華府的代言人，沒有人需要知道他們倆之間的安排，或是國王為剛果人民真正規畫的是什麼。

一八八四年初，桑福德帶著新的使命回到美國華府，遍訪華府政要，聲稱剛果的「整個領土」已經「由最高酋長割讓」給比利時當局。當然，這些所謂的條約也承諾美國公民同樣可以購買被占走的剛果土地。對於還沒承認比利時地位且保持觀望的美國人來說，這是一個很好的誘因。[24]

但是桑福德打出來的牌並不全然是「生意」而已，他還補充說，比利時取得剛果地區的主權後，國王利奧波德將帶來「文明的影響」，比利時既可宣揚基督教精神，又可帶來文明開化，加上比利時人會把當地改造成為「剛果合眾國」（United States of the Congo），等於直接對了美國立法者的白人至上主義胃口。桑福德聲稱，比屬剛果可以為新近獲得自由的美國黑人提供一個「出路」，當作是「從遍及到南部各州的烏雲中，汲取聚集能量的土地」。[25]

國會立法者來到桑福德宅邸享用盛宴，喝著葡萄美酒，聽著他的論點，頻頻點頭稱許。儘管細節仍嫌模糊，但這一切聽起來合情合理、棒極了。如同歷史學家亞當·霍克希爾德（Adam Hochschild）所述：「每個人歡欣告辭時，卻也感到些許困惑。」[26]國會支持利奧波德的決議和報告很快流傳開來。有一份文件宣稱：「沒有哪個野蠻民族像利奧波德統治下的剛果部落那樣，立即受到仁慈德政的培育照顧，過去也沒有像比利時這麼真誠的統治者來確保他們的福祉。」[27]這段文字的主要作者就是桑福德。

桑福德不僅努力遊說國會官員，也在美國媒體下了功夫，美國媒體開始凸顯利奧波德為剛果居民所做的「德政」，讓利奧波德不再是一位性格冷漠、高高在上的君主，而是一位富有同情心的皇帝，關心剛果人民的福祉。但媒體讀者們無法知道的是，這些正面報導是「桑福德在背後悄悄付款」，秘密收買寫手杜撰的。[28]

桑福德刻意培養的關鍵「關係」，是與美國總統切斯特・亞瑟（Chester Arthur）的交情，桑福德與亞瑟領導的共和黨關係密切。就在幾個月前，他已在總統下榻的佛羅里達州的飯店做東接待了總統。桑福德不時在總統耳邊低語，反覆訴說比利時國王的觀點。亞瑟入主白宮後，即以行動支持利奧波德在剛果的主張。

利奧波德能夠取得這麼好的成果，都是透過「外國代理人」的努力，美國總統直接被收入比利時國王的囊中。有一次，亞瑟甚至在他的國情咨文中，只稍微修改，就直接引用桑福德所撰寫的文字。這位美國總統向國會宣示：

> 資源豐富、人口眾多的剛果河谷正由一個名為「國際非洲協會」（International African Association）的組織開發，協會主席正是比利時國王……原住民酋長將大片領土割讓給協會，道路已經開通，河上也有輪船通行，國家在一面國旗下建立起來，這個國家確保商業自由，並禁止奴隸貿易。國際非洲協會以慈善為宗旨，其成立目的並不在於尋求永久的政治控制，而是尋求這片河谷的中立。[29]

對比利時國王來說，這是一場重大成就，他利用了一名外國代理人操縱美國總統，幫了比利時政府一個小忙，擴張殖民帝國。正如霍克希爾德所指出的：「利奧波德一聽見總統脫口而出的內容，喜出望外，那正是他期待已久的宣傳用語。」國王發了電報給桑福德，向桑福德訴說他對整個事件感到「不可思議」。30

毋庸置疑，桑福德所聲稱的一切，舉凡利奧波德的統治是以「慈善」為宗旨，或比利時人並非只為了尋求剛果「永久的政治控制」，都是謊言。但這一切並不重要，美國在一八八四年正式承認利奧波德的剛果主權時，華府實際上已確立了比利時對剛果的統治。換句話說，這是一場「十九世紀以來外國統治者在華府進行過最為精密的游說活動」。31

同樣的，這也是一場大浩劫的前奏。由於美國對比利時占有剛果的承認，利奧波德鞏固了他對剛果盆地數百萬居民的控制權。在接下來的二十五年，比利時國王甚至主導了整個非洲大陸歷史上最具破壞性的種族滅絕運動。

比利時人的殘酷行為，尤其是他們綁架婦女、強迫兒童從事奴隸勞動，導致數以百萬計的剛果居民在利奧波德的統治下喪生。最準確的估計是，總死亡人數約為一千萬人，也就是比利時人統治該地區之前總人口的一半。這還不包括在比利時統治慘遭砍斷手腳而肢體傷殘的數千人，甚至可能數百萬人。

由於利奧波德和桑福德互助合作，不僅讓十九世紀最精密的外國遊說行動取得了空前勝利，也讓比利時對剛果的主權得到了確認。比利時人和美國人都變得更加富有，而代價卻是讓剛果境內一半以上的居民犧牲了寶貴的性命。

當然，許多美國人還被蒙在鼓裡。直到今天，比利時在中非的種族滅絕暴行，仍然不為人知。但是不久之後，利奧波德和桑福德創立的遊說策略卻重返美國本土，一股新的力量開始在美國出現，卻導致了極大的災難。艾維．李正是造成這場災難的始作俑者。

第二章　真相是什麼

新聞工作就是刊載別人不希望報導的內容；其餘的，就是公關的事了。

——無名氏[1]

艾維·李從未參與剛果相關的任何計畫，當數以百萬的剛果居民被迫害至死時，李還在地球的另一端協助美國企業掩蓋工人喪生事件，並創造出一套「劇本」，好讓未來的政權替自己的罪行編織謊言。

一九一四年四月初，近千名煤礦工人和家人在科羅拉多州南部小鎮拉德洛（Ludlow）附近的臨時帳篷區開始一天的生活。他們在這裡已經住了好幾個月，把當地的採礦業發展起來。他們大多是移民，搬到科羅拉多州協助美國工業發展，並追逐自己的「美國夢」。

然而，近幾個月，局勢變得相當緊張。面對危險工作環境和低微報酬的礦工們，開始號召罷工。礦工代表充滿信心地要求「改善環境、提高工資和承認工會」，宣稱他們「一定會贏得」與資方的對抗。[2] 儘管他們有理由樂觀，但公司管理階層與科羅拉多州政府都試圖阻止罷工者的行動，甚至雇用「來自德州的亡命之徒和暴徒」組建民兵，襲擊罷工者。具體來說，礦工們的要求並不激進，[3] 他們只要求每天工作八小時、象徵性加薪，以及有權利自由搬家。正如一位記者所說，他們只是要求那些「法律已經保障」的權利。[4]

然而，在一九一四年初太陽艷麗、狂風大作的日子，事態卻被激化了。當婦人們生火為孩子們準備早餐，男人們開始商議當天的活動時，科羅拉多州國民警衛隊成員開始在營地外集結。突然，機關槍向帳篷掃射。尖叫聲和撞擊聲劈啪響徹整個營地，子彈四射，擊中四肢、擊中軀幹、擊中頭部，人們紛紛倒下。州民兵開始縱火焚燒帳篷，營地內火勢迅速蔓延開來。濃煙中夾雜著哀嚎聲，數百名礦工和他們的家人爭先恐後躲避無情槍林彈雨。

當槍聲終於平息，硝煙飄入鄰近山區時，帳篷區已淪為廢墟。屍體橫躺在燒焦的地面上，受害者並不只有鬧罷工的礦工，他們的妻兒子女爬進洞裡試圖躲避槍擊，但火勢蔓延開來，他們反而受困其中，無路可逃。單單一個坑洞裡就發現兩名婦女和十一名兒童的遺骸，據一份報導指出，他們「就像被火焰纏身而脫逃不了的老鼠一樣」。[5]

受害者總人數迄今仍舊沒有確切數字被公開，據估計有數十人在這場襲擊中喪生。無論最終數字如何，《紐約時報》指出，拉德洛大屠殺是「工業史上一場無與倫比的浩劫」。[6]

正當全美為這場殺戮事件騷動時，國會立即召開聽證會，官員們要求相關人士對「美國勞工史上最悲慘、最黑暗的事件」提出解決方案。但是主事者，由美國大亨小約翰．洛克斐勒（John D. Rockefeller, Jr.）經營、主持採礦作業的「科羅拉多燃料和鋼鐵公司」（Colorado Fuel and Iron Corporation）並沒有表現出悔意，而是一再否認發生過任何屠殺。洛克斐勒甚至告訴立法者，公司反對工會的立場是基於一項「偉大的原則」，即使它「會賠上你所有的財產，殺光所有的員工」亦在所不惜。[7]

洛克斐勒的回應震驚全美，社會不僅對屠殺事件感到不可置信，也對這種否認態度感到憤怒。傳奇記者厄普頓．辛克萊（Upton Sinclair）公開發起一場反抗洛克斐勒及其同業的公眾運動，他宣布「要在這個國家的人民面前，起訴你們犯下謀殺罪」。[8]很快地，有關大屠殺的消息迅速散播開來，不僅威脅到洛克斐勒的公司和財富，甚至還威脅到美國工業體系的整體平衡。

值得慶幸的是，洛克斐勒還有最後一張王牌，此人不但挽救了其他富豪的命運，還協助粉飾和掩蓋可能損害寡頭企業家聲譽和財富的爭議。洛克斐勒認為，這個人或許能夠減輕拉德洛大屠殺事件造成的影響，甚至有可能扭轉局勢，使它變成對工業家有利。此人創立一門叫做「公關」的行業，美國工業界必須大力仰賴它。

這個人就是艾維．李。洛克斐勒必須延攬他來扭轉美國有史以來最可怕的工業大屠殺，不久之後，李就會運用將自己的才能為地球上最可怕的納粹政權效勞。

＊＊＊＊＊

李自己從來沒有立志過要建立一個幫助和教唆惡劣工業家和政權的職業生涯。他在一八七七年出生於喬治亞州小鎮錫達敦（Cedartown），擁有旺盛好奇心。如果李曾經有過志向的話，就是他一直想成為新聞工作者，或至少是一名作家。根據一位學者描述，「他想寫出偉大的美國小說」。[9]

事實上，李的早年似乎就是往這條路發展。在亞特蘭大埃默里學院（Emory College）就讀時，李被推選為學校「最佳作家」和「最佳閱讀者」，後來還擔任亞特蘭大主要報紙的大學新聞編輯。他甚至還跑到一條全國性獨家新聞。在轉學到普林斯頓大學完成大學教育的最後幾年，李與住在普大校園附近的前總統葛洛佛・克里夫蘭（Grover Cleveland）建立了密切的關係。克里夫蘭卸任一年後，美西戰爭爆發，李從這位前總統那裡得到了第一個評論。克里夫蘭對李說：「這（戰爭）太可怕了！」不過這個評論並沒有經常被引述。[10]

即使畢業後最初幾年，李在紐約擔任記者，他也已經與眾不同。紐約的一位記者同事說，「他做了大多數記者沒做過的事情」，李不僅創建了自己的檔案系統，還經常在圖書館或律師事務所裡花好幾個小時進行個案背景研究。憑著這股敬業精神，大家常看到他腋下夾著好多本書，李很快就嶄露頭角，為《紐約時報》在內的一系列媒體撰稿。

但如果你再仔細觀察，就會發現還有其他因素顯示李最終會落入寡頭企業和暴君政權的囊中，而不是成為一位偉大的小說家。李是一個出生於南方內陸的白人男孩，父親是牧師，母親生他時只有十三歲。他很早就被美國一些最具種族主義、反動思想的政治勢力擁護者所吸引。他兒時的偶像亨利・格雷迪（Henry Grady），是南方主張種族隔離制度最著名的捍衛者，也是一位「為南方種族關係描繪出一幅美好圖景」的「先知」，向全國各地的美國人兜售白人至上主義。李深受那個時代白人至上主義言論的影響，崇拜格雷迪。對於年輕的李來說，格雷迪「不僅是英雄，還是偶像」。11

事實上，李還有明顯的父權主義傾向，且在年輕時已顯現無遺。在大學期間，李沒有沾染到當時的進步主義社會思想。甚至他還是一名「清教徒」，尤其在看待婦女選舉權等問題上，李一度宣稱自己聽說女學生在圖書館閱讀報紙時，感到相當「震驚」。他將這種嚴重的厭女心理與憤怒傾向結合在一起，經常要壓抑「可怕」的「怒火」，還宣稱「愚蠢是人類的普遍特徵」。

但李在社交禮儀上的缺失，卻被過度膨脹的自我意識彌補，他自我膨脹的程度，甚至讓自己成為同學們嘲笑的對象。有一次，同學們寫了一篇〈班上的先知〉，凸顯出李對自己的才智是如何地自我感覺良好，還有他「對重要人物的崇拜」有多高。文章提到：「我們的李！我們偉大的李！敬禮！敬禮！敬禮！敬禮！……偉大的李向同學們露出和藹的笑容。他腋下夾著一本讓他出名的書，書名是《見過我的偉人》。當他降尊紆貴走向同學們時，嘴裡哼著一首自己創作的小曲，標題是《只有我，艾維・李》。」12

狂妄自大的心理、沙文主義的觀點、對權勢人物的崇拜，這些特質塑造了李的青年時代，最終也幫助他躋身美國企業界。這些特質促使他鑽入國外一個又一個的政權，尤其是當他遇到具有相同特質的領導人時。

不過，首先李的事業需要有個起點。在為紐約多家報紙擔任記者四年之後，李做出了一個決定，為他此生的職業生涯奠定了基礎，也徹底改變了美國企業界。

* * * * *

一九〇三年，紐約市長需要幫手。曾任哥倫比亞大學校長、憑藉非正統的跨黨派提名競選成功的市長賽斯．洛（Seth Low）尋求連任，他將迎戰的勢力是根深蒂固的政治機器——坦慕尼協會（Tammany Hall）。和往常一樣，坦慕尼協會似乎穩占上風。

不過，洛認為，如果他能夠找到人幫忙他把訊息傳播給新受眾，或許就可以躲過美國最腐敗的政治機器，也就是坦慕尼協會所掌握的資金和手段優勢。如果他能夠找到一位他所謂的「宣傳經理」，或許有機會殺出重圍。[13]

李於是粉墨登場。從李的職業生涯來看，他並不關心賽斯．洛的政治立場，他只是在尋找比記者工作更高的薪水。偉大的美國小說必須再等一等。現在的李一心只想賺錢。

在賽斯．洛的競選活動中，李一馬當先。準備競選資料時，李撰寫了一本一百六十頁的「書」，這是一份競選宣傳手冊，聲稱賽斯．洛領導了「紐約有史以來最好的政府」。[14]

不過，正如李和其他人日後所說，讓這本書和賽斯・洛的競選活動與眾不同的，並不是李在書裡陳述的內容，而是它呈現的方式。對現代讀者來說，這本競選手冊可能顯得稀鬆平常，甚至乏味。但對那些身處十九、二十世紀交替之際的美國百姓來說，李的書格外引人注目，書中包含了李和未來政治運動的「許多共同特徵」。憑藉在媒體工作的經驗，李使用戲劇性的排版：漂亮的字形、眾多的標題、突出的段落、粗黑的字體和簡單的句子。李將吸引讀者眼球的新聞技巧挪用於競選文字當中。

但這還不足以讓賽斯・洛當選，坦慕尼協會最終還是在選戰中擊敗賽斯・洛。李作為「宣傳經理」的職業生涯，作為一個已經證明自己是資訊管理創新者、瞭解人們想要什麼的人，他的事業似乎在還未開始前就結束了。

然而，他的創新引起人們的注意。稍後不久，一位擔任民主黨全國委員會「新聞代理人」，名叫喬治・帕克（George Parker）的男子聯繫上李。[15]徵詢他：「是否會考慮將自己的才華運用到全國性的競選活動上？會考慮在一九〇四年的選舉中幫他們擊敗泰迪・羅斯福（Teddy Roosevelt）總統嗎？」

李同意了。很快，反羅斯福的文宣開始席捲全美各地。明信片強調羅斯福懷抱「戰爭夢想」。新聞稿採用的「印刷方式，與普通報紙的分欄一模一樣……方便編輯採用。」[16]突然間，在羅斯福擔任總統多年後，反羅斯福的小冊子以前所未見的方式出現在主要媒體上。

羅斯福毫無疑問地爭取到足夠的選票並贏得連任，李則再次敗選。但帕克認為他很有潛力，於是向他提出建議：如果他們兩個人把自己的才華結合起來，將之帶到民間部門，或許能擦出什麼火花。

李對這個想法很感興趣。一九〇五年，兩人搬到曼哈頓，並開設一家新公司「帕克與李聯合事務所」（Parker and Lee）。這間公司的座右銘是：「準確性、真實性和吸引力。」[17]這是李幾十年來一直堅持的座右銘，開啟了他的職業生涯，將他帶入政治權力的史冊，進入美國企業最高層，最終進入國會聽證會，揭露他自己為德國的新政權效勞。

＊　＊　＊　＊

我們現在可以暫且不談李的職業生涯，先試著去瞭解他所處的環境背景。如前述，李在一九〇〇年代中期就被公認為創新者，是將新聞眼光和新聞專業運用到宣傳世界的人物。但這並不是說他是唯一從事這個領域的人，或他是唯一的「宣傳經理」。[18]

事實上，美國各地的競選活動和組織也都聘請專人進行「宣傳」工作，宣傳對象和目標可說是五花八門，也許是選民，或許是顧客，又或者只是能提高公司地位的正面報導。不管是什麼，從事這些工作的人職銜千奇百怪，大多叫做「宣傳經理」、「宣傳顧問」、「新聞代理人」等。

當李進入這個行業時，這些工作多數是分散的，少數略有組織，但欠缺凝聚力。它們的運作常常不關注實際效果，一部分原因是缺乏科學性的民意調查，難以搞清大眾的實際反應，另一原因則是美國企業界仍存在一種觀念，認為公眾根本不重要。大眾的想法、感受、反應，都無關緊要。

畢竟，美國富豪主宰著美國政治，為什麼企業責任、企業透明度或公司治理之類的觀念會很重要呢？美國最早的企業寡頭康內流士．范德（Cornelius Vanderbilt）曾經說過：「什麼公眾，滾一邊去！我不相信這種愚蠢無聊的廢話，什麼替所有的人的利益做事，而不是為我們自己的利益而努力，明明我們就不是這樣嘛！」[19]群眾可能會消費，可能會投票，但群眾的觀點和看法幾乎無關宏旨。

然而到了二十世紀初期，情況稍稍改變，群眾開始有了自己的活力。從所有跡象來看，唯一意識到這點的人正是李。《經濟學人》曾經寫道：「李觀察到，自從一八八〇年代以來，美國全國性報刊連鎖和聯合專欄供稿的機制興起，再加上授權轉載的擴大，社會產生極大的變化。現在，可以說第一次出現可以確切地稱為『輿論』的東西，一種全國範圍內的共同意識和對話。」[20]而這種「輿論」現象，呈現出一種一致性的共識，一種群眾意識，它們可以針對特定目標，是可以駕馭的。只要民眾同意，輿論就可以為美國企業的利益而重新調整方向。

於是，李開始勾畫一條道路和一種哲學。他不甘於只當一個簡單的新聞代理人，一個試圖欺騙顧客的江湖騙子兼嘉年華會叫賣者。正如他所說，他將透過一本新的「公關」手冊來引介這種新的「公眾輿論」。李後來寫說，公眾是「一切權力的基礎。我們運用民眾的神聖權利取代了國王的神聖權利。群眾已經登基上台。」[21]如李所見，他可以是將公眾與這些公司連結起來的人。他唯一的一本傳記寫於一九六六年，標題就清楚標示，他將成為大眾的朝臣。

一九〇六年，李提出了一系列定義他、他的公司和他的職業生涯原則。李寫道：「這不是一家廣告代理公司。我們的計畫是坦率、公開地代表企業和公共機構，向美國的傳播媒體和公眾提供有價值和有興趣去瞭解的主題，使他們獲得及時、準確的訊息。」[22]對李來說，管理這種全新的公眾關係，關鍵在於透明度。無論話題是什麼，都要真誠、坦率。李可以幫忙引導這種透明度，可以協助一個獨立的、獨特的公眾去塑造它。有一位作家的結論是「李認為自己是一種新型的律師，在輿論法庭上代表他的當事人，而在民主社會中，輿論做出的判決與任何法庭一樣具有確定性和最終性。」

正是這種區別使他的新角色與眾不同。他寫道，他的工作將是「影響人們思想的藝術」，「用來影響公眾輿論並將它推向理想方向的藝術之總和。」[23]

理論上，這一切都十分美好，李也有將這個新哲學付諸於實踐的計畫。從將近一個世紀後的角度來看，正如《經濟學人》所描述的那樣，李的想法可說是「極其明顯」。[24]但在當時，他的策略具有革命意義，就像他對「公關」有更加廣義的表述一樣。

李沒有斷然否認指控和醜聞，而是告訴企業客戶面對爭議要直球對決。李沒有把公眾排擠在千里之外，而是傳授他的客戶如何撰寫「新聞稿」之類的內容，邀請記者報導相關問題或爭議。企業不應該倉皇走避、關上大門、躲開公眾，而是應該歡迎消費者，或至少鼓勵他們從企業的角度去瞭解所看到的事實、細節和故事。

如果說公眾過去是被詛咒的，正如范德比的態度那樣，那麼現在應該改為討好他們。李將幫助工業家和企業往這方向努力。

＊　＊　＊　＊

過不了多久，新客戶就意識到李的建言不無道理。礦業鉅子登門拜訪，請教如何處理罷工和停工。銀行家們詢問他如何對付金融醜聞。當議員們攘臂疾呼，鐵路營運壟斷很有可能被打破時，鐵路公司也登門求助。

事實上，正是鐵路運輸業讓李初嘗聲名大噪，或是臭名昭彰的滋味。一九〇〇年代初，美國正處於進步時期，在有遠見的政治家和新世代調查記者（當時通稱「扒糞者」）的推動下，國會通過了一項又一項保護消費者的法案。在資本主義經歷了幾十年貪婪、不受監管的恣意發展後，美國人終於意識到政府在經濟事務上應該出面監督。食品、藥品、壟斷，一個又一個產業，突然必須思考消費者權利和財務透明度等問題。

鐵路運輸業也不例外。一九〇六年，《赫伯恩法案》（Hepburn Act）通過後，擴大了監督美國鐵路系統的聯邦委員會規模，提供更多的資源給予監理機關。突然間，聯邦政府可以削減裙帶資本主義和削弱美國鐵路的壟斷狀態，而這些正是使鐵路工人成為美國最致命職業的原因。鐵路公司管理階層抱怨政府干預，聲稱新規定形同「絞殺」，但他們對此卻又無能為力。[25]

此時賓夕法尼亞鐵路公司（Pennsylvania Railroad）總裁亞歷山大・卡薩特（Alexander Cassatt）想起了李。他知道這位「公關」新秀以前曾經從事支持鐵路業者的工作。李會考慮再次運用他的專業為這個行業效勞嗎？

李答應了卡薩特的邀約。起先，李提出中肯的建議。他告訴鐵路公司高層要提供更大的透明度，包括邀請記者前往事故現場等。在李看來，試圖掩蓋每個人及每個記者都能看到的事故，根本毫無意義。

然後，他開始傳播支持鐵路業經營者的訊息，在報紙上發表文章，在火車車廂留下傳單，宣導產業新聞。這些文章都盡最大可能，以最美好的方式描述鐵路公司及其管理者，強調國家在沒有任何鐵路監管的情況下獲得多偌大的經濟效益。讀者讀到的訊息是，新的限制只會阻礙整個產業的發展，言下之意就是乘客會因此遭殃。

同樣的道理，以現代人的眼光來看，這個手段看起來平淡無奇。但是在當時，李的文字宣傳與美國人以前所見過的任何宣傳方式都不一樣。一位參議員表示，這是「有史以來最全面、最有活力、最持久的宣傳活動……。」[26]

李的宣傳活動也不僅僅是發傳單和新聞稿。即使李公開宣示重視透明度，即使他聲稱有原則、準確的提供訊息，李也將他的才華導向不同的方向。在強調鐵路業宣稱良性影響的同時，他也對那些支持加強監理的人提出嚴厲批評，聲稱他們不瞭解基本的經濟學。

李特別反對像著名改革家羅伯特・拉・福萊特（Robert La Follette）之流的公職人員。

拉・福萊特是威斯康辛州選出的聯邦參議員，倡導那個時代最偉大的進步思想，貢獻相當卓著。但是李轉個方向，把大部分的怒火燒向另外一個群體，即從事調查報導的記者。從李的角度來看，這些揭露黑幕的扒糞記者並不是揭露企業不當行為，或是確定因鐵路公司重大疏失造成死亡的責任者，他們是過度誇大對鐵路安全的關注，而「壓制鐵路業主做出具有價值成就的資訊」的人。當時，美國鐵路失事造成的死亡人數與戰時傷亡率相當。李聲稱，這些記者的「偏見」遠遠超越「事實」。他們是「煽動者」，理當嚴加撻伐。[27]

扒糞記者也不客氣地正面駁斥。一名記者將李描述為「輿論的毒害者」。另一位則採取頗有創意的諷刺方式，形容他「致力於透過陰險的傳單和溫和的書信來證明當前的資本主義制度確實是貴格派教會（Quaker Church）衍生出來的一個分支，繼續推動亞西西的聖方濟（St. Francis of Assis）開始的工作。」時隔一個世紀依然家喻戶曉的辛克萊，被公認為是美國最偉大的調查記者，就嗆聲指責，李根本就是「毒藤」（Poison Ivy）。[28]

儘管有這些冷嘲熱諷，李仍然堅持走自己的路。幾年後，他和鐵路業者都取得成功。負責監理新鐵路法規的聯邦委員會掉轉了方向，取消了所有保證美國鐵路安全和票價合理的法規。這是一個徹底的、令人震驚無比的方向大轉彎。

過不了多久，監理單位就發覺李的貢獻不小。拉・福萊特宣稱李的成績是以「恥辱堆積而成的豐碑」，在國會議場內嚴詞譴責他。拉・福萊特說得沒錯，李的工作並沒有將美國鐵路變成一個明顯的成功產業故事，而是讓鐵路成為美國人生活中最危險的領域，以至於那個時代所謂的「鐵路外科醫生」被認為是世界上首見的創傷外科醫生。[29]

李當然不介意別人怎麼說。他只是盡忠職守完成他該做的事，當時的富豪也注意到他的表現。成績擺在那裡，新的大門突然為他而開，把他帶入新的行業、新的機遇，為檢驗他的「公關」新理論提供新機會。他的客戶名單再次爆增。

一九一四年，李接到一通電話，它將鞏固李在公關活動中的名聲。一場屠殺，一場史無前例的流血事件，造成數十名移民及其家人喪生。這場事件發生在一個名叫拉德洛的小鎮附近。李能幫這個忙嗎？

＊　＊　＊　＊

小約翰．洛克斐勒是石油業大亨、標準石油公司（Standard Oil Company）創辦人老約翰．洛克斐勒（John Rockefeller, Sr.）的兒子。他打電話來求助。邀請李幫助解決拉德洛大屠殺事件時，他已經展現出了與他父親相似的聲譽。小洛克斐勒冷漠疏遠，始終是個封閉、與世隔絕的人物，不跟廣大的公眾接觸。若不是發生這樁慘案，他也不會有什麼改變。他總是喜歡在董事會中周旋，而不要接受外界廣泛的奉承，他喜歡私下召開會議，而不是公開對話。一位傳記作家描述，每當洛克斐勒或他的父親受到批評時，他們會「抬起頭，將臉轉到另一邊」。[30]

但那是在洛克斐勒家族在科羅拉多經營採礦作業，並發生屠殺事件之前，這場大屠殺與洛克斐勒家族過去所見識，或所負責的任何事件都截然不同。數十人死亡、數百人受傷，罪魁禍首顯然是為洛克斐勒家族服務的當地民兵和官員。這一切對於洛克斐勒家族和美國人來說，都是史無前例的。洛克斐勒家族與此脫不了關係，民眾和議員們都要求有個交代，他們希望有個人能夠出來負責，而洛克斐勒正是那個該出面負責的人。

洛克斐勒求助之後，李立即粉墨登場。李建議來個大轉變，他開始起草支持洛克斐勒的語言和文章，包括新聞稿、評論文章等。但是洛克斐勒家族也必須打開門戶，走進公眾的聚光燈下。李建議，他們必須「絕對坦誠地對外交代」。富豪們一聽都嚇呆了。小洛克斐勒後來說：「這是我第一次聽到這麼不耍花樣的建議。」[31]

有些建議近乎阿諛奉承，甚至俗氣。在李的建議下，小洛克斐勒飛往科羅拉多州，會見一些在大屠殺中倖存的礦工。小洛克斐勒甚至還參加了一場晚間舞會，與礦工的妻女們一道跳舞。我們無法得知他的舞伴對與大屠殺負有主要責任的傢伙一起跳舞有何感想，但李告訴標準石油公司要聘請「專職記者」，以便「使用客觀的新聞語言和工具為自己描繪出有利的形象」。[32]另外，李開始凸顯洛克斐勒家族的慈善工作、他們對大學和非營利組織的捐贈，以及他們對教會和社區的熱愛。並不是說李所做的一切都很成功；有一次，李託人寫了一本老洛克斐勒的傳記，作者對這位商人的粉飾達到了荒謬的程度，以至於他們不得不完全放棄這個計畫。

但是其餘的宣導攻勢則發揮了作用。原本詬病洛克斐勒家族的新聞標題，如「洛克斐勒，是人還是怪物？」變成了美化的新聞通稿「洛克斐勒家族如何捐贈數百萬美元」。[33]即使舌燦蓮花，老洛克斐勒充其量只是一個脾氣暴躁的人，但突然間，他變成一個仁慈可親、樂善好施的老爺爺。一位作家說：「戴著高帽、穿著長外套、握著手杖，趾高氣昂、冷酷無情的壟斷者，走進庭院華邸時的形象，已經換成一個孱弱的老人，和鄰居一起打高爾夫球，給孩子們分發零錢，慈眉善目分送勵志詩歌，在他的花叢中平靜地散步。」[34]

這種轉變令人震驚。《時代》雜誌記者筆下的老洛克斐勒，「從一個企業巨商蛻變成為一位仁慈的大善人」。[35]這幾乎完全源自於李的點子。李的人生哲學所提倡的坦率、誠實、透明，是一般人奉行的原則，經過演變創造出奇蹟。

與李推動的公共形象同步進行的，還有一個單獨的、地下的運動，而且事實證明它更有效。這和誠實、坦率，甚至與洛克斐勒家族本身都無關。相反，它著重的對象是受害者。在李推動下，散布「關於罷工者及其死因的令人震驚的謊言」。[36]

李在一篇又一篇的文章中寫下，其實並不該由洛克斐勒家族對拉德洛大屠殺負責。反過來，該負責的是罷工者。首先開槍的是罷工者，煽動暴力的也是罷工者。甚至，婦女和兒童的死亡其實也不能歸咎到狂暴的民兵身上，婦孺們只是廚房事故的受害者，爐灶翻倒後燒毀了營地。

換句話說，這根本不能算是一場屠殺。但是李並沒有到此就止步。另有一份公告宣稱，科羅拉多州報紙的編輯為洛克斐勒家族開脫責任，但是忽略了這些編輯實際上是由礦業公司直接資助的事實。還有人聲稱，一些知名罷工領袖實際上是百萬富翁，並將傳奇的工會組織者瓊斯媽媽（Mother Jones）污衊為「妓女和妓院老鴇」。[37]

李要確保這些文章永遠不會反噬到洛克斐勒家族身上。事實上，要弄清楚李到底負責了哪些事情並不容易。儘管李的檔案室中有一箱又一箱的文件，詳細記載他在其他地方的工作內容，但有關掩飾拉德洛大屠殺的部分卻始終不見蹤影。

儘管如此，也不難找出誰是針對罷工者和受害者發動抹黑的幕後黑手。有一份報紙將李描述為「收費的騙子」、一條「人形毒蛇」，「他的舌頭散發著毒液」。李為洛克斐勒帝國所做的工作是「由一個狡猾、諂媚的江湖騙子，用他的狡猾、諂媚的大腦所規劃的……李的是非觀念對社會組織的危害，比那些在拉德洛射殺婦女和燒死嬰兒的兇手還要嚴重。」[38]

李在拉德洛之後，更精進他的工作組合，不管事洗白企業高階主管的聲譽，或策畫安排誹謗對手的活動，全都是為了掩蓋令人不齒的罪行，一切幾乎完全依照他創造的劇本走。從那時起，這個策略就一直伴隨著我們達一個世紀之久。正如一位分析師最近所說，現代的公關宣傳活動採用「李當年用來恢復洛克斐勒形象的相同策略：假新聞、危機演員、企業慈善事業來作為公關舉措，所有這些都是為了將公眾的注意力從公司的不當行為上轉移焦點。」[39]

李的另一個遺緒似乎也為現代觀眾所熟悉，尤其是在二〇一〇年代圍繞所謂「假新聞」的言論興起之後。[40]在拉德洛屠殺事件後的國會聽證會上，議員們試圖將李的不誠實策略歸咎於他。例如，李是否至少會承認他撰寫的一些說法，像是婦孺們實際上死於廚房事故，其實根本不是事實？

李回應說：「真相是什麼？努力陳述事實，其實只是為了向你提供我對事實的解釋。」[41]

在李看來，事實就是某人眼中所看到的東西。根本沒有客觀的事實這一回事，只有在視角下不同的解讀。洛克斐勒家族的視角，也就是洛克斐勒家族的事實，與在拉德洛實際發生的事情一樣有價值。

對李來說，這樣就夠了。當震驚的議員們詢問李，他為查明拉德洛到底發生了什麼，做出什麼努力時，他回答說：「什麼都沒有做。」[42]

* * * * *

顯而易見，這種反應和活動都讓社運分子及國會議員震驚。但是李的所作所為並不違法。他沒有違反任何法律，也沒有犯下任何罪行。而且，最重要的是，對他和他的客戶來說，他成功了。洛克斐勒家族避免了譴責，並從醜聞中走了出來，他們的聲譽比以前更加耀眼。

從那時起，李的客戶名單就激增了。我們並不值得詳盡列出所有湧向李的公司的新企業客戶，但他們付出數以百萬美元計（換算為現今的美元）的酬勞給他。客戶中的鋼鐵業和銅業大亨在美國西部擁有自己的壟斷地位。一些新興的汽車公司正在尋找將人群引向他們的「鐵馬」的新方法。另外，公共事業和糖業卡特爾、航運業者和投資公司、食品和橡膠集團，也都爭相爭取李細聽他們的需求。從早餐麥片到好萊塢，每個行業都希望聽取他的觀點。從亨利・魯斯（Henry Luce）和伍德羅・威爾遜（Woodrow Wilson），到喬治・西屋（George Westinghouse）以及查爾斯・施瓦布（Charles Schwab），每家業者都希望獲得他的幫助。美國菸草公司（American Tobacco Company）的負責人曾經透露，他花了數十萬美元才能跟「艾維・李談上話」。[43]

一九二〇年代初期，李在曼哈頓的辦公室不斷擴大，有數十名助手直接向他報告。有一位作家說，他「在美國的影響力已經少有人能望其項背」。李似乎很高興能讓新的影響力點子進入他的腦海。他曾經寫信給父親稟告：「你會明白，我正全神貫注投入到對世界上一些最大企業集團而言最重要的工作中。」[44]

李忽然意識到在美國只有這麼多的客戶和商機。他能夠粉飾漂白的企業犯罪者也有限，能辯護的大屠殺也是有限的，可以洗白的美國產業也只有這麼多。他在國內能夠攀爬的企業階梯也就這麼多。

但如果他不必局限在美國，會有什麼樣的發展？如果他可以把他的劇本帶到國外套用，會是什麼樣的景況？如果有政權尋求改善自己的形象，削弱批評者的聲音，為自己的罪行開脫，並在過程中改變美國政策，結果又會怎麼樣呢？他們是否也會想要一點這種「公關」的魔力呢？

第三章 宣傳大師

看到美國人，讓我有一種想吃小孩的感覺。

——胡安・柯提納（Juan Cortina）1

一九二三年，李在他的美國客戶數量仍然飽和的情況下，宣布要出國度假。他需要休息一陣子，從繁忙的業務活動中喘一口氣。他計畫啟程前往歐洲，橫越整個歐洲大陸，逐一走訪當歷經第一次世界大戰蹂躪而亟待重建的國家。

這並不是李第一次出國。二十世紀初，李就到處旅行，最遠到過沙皇治下的俄國。他甚至在一戰期間參加紅十字會宣傳之旅，走訪歐洲各國。此刻，歐洲雖然深陷瓦礫廢墟中，卻有一股新潛力，歐洲各國都可運用李編寫的「劇本」來爭取美國更多援助和支持，這樣一來李就有機會挑戰新業務。

一戰之後，歐洲普遍陷入困境，各國政府無不努力爭取外援。德國新成立的威瑪（Weimar）政府，正飽受通貨膨脹之苦；對一戰結果感到沮喪的民族主義者充滿復仇心態，也打擊著政府的穩定性。波蘭和捷克斯洛伐克等剛獨立的國家在經歷數十年的占領後，出現新興民主政體。歐洲有許多政府可以利用李的服務當作跳板，接觸美國民眾，並取得美國奧援。

但是李在義大利看到獨特且尚未經歷考驗的新政體正在崛起，李認為它具備歐洲人渴求新秩序的特色，這就是「法西斯政權」。

「法西斯政權」的特色是國家合法暴力、國家經濟管制、極端尚武精神，整個政權集中在一個強人領導之下。這位年輕領導人就是濃眉大眼的貝尼托·墨索里尼（Benito Mussolini）。對於美國人來說，他們對墨索里尼或所謂的「法西斯政權」都十分陌生。李的工作就是試圖說服美國人，讓他們對墨索里尼的獨裁統治懷抱信心。

一九二三年，李抵達羅馬後，安排好與義大利新任領導人進行「私人會談」。他驅車前往墨索里尼的辦公室。[2]李後來寫道：「我被帶進一間三十平方英尺的大房間，墨索里尼已在裡頭，秘書和翻譯坐在他背後。我告訴他，我們美國有很多人關注他領導的獨裁政權，我們覺得他正在創造一個新局面，為全世界樹立典範。」[3]

李想把墨索里尼的思想推介給美國人民，墨索里尼聽了很高興，於是把自己的獨裁理念詳細闡述一遍，聲稱義大利政府是「穩定」且「負責任」的政府。墨索里尼也表示，義大利已經是「一個允許人民享有極大自由的國家」，他向李強調「我一心只為勞動大眾服務，但我不允許破壞搗亂。」[4]

從各個方面來看，李已經對獨裁政權著迷了。李表示「當墨索里尼敘述這些不同的想法時，他的面部表情不斷變化，他所說的常識讓我印象深刻。我不僅對他的話語，也對他的態度著迷。我對墨索里尼的整體印象非常滿意，他思考敏捷，表達簡潔，掌握整個局勢。」[5]

他立即向墨索里尼獻計，說明如何在美國盡可能爭取最大的支持。李建議墨索里尼聚焦在電影上，吸引渴望瞭解國外事務的新觀眾。在李看來，墨索里尼應該製作一系列電影對外宣傳。甚至，這些宣傳片都應該以墨索里尼為主角，讓觀眾瞭解「墨索里尼對義大利的憧憬」。李一針見血指出，「坦率會讓人耳目一新。」[6]

李立即聯繫《時代》雜誌、《紐約時報》等媒體，傳達墨索里尼聲望蒸蒸日上的正面形象。李描述墨索里尼是一位「人民領袖」，他「以近距離親近義大利國民而感到自豪」。[7]多年之後，義大利在第二次世界大戰中戰敗，反抗者開槍打死墨索里尼，並把他倒掛在金屬橫樑上。

李曾洋洋得意地說，墨索里尼和他一樣，都是「宣傳大師」。由於，墨索里尼設計出許多與「法西斯政權」有關的標誌，許多人爭相模仿，抬起下巴和挺起胸膛，以及不斷重申「讓國家偉大」的口號。[8]

李描述墨索里尼是「一位高效率的獨裁者」，「對義大利人來說，是一位實現了他們願望的領導者」。李甚至說，幾乎每一位到過墨索里尼治下義大利的美國遊客，「都會對墨索里尼的獨裁統治充滿熱情」。[9]至於，墨索里尼統治極有效率的說法，包括「墨索里尼讓火車準時運行」，只是「純屬宣傳機器散播的神話罷了！」[10]

這就是許多美國人對這位義大利獨裁者的第一印象。對李來說，墨索里尼是效率的典範，儘管有點粗魯、有點古怪，卻是值得追隨的人物。美國應該在適當的時機大力支持他。

* * * * *

這並不意味著李本人一定就是崇尚獨裁者，或是天生傾向獨裁而不重視民主。況且，在李的著作或他大量的檔案中，也沒有指出為什麼獨裁政權應該複製到美國。

對李來說，他拜訪墨索里尼的原因很簡單：他想多方瞭解墨索里尼是什麼樣的人物，以及是什麼思想推動著他。他想知道墨索里尼對美國抱持什麼具體需求，以及他能提供給美國什麼好處。[11]

李認為，光是理解外交政策，並不能達成目的，而且外交關係也不能僅靠對話、斡旋、相互理解等方式維繫。李深信「瞭解真相才能讓人們相互理解。」[12]這也適用於世界上的每一個國家、每一個政府，不論是獨裁、民主或是基本教義派，都代表人民更廣泛的意志。李認為世界中「每個國家都抱持想要真正理解其他國家的想法」，並且「允許各國充分表達意見」，[13]「各國要暢所欲言，不要在背後心懷不軌。」[14]

李對國際關係的理解相當天真。在李的檔案中，可以發現他與多位外交政策專家進行「不做紀錄」的非正式對話，字裡行間凸顯專家們困惑的反應。有一位專家指出，「李主張世界各國政府應建立在群眾支持基礎上，是否有充分的根據？」另一位專家懷疑「相互理解是否是最簡單直接的途徑」，譬如「如果雙方都瞭解對方的目標和願望，日俄戰爭是否就能避免？」[15]李似乎從來沒聽說過帝國主義或殖民主義，也不曉得為何第一次世界大戰會爆發，李似乎堅信只僅僅透過對話，就能解決世界上所有的問題。

或許李純粹只是憤世嫉俗，或看到遍布全球的商業機會。畢竟，若要在國際間建立溝通對話的橋梁，不就是號召各國政府聚集在一起，傳達他們的願望和需求，並將世界上最有權勢的人請到談判桌前嗎？

李不就是最適合的人選嗎？

墨索里尼當然是這樣認為，其他政府也是如此，匈牙利就曾向李求助，李提出如何塑造一個「完全穩定且高度文明」政權形象的想法。[16]阿根廷新政府也向李求助過，李對阿根廷提出把馬球隊派往美國的點子，李指出「除非具有高度文明且穩定的社會，否則就不會打馬球。」[17]外國政府一次又一次地登門拜訪，就跟李的國內客戶一樣，徵詢他的高見，聽取他的建議。請他幫忙打開美國的大門，並在過程中讓他們能夠接觸到美國民眾。

當時有個政權在莫斯科站穩腳跟，與李取得聯繫並尋求建議，甚至請教如何獲得美國政府的正式承認。

＊＊＊＊＊

當李與墨索里尼閒談時，往東望去，數百英里之外一個新政府正搖搖晃晃地站起來，努力鞏固它的新統治。到了一九二〇年代中期，在經歷了多年可怕的內戰之後，它建立「蘇聯」，並向世界傳播它的革命思想，慢慢地與西方夥伴取得聯繫。

蘇聯鞏固統治多年之後，美國仍未正式承認這個政體，持續封鎖美蘇雙邊貿易與援助。蘇聯政府根本不太可能成為李的客戶，它建立在血腥和反資本主義言論的基礎上，並且訴諸暴政手段，在許多方面都與李整個人生哲學南轅北轍。它壓制批評者，處決反對者，奪取所能染指的一切資源，將俄羅斯帝國改造成為合乎其目標的政權。

雖然其他人只看到蘇聯蹂躪人權的暴行，李卻「獨具慧眼」看到一個機會。當其他人還在窺探冷戰即將發展的國際輪廓，李不斷搜尋機會，並企圖與蘇聯建立夥伴關係。他所要做的就是說服美國政府承認蘇聯，並且為他開闢新商機。

一九二〇年代中期，他展開聯繫，並遊說美國承認蘇聯。《紐約時報》的報導寫道，李「對此非常關注，他發出一系列關於承認蘇聯的『機密信件』給相關的」知名人士。李的理由雖然籠統但很清楚，李寫道：「總有一天，俄羅斯必須重返國際，我們應該盡力協助，而不是持續壓迫。」[18]

不管蘇聯政府是什麼類型，都不重要，重要的是「資源」仍埋藏在俄羅斯的土地下，尚未開發。李寫道：「俄羅斯的貿易對於美國來講非常重要」[19]，李刻意忽略洛克斐勒家族標準石油公司及其「大量資產」遭到蘇聯沒收的事實，儘管洛克斐勒家族希望能索回這些資產，但這不是李在乎的。[20]

李認為，若是與蘇聯保持距離，維持孤立或圍堵政策，遲早會失敗，李寫道：「單純按兵不動、無所作為的政策，已被證明是徒勞無功的。」無論如何，美國應該承認蘇聯，而李是實現這一目標的最佳人選，李指出「蘇聯崛起所帶來的問題可以透過公關的明智建議來解決。」[21]

但是李的努力卻遭遇到阻礙，商人、投資者、前官員皆公開抨擊他的努力，並強調蘇聯正致力於推翻美國政府根本才是事實。美國前國務卿伊萊休．魯特（Elihu Root）表示：「美國承認俄羅斯，就等於公開承認俄羅斯以武力推翻我們的政府制度。李的說法當然是謊言，如果美國人民對自己的體制失去真誠的信念，對我們政府所奠基的原則變得漠不關心，陷入一種軟弱無力的冷淡態度，我們將面臨非常嚴重的後果。」[22]

儘管李十分努力，即使一家報紙描述李是「出了名的最昂貴、也是最高調的『公關顧問』」，但他還是無法說服華府。[23]即使李施展渾身解數，美國仍然拒絕承認蘇聯。

但是李還不死心，他突然冒出一個主意，或許他不應該依靠他在美國的人脈關係，而是應該親自走訪莫斯科，看看他能為蘇聯提供什麼服務和建議。

＊＊＊＊＊

經歷了多日旅途，李終於在一九二七年抵達莫斯科。他要親訪莫斯科的原因很簡單，李後來寫道：「我說了，我只想『客觀』地觀察情勢，我想見一些人，最重要的是，我希望見到蘇聯政府或共產黨的主政者，他們應該能夠坦誠地向我說明清楚他們對自身政府有什麼看法。」[24]

如果他能與蘇聯領導人交談，或許他可以找到一種方法來說服美國政府，並且擺脫僵局。倘若他能夠傳達共產黨的訊息，或許就可以找到方法打破冷戰預兆。

當他在莫斯科漫步時，發現這裡有魚子醬和伏特加，在路面上行駛著豪華名車勞斯萊斯，還有穿著「軟領」衣衫和「絲襪」的行人。出人意料的是，爵士樂竟已入侵「布爾什維克之都」。莫斯科到處充滿了對革命的紀念和讚歌，也豎立雕像和招牌歌頌共產黨。他發現在這個被認為是混亂失序的國家，竟然還存在著秩序。

李後來回憶說：「俄羅斯所有藝術作品幾乎完全沒有遭到破壞的跡象，我感到既驚訝又欣慰。還有大量兒童團體前來參觀這些博物館，博物館十分細緻地向他們解釋所有收藏品的重要性，也讓人相當震驚。」[25]

有一次，蘇聯當局邀請李進入一個警衛森嚴的秘密庫房，新政府把沙皇蒐集的珠寶收藏在這裡。在他面前的桌子上，陳列著地球上最令人驚嘆的珠寶。李並不是單獨一人瀏覽，一群蘇聯警衛緊隨在側。在衛兵注視下，李拿起沙皇王冠、皇室權杖、凱撒琳大帝（Catherine the Great）著名的寶球等，凝神觀看。他回憶說，這些收藏品「數量如此之多，如此之華麗，讓人完全忘記珠寶本身的稀有性」。26

顯然，蘇聯並不允許任何人隨意接觸被廢黜沙皇的收藏品，它們的價值至少數億美元。李說：「這些珠寶很少公開展示，我們這一群人獲准參觀的消息顯然被傳開了，當我們走出來時，外頭已經聚集了一小群人。」事實上，李是整個蘇聯統治時期少數見過這些珠寶的外國人。27

鑒於李已經薄有名氣，蘇聯邀請他進入最隱蔽的地方或許並不奇怪。與其他訪問蘇聯的美國人際遇不同，李在莫斯科沒有遇到任何麻煩，甚至莫斯科還成為他的遊樂場，在那個時代，一般美國人幾乎不可能獲得這樣的殊榮。

這份殊榮遠遠超出了沙皇珠寶庫的範圍。在莫斯科期間，李沉浸在歌劇和芭蕾舞表演中。例如觀賞芭蕾舞時，他被安排坐在俄羅斯名作家安東．契訶夫（Anton Chekhov）的遺孀旁。他參觀了蘇聯的主要宣傳機構，收聽到「倫敦一家電台發布的新聞」。他直接會見了蘇聯財務顧問，李認為他們還存有一絲「未來的希望」。28

緊接著，他們面會當地政治領導人。在莫斯科的短短十天裡，李幾乎拜會了蘇聯國內所有檯面上還沒被清算殺害的人物。他會見了蘇聯名義上的領導人阿列克謝．里可夫（Alexei Rykov）。李描述里可夫「極其渴望與美國政府相互理解」。李也會見了蘇聯工會主席米哈伊爾·托姆斯基（Mikhail Tomsky），托姆斯基表示，蘇聯「已經做好準備，願與任何想在俄羅斯做生意的人進行談判」。[29]

總而言之，李幾乎與所有蘇聯主要人物坐下來交談過，唯一錯過的人是約瑟夫·史達林（Joseph Stalin），他臨時爽約，原因迄今不明。即使兩人沒能交換意見，李仍然認為史達林是一個「非常聰明」的人，寧可「默默工作、遠離公眾視線」。李認為史達林「態度溫和，願意妥協，對政策的判斷被認為是正確的」。[30]李離開莫斯科後不久，史達林就掌權，導致數百萬烏克蘭人和哈薩克人死於飢荒，隨後一系列公審政敵，然後與納粹政權簽署一份軍事協定。

蘇聯官員如此慎重迎接李的原因很簡單。蘇聯已經破產，亟需找到援助和貿易，即使這意味必須轉向與卑鄙的西方合作。李顯然是個可以幫忙打開門戶的人物。在蘇聯人眼中，他是個能夠突破獲得美國承認的關卡，又能幫助蘇聯的人。

蘇聯人並沒有看走眼。當李回到美國後，立即發表了一份兩百零六頁的論文，分析為什麼蘇聯的共產實驗並不足以令人恐懼，反而值得支持，甚至建議擁抱。這只是一個被誤解的政府。李的論述認為：「列寧的真正精神是常識，而常識掌握了俄羅斯民眾。」[31]李的書並不是他幫助蘇聯的唯一手法；他也建議蘇聯在美國媒體上發動廣告攻勢，而且廣告要有「史達林本人的親筆簽名」。[32]

李立即將這本書分發出去，書中有一個明確的論點：唯一能夠修復與蘇聯裂痕的方法，就是美國承認這個政權。孤立主義永遠不會奏效，圍堵也起不了作用。向蘇聯開放美國的人門和錢包，將是克服僵局的最有效手段。另外，如果西方公司能夠順便也賺一點利潤，大家還有什麼好抱怨的呢？

這是一場漫長而枯燥的蘇聯宣傳活動，企圖為一個在歐洲和亞洲施暴數十年的恐怖政權粉飾漂白。李的一些謊言十分明顯，譬如他聲稱史達林「竭盡全力：鼓勵資本主義企業」。有些更令人徹底厭惡，例如，李寫說：「無辜者不再（對蘇聯秘密警察）心懷恐懼」，他又說「（在蘇聯）選舉權非常普遍」。在李的文章中，蘇聯並不是一個正在崛起的極權主義體制。它只需要美國提供一些資金，而李則充當兩國之間的中間人。此外，如果美國不能吸引蘇聯，可能就會「把俄羅斯驅趕到亞洲」。[33]沒有人會想要這樣，不是嗎？

一頁又一頁、一章又一章，李一直在歌頌蘇聯。當然，莫斯科並非完美無瑕，但是美國同樣也不盡完美。李向里昂·托洛茨基（Leon Trotsky）解釋，他寫這本書「是盼望能夠改善……不僅是美國和俄羅斯之間的關係，而且也能增進世界其他國家和俄羅斯人民之間的關係。」[34]

＊　＊　＊　＊

美國方面最初的反應很清楚，氣急敗壞，又怒火填膺，因為李竟然試圖扭轉美國民眾對蘇聯的認識。蘇聯政權已經犯下所有罪行，李也讓人不齒。《商業周刊》（*Business Week*）的一位編輯寫說：「就本能、信條和職業生涯而言，（李）是絕對的資本主義者。坦白說，老練的媒體總編輯根本就不相信（他的書中）的任何一句話。艾維・李常常為百萬富翁和富豪世界的人士效力，不可能認真看待蘇聯的一切。」35

這本書在其他方面也沒有獲得好評。芝加哥大學的一位評論家稱它是「膚淺」的作品，並且指出「無論是作為旅行敘事書，還是介紹俄羅斯的知識，都毫無價值可言，而且在許多方面還誤導外行人。」36

接下來還有一些疑問，李皆無法清楚交代：是誰支付李的旅行費用？是誰付了這本書的製作費用？是誰實際上在背後資助李的親蘇聯工作？一九六六年撰寫李的傳記的作家雷・希伯特（Ray Hiebert）寫道：「許多人認為，看來就是俄羅斯雇用了艾維・李當宣傳員。」37《華爾街日報》總編輯直接詢問李，你的親蘇作品是誰資助的？李的回應閃爍其詞。他說：「我這樣做的原因，就和你飼養根西島乳牛（Guernsey cows）的原因一樣。那是你的愛好。有些人收集初版書，有些人集郵，而我收集有關俄羅斯的資訊。這就是我與這個提問的全部關係。」38

長期以來，李在公開場合和私下談話中，都否認曾經從蘇聯收過一分一毫的金錢。也沒有證據表明蘇聯實際上直接付服務費給李。但話又說回來，如果李願意這樣做是只為了替自己開創未來商機，替美國客戶挖掘蘇聯潛在財富，那他們又何需做得這麼多呢？

謠言根本沒有消失。它們開始湧入華府。不久之後，眾議員漢密爾頓・費雪（Hamilton Fish）公開聲稱李是「替蘇聯宣傳的人」。39

另一位眾議員喬治・廷坎（George Tinkham）抨擊李向國會議員提供親克里姆林宮的相

關資料。李現在是「公開反對美國利益的（宣傳者）」。他是一個「沒有國家、沒有旗幟、沒有效忠對象的人，只看重金錢的力量」。[40]有些文件聲稱收集到李與蘇聯的付款方案，不過它們後來被證明是捏造的。

李並沒有放慢他推動美國承認蘇聯的努力。李在一次演講中表示，對蘇聯的禁運是「不明智的」作法，並且聲稱禁運「對俄羅斯的工業擴張並不構成威脅」。[41]李一再向新的聽眾、新的官員和新的決策者闡述他的論點。他在一九三二年初又說：「俄羅斯永遠不會被打敗。（西方）唯一能做的就是承認蘇聯，並讓陽光照進來。」[42]

慢慢地，李開始改變人們的看法。一九三三年，隨著羅斯福新政橫掃華府，李終於取得了成功。布爾什維克在首次奪取政權之後大約隔了十六年，美國終於承認他們的統治，並與當時正處於種族滅絕飢荒和前所未有的大整肅之中的蘇聯實現了關係正常化。

從國內到地緣政治，出現許多因素，促成美國承認蘇聯。有一個人物始終站在中心：他就是李。由於他多年的活動，李幫助美國國內改變風潮，轉而支持承認蘇聯。李在此一過程中發揮了「關鍵作用」。[43]

蘇聯瞭解李的角色。美國宣布正式承認蘇聯後，蘇聯外交部長馬克辛姆．李維諾夫（Maxim Litvinov）立即口述一份電報直接發送給李。李維諾夫在電文中表示，要「感謝（李）在鋪平道路，與促成俄美關係更加親密上所發揮的作用。」[44]

李欣喜若狂，他取得了前所未有的成功。他第一次弭平了莫斯科和華府之間的分歧，並且寫出一套劇本，供未來的外國代理人在試圖說服美國承認地球上一些最令人厭惡的政權時參考遵循。

但這一切都是幾十年後的事了。因為到了一九三三年，蘇聯不再是李唯一想協助引進華府的獨裁政府。他會見過墨索里尼，把墨索里尼介紹給美國人。他替莫斯科打開大門，隨時隨地向美國民眾歌頌蘇聯。現在，只剩下一個政權他想要幫助，這是極權主義三巨頭中的最後一個，剛剛在柏林執掌大權，它需要李的援手。

第四章 奄奄一息

法西斯主義不就是存在於傳統殖民帝國核心的殖民主義嗎？

——法蘭茲．法農（Frantz Fanon）1

李努力想要打開蘇聯當局大門的同時，也設法在其他國家爭取國際新客戶。他已經幫助過匈牙利，並且也已與阿根廷等國家的官員建立關係。他又開始與波蘭、羅馬尼亞等地的政府搏感情，他的外國客戶數量不斷增加。

然後，在他結束訪問蘇聯的旅行後不久，又在一個以前從未涉足的地方與一家企業集團建立聯繫，而在短短幾年內，德國這個國家竟然成為他一蹶不振的關鍵。

總部位於德國的法本公司成立於一九二五年。它呼風喚雨、主宰著德國市場，並將營業項目從銀行業、電力業擴展到煤炭、鐵礦等領域。與其說它是一家公司，不如說它本身就是一個商業帝國。而且它經歷一戰的慘重打擊，猶力爭上游，是這個國家中為數不多的成功故事。

未來的歷史學家和官員發現，法本公司也是納粹政權中的一個商業齒輪，或許還是最關鍵的一股力量。歷史學家安東尼・薩頓（Antony Sutton）曾寫道：「若非法本公司，德國不可能（發動第二次世界大戰）。如果沒有它龐大的生產設施、深入的研究和廣泛的國際關係，德國就不可能發動戰爭。」[2]法本公司名義上是個獨立的企業，實際上，它就像獨裁體制下所有的獨立企業一樣，無論是當時還是現在，都是政府的馬前卒。

法本公司的領導階層並不介意納粹政權想幹什麼。薩頓指出，公司不僅將精力用在武裝德國，而且集中力量殘害弱勢者。有充分的證據顯示，法本公司事先就充分瞭解德國征服世界的計畫，以及後來執行的每一項具體侵略行動。該公司不僅鞏固希特勒的獨裁統治，還擴大種族滅絕行動中可以採用的所有工具，包括在死亡集中營中使用的毒氣。日後的一個調查委員會發現，法本公司的董事們「對納粹政權集中營和它們採用公司生產的化學品一清二楚。」[3]

一九二〇年代末期，法本公司心心念念想要進入美國市場，爭取更多的美國消費者，獲取更多的美國資源。因此，他們向李求助，請他發揮專業知識，希望借重他的能力，瞭解美國市場和美國政治。

最初，李為法本公司的工作非常單純：不外乎安排會議、監控媒體報導、強調與公司合作的潛在好處等。一位歷史學家說，李「負責在美國行銷法本公司」。[4]而且李的業績相當優異，即使德國的民主開始動搖，獨裁政權在柏林崛起，法本公司年復一年和李續約。

然後，到了一九三四年，情況有了變化。法本公司高層向李提出新要求。他們告訴李，他們「非常擔心美國對德國有敵意」，[5]並且「希望得到如何改善這種關係的建議」。[6]重點是柏林如何改善在美國的形象，以及希特勒要如何獲取美國群眾的支持。

法本公司長期以來支付李數千美元的酬勞。隨著業務目標難度提高，他們提高報酬，提供給李相當於今日五十萬美元的酬勞，由法本的執行長馬克斯．伊格能負責安排，伊格能日後成為督導納粹政權戰時經濟規畫的官員。

李不加思索就欣然接受新的聘雇合約，他可以幫助希特勒在美國爭取支持，並將他的獨裁政權福音傳播給美國民眾。

＊＊＊＊＊

李迅速展開工作。一九三四年初，他前往柏林，指導他的德國夥伴如何製造適合美國群眾的納粹政權宣傳品。李建議，很重要的一點是避免提及反猶太人的言論，美國人不會接受反猶太主義的主張。李「告訴他們，他們永遠不可能讓美國民眾接受他們對待猶太人的方式。美國人的心態上無法接受，美國人的輿論也永遠不可能認定它是合理的，因此沒有必要去嘗試。」[7]他建議納粹政權分子不必浪費時間在此。

反之，李建議納粹政權利用美國新聞記者作為跳板，在美國傳播親納粹政權的訊息。李說：「他們應該設法讓負責任的德國人所發表的權威性言論，透過美國記者……大肆宣揚、闡釋。」[8]換句話說：納粹政權應該鎖定美國媒體為目標，傳播訊息，讓那些所謂中立且權威的美國記者將納粹政權的訊息推銷給美國群眾。

李特別關注的領域是德國的重整軍備。一戰結束後，德國實際上被剝奪了軍備。不過，到了一九三〇年代初期，柏林已經開始重建武裝部隊，在很大的程度上這要歸功於德方與蘇聯達成秘密協議。重建軍備的一些細節已經逐漸曝光，揭開了德國軍事實力不斷擴增的帷幕。

在李看來，矢口否認德國重整軍備是沒有用的。反倒是納粹政權應該淡然聲明重整軍備是必要的，重整軍備不是為了征服，而是為了擊退共產主義。李告訴納粹政權應該就「希特勒的突擊部隊」（Hitler's storm troopers）發表「坦率的聲明」，宣布他們「身體訓練有素、紀律嚴明，但沒有武裝，沒有準備發動戰爭，只是為了時時防止共產主義的危險捲土重來而籌畫組織」。李在一份備忘錄中寫下，納粹政權「一再宣稱他們真誠渴望國際和平」。[9]

李不僅在柏林工作，回到紐約後，還指派手下一名員工伯翰・卡特（Burnham Carter）負責監控所有美國媒體是否報導納粹政權的消息。李後來透露：「卡特先生的工作是研究美國報紙、雜誌，以及它們對德國有什麼評論。」然後，卡特要「摘錄報導的內容，指出它們的重要性，準備一份備忘錄闡明它的性質，然後傳遞給德國」。[10]換句話說，卡特負責分析美國報紙對納粹政權的報導，以及哪些部分的納粹政權資訊需要改進，幫助李「草擬合適的、親納粹政權的答覆」。[11]

需要專注的主題、預備如何應對的手法，滿足法本公司及納粹政權的需求。法本公司問李是否可以向納粹政權提出「重述建議」方案。李再次欣然同意。[12]

很快，李與納粹政權的層峰直接會面。他與納粹政權宣傳部門最高首長約瑟夫・戈培爾同桌開會，引導戈培爾如何潤飾獨裁者的訊息。戈培爾在戰後被控告造成數百萬人喪生而遭到起訴。李認為希特勒應該培養外國記者，並「學習如何與他們相處」。李也表示，納粹政權應該避免驅逐外國記者，因為「這樣做會傷害納粹運動」。他也進一步向戈培爾建議如何在奧地利吸引支持者，納粹政權「很快就會贏得（奧地利）並納入德國納粹版圖」，象徵納粹政權征服歐洲的起點。

李也開始會見納粹政權其他高層官員，不斷地與納粹政權最高層官員湊在一起，傳授他們如何獲取美國民眾支持的秘訣。

在一九三四年初，李與希特勒見面。正如李後來所說，他被「引介」到柏林，與這位勢力日益崛起的獨裁者面對面深談。李說，他在法本公司的聯絡窗口「渴望讓他見到」希特勒，以便「進行一番評估」。[13]李很快就對希特勒印象深刻，他「請教（希特勒）對自身一些政策的相關問題，也表示如果可能的話，希望能更加瞭解他。」希特勒旋即開口滔滔不絕講話。[14]李後來回憶說，希特勒正經八百地說了半個小時，而他完全插不上話。李後來說：「你不需要採訪這樣的人。墨索里尼也是一樣。他們逕自發表演講，訪客只有洗耳恭聽的份。」[15]

然而，就像對待墨索里尼一樣，李似乎保持了從正反兩面都評價這位暴君的作法，對不同的聽眾講出不同的評價。有一份一九三四年七月沒有署名的備忘錄收藏在紐澤西州的李氏檔案庫中，該備忘錄將希特勒描述為「一個勤奮、誠實和真誠、埋首工作的人」。[16]另一份備忘錄也聲稱希特勒「個人真誠」，「對朋友十分忠誠」。[17]希特勒在公開場合的表現可能令人起反感，他的政策也讓美國民主派人士不敢恭維。但對李來說，他所推介的是一個前途看好的合作夥伴，尤其是從私底下的言行來看，值得交往。李後來告訴洛克斐勒：「希特勒會努力恢復德國的信心，而且一個有自信且成功的德國，將是西方經濟健康的先決條件。」[18]李所要幫忙的就是一個「自信且成功」的納粹政權。

＊　＊　＊　＊　＊

李對納粹政權計畫的信心在他與其他人士（包括美國官員）的談話中充分流露出來。譬如，大約在會見希特勒的同時，李與美國駐德國大使威廉．陶德（William Dodd）共進午餐。這頓飯是兩人第一次見面。根據陶德的說法，李沒多久就給人留下了深刻的印象——尤其是李對自己的成就和才華有過度吹噓的描述。大使後來在日記中寫下，李「講述他如何為蘇聯爭取（美國）承認的故事」，吹噓「關於美國的決定，他也有一份功勞」。[19]

然而，李和陶德共進午餐不僅是為了誇耀他在莫斯科的成就。他想聊的是德國政治。李想談的是他已經開始和納粹政權分子取得聯繫。陶德後來在日記中寫下，李在納粹政權的新政治劇本中看到了許多希望。正如他在羅馬與墨索里尼的接觸，李想看看他是否可以協助另一場獨裁秀，這次是在柏林崛起的納粹政權，同時李也企盼可以賺取一筆可觀的報酬。陶德寫道，李

「凸顯自己是一個資本主義者，但是他也擁護獨裁政權」。[20]

目前我們仍舊不清楚李是否向美國大使透露納粹政權的具體內容，陶德的日記對此次會面的細節含糊其辭。但是一週之後，李再次和陶德見面，且幾乎搶走所有話語權，愉快地詳細報告他最近與納粹政權高層的所有會面。[21]

在陶德看來，李在描述他最近與納粹政權官員的會談時，顯得很興奮，幾乎可說是手舞足蹈，讓美國大使感到相當噁心。陶德認為，李不過是個「大企業雇用的宣傳人員，試圖向美國民眾推銷納粹政權」。李的建言顯然起了作用。在與納粹政權宣傳部門負責人會面之後幾個星期，陶德寫道：「很明顯的，（戈培爾）正試著採納艾維・李的建議。」

在李與美國大使的會談即將結束時，他表示會返回美國並逗留一段時間。大使總結道，李「會繼續完成這份奇異的工作。」[22]

對李來說，這是一次相當值得的休假。到一九三四年中期，從許多方面來說，他的地位不可撼動，無疑是高效率的「跑單幫」外交官，周遊列國，幫助獨裁政權打開門戶，接觸美國群眾，協助他們掌握美國權力和政策的走向。在這一切過程中，李的報酬相當可觀。

但李不知道的是，在柏林進出的最後幾個月，他職業生涯的會走向巔峰還是低谷。當李變成納粹政權的追隨者，華府就已經成立一個新委員會，在極短的時間內就揭露李的作為，摧毀他的所有成就。

在後來的幾十年裡，美國眾議院非美活動調查委員會已經家喻戶曉，該委員會不但幫助尼克森在政壇上崛起，也讓公民自由行為遭受侵犯。

非美活動調查委員會成立於一九三四年，任務是調查影響聯邦政府國內外政策的相關組織與網絡活動，像是義大利、德國獨裁政權和蘇聯共產主義政權如何對美國民眾進行宣傳。

正如最初的聽證會所證明的那樣，這是一片需要檢討的沃壤。在麻薩諸塞州的約翰・麥柯馬克（John McCormack）和紐約州的塞繆爾・狄克斯坦因（Samuel Dickstein）兩位民主黨籍議員的領導下，委員會迅速揭露好幾個新興崛起的極權主義組織，它們試圖影響不同黨派的美國民眾，而且這些模式在二十一世紀初又如火如荼出現。

在委員會深入調查義大利掩飾獨裁統治的種種努力下，發現墨索里尼秘密資助哥倫比亞大學成立「義大利之家」（Casa Italiana），當時它是美國所有的大學中最大的義大利人組織，以便針對「在紐約的義大利裔美國人進行獨裁政權宣傳」。[23]委員會也調查了蘇聯，聽取了蘇聯如何介入美國共產黨支部的證詞，有一名共產黨員向非美活動調查委員會表示他們直接聽命於「共產國際」（Communist International）。

委員會不斷聽到有關極權主義政權如何擴大針對美國群眾的宣傳攻勢，使用愈來愈多的創新策略來影響毫無戒心的美國人。美國議員們知道獨裁政權和共產主義運動不斷在全國和世界各地贏得支持者，現在他們又發現這些政權究竟是如何擴大它在外國，尤其是美國的支持基礎。

但是聽證會調查納粹政權大有斬獲，委員會從許多方面聽到獨裁政權在美國活躍的故事，包括在全美各地散布支持希特勒的宣傳、親柏林的煽動行為，以及支持納粹政權的訊息。非美活動調查委員會成立時，納粹政權早已成功地在美國各地贏得相當大的支持。

而且，納粹政權還讓一個德國納粹政權黨員冒充牧師滲透進入美國，並擔任「新德國之友」（Friends of New Germany）的領導人。根據後來的估計，這個組織的成員總數約為一萬五千人，構成「納粹政權運動美國支部」的主要力量。這個組織都由真正的納粹政權黨成員秘密領導。24

另一個組織「德裔美國人聯盟」（German-American Bund），該團體聲稱「對希特勒懷抱最大的敬意」，它在全美各地主辦親納粹政權的「夏令營」。委員會發現，「出於某種原因，紐澤西州提供特別友善的環境。」委員會也發現，這些夏令營的大部分經費直接來自納粹政權。委員會詳細說明，這些納粹政權分子以一般外交官員的身分做掩護，「違反了外交官身分的誓言和禮節，從事惡毒的反美宣傳活動，並以現金付款支援，希望不會被追查出來源」。25

非美活動調查委員會發現，一個又一個政權成功地吸引了美國群眾，並在過程中掩蓋了資金流動狀況。在非美活動調查委員會成立後不久，國會議員就已經約談許多「代表外國政府或外國政治團體的美國人」。這些人全都是為了「影響美國的國內外政策」，而且這一切都是在其他美國人不知情的情況下進行。美國官員認定，這些證據「無可爭議」。[26]

當委員會發現李可能代表納粹政權活動，李在宣誓下發言，不僅否認曾推動任何反美行為，甚至不承認替外國政府效勞。

＊　＊　＊　＊　＊

一九三四年五月十九日，李被傳喚到非美活動調查委員會作證時，他顯得很沉著。這與他在任何一個公開場合露面並沒有什麼不同。多年來，他頻繁出席這一類聽證會和委員會，可以說是家常便飯。他過去就曾被傳喚出席聽證會，談論他的客戶以及他們所引起的爭議。在李看來，這只是行禮如儀、可以敷衍的會議，只會讓他在往返柏林旅行之間忙碌對付罷了。

可以說，聽證會最初召開時就是這樣的情況。李坐在一群美國國會議員面前，這些議員的任務就是「針對納粹政權在美國的宣傳活動的範圍、性質和目標進行調查」，剛開始雙方的談話氣氛親切。[27]從許多方面來說，李是眾所周知的一號人物，他的職業生涯和顯赫地位甚至比起委員會若干議員還更資深。儘管如此，他替外國客戶服務的內容仍然神秘難解。委員會想要討論的正是那些為外國工作，尤其是為納粹政權服務，志在影響美國民眾態度的人。

委員會於是召開會議，展開調查。麥柯馬克率先提問，請李詳細說明他的業務結構和提供的服務內容。正如我們在〈序言〉中已經提到的，李認為他的工作「非常難以描述。」但麥柯馬克把話題轉向李替德國客戶的服務。沒過多久，李就開始試圖閃避這些問題，對他在柏林所做的事情含糊其詞、打迷糊戰，並且拋出煙幕彈企圖掩飾。

麥柯馬克問李是否直接為納粹政權工作，李反駁說：「我與德國政府沒有簽訂任何合約。」[28] 嚴格來說，此話不虛；日後替外國政府擔任遊說人員的人也都亮出一樣的說詞，李從未直接與德國政府簽訂合約，而是與一家擔任納粹政權政府白手套的公司簽署合約。但麥柯馬克和他的同僚並沒有就此止步。很快，議員們開始查問有關法本公司的資訊、關於李在法本集團的具體角色，以及法本公司與納粹政權官員的關係。一個又一個的問題，議員們試圖從李口中得到明確的答案：他為法本公司做了什麼？法本和納粹政權有什麼樣的關係？如果李與德國政府沒有簽訂任何正式合約，為什麼他還要一次又一次地為納粹政權的最高層人士提供建議和效勞？

李左閃右躲。他聲稱他前往德國只是為了討論法本的「國際經營」，彷彿法本公司只是一家對全球事務感興趣的企業，而不是李和納粹政權之間的某種中介。他聲稱他沒有辦法出示書面合約，因為他的所有安排都是「口頭的」約定。他堅稱他與法本的關係與他和「許多美國公司的諮詢顧問關係」沒有什麼不同，他把法本公司定位為德國的福特汽車或通用電氣公司。[29]

但是議員們一直圍著主題不放。李試圖保持冷靜，尤其是當提問人愈來愈接近揭露他和納粹政權親密關係的細節時。李一度低聲下氣說話：「我非常渴望與諸位合作，因為我意識到這種情況的敏感性，而且一直都明白這一點。」他否認自己曾經參與過納粹政權的任何宣傳計畫，並宣稱他告訴他的德國合作夥伴，這是「一件非常糟糕的事」。他一度告訴委員會，他為德國人製作的唯一文件是協助撰寫關於在德國道路上如何開車的小冊子。[30]

不過，委員會很快就注意到李的辯護有破綻。狄克斯坦因讓李承認，他的公司製作了備忘錄，描述美國媒體對納粹政權的報導，並且監控哪種獨裁政權訊息最有效。他還讓李承認，他的德國合作夥伴向他發送了大量反猶太主義的文章，儘管李盡量淡化它們的重要性。李宣稱：「狄克斯坦因先生，要說這樣的事情有很多，是非常不準確的。」[31]

當狄克斯坦因再次問起李到底為誰效勞，以及誰為他的服務支付酬勞時，李再次迴避。李一再重複：「我與德國政府沒有任何瓜葛。」可是每次否認都讓前一次的辯解顯得愈來愈不可信。[32]

隨著時間流逝，挫折感開始滲透到委員會的提問中。狄克斯坦因嘗試不同的策略。李承認他曾經替法本公司服務多年；「自從希特勒崛起以來有什麼改變嗎？」狄克斯坦因問道，「在希特勒上台之前，法本公司給過你任何錢來從事你現在正在做的同性質的工作嗎？」[33]

李突然語塞。李咕噥道：「不是為了與政治關係有關的諮詢服務。不是的，閣下。」[34]

委員會抓住這一點就行了。如果李不提供他們尋求的答案，也許查到金流動向就可以說明一切。委員會的另一位成員是來自喬治亞州聯邦參議員湯姆斯．哈德威克（Thomas Hardwick），他要求李描述與法本公司的付酬方式，尤其是希特勒主政之後，李的收入增長。

當李承認從希特勒掌權以來，他的收入呈現爆炸式增長時，哈德威克問他：「你難道沒有想到，酬勞如此大幅增加相當不尋常嗎？或者作為一家公司，如果他們只有間接利益，也很難為這種服務支付那麼多錢吧？」[35]

李臉色蒼白。他結結巴巴地說：「好吧，參議員，無論如何，它還不是我提供諮詢性質的服務所得到的最高報酬。」哈德威克繼續追問，法本公司「給了你比先前合理的報酬高出八倍以上的報酬，你有沒有想到他們至少是間接地代表納粹政權付錢？」李又是結結巴巴地回答說：「沒有，先生。」。[36]

突然，這項顧問諮詢專案成為聽證會的焦點。從事實上來說，李仍然為法本公司服務，但是自從希特勒上台後，李的收入出現了天文數字般的大飛躍，而這一切只是為了改善德國在海外的形象。正如國會議員所表明的，法本公司所堅稱的獨立性，早已不復存在。哈德威克問說：「自從希特勒上台以來，德國政府就對德國的私營企業進行了相當徹底的控制，不是嗎？」當李表示同意時，哈德威克又說：「你難道沒有想到他們可能是代表政府行事嗎？」李再次宣稱自己不知情，說他根本不知道法本公司可能只是希特勒政權的延伸。[37]

不過，委員會中很少人相信李的說法。一個為企業大亨和政客提供諮詢，多年來一直活躍於美國工業界和國際場合的常客，有可能根本不知道柏林所發生的事情？這種說法荒謬絕倫，太瞧不起人了。有人認為李是政治上太過天真的人，他在無意中為納粹政權提供了建議，這並非他自己的過錯，這根本是令人難以置信的。誠如一位歷史學家後來所說，李的辯解真的是「天真的荒謬」。[38]

委員會不斷逼進。他們迫使李承認，他曾經直接與戈培爾會談過，然後又和希特勒直接會面，並且他也向他的德國夥伴建議如何宣揚納粹政權重整軍備的計畫。結論很明確：法本公司只不過是納粹政權的幌子，而且李收下巨額報酬來完善納粹政權的訊息、宣傳和政策。

幾個小時過去了，答案不斷湧現，李的辯護逐漸崩潰。當委員會終於覺得他們已經掌握全貌，也瞭解李幹了什麼勾當，他得到了多少酬金，以及他實際上為誰工作時，他們便讓他離開，繼續聽取下一個證人的證詞。

這是李最後一次來到華府，也是議員們最後一次看到還活著的他。

* * * *

當李在那年五月離開華府時，他知道聽證會進行得並不順利。但他似乎不過分擔心，因為他覺得他的證詞會被保密。委員會只是在尋求疏漏，想找出有關納粹政權正在做什麼的資訊。美國官員告訴他，他們不認為有什麼理由要透露李的評論，至少現在還不需要。

對李來說，這樣是最好的情況，而且不僅是對他的職業生涯有好處，也有益於他的身體。這段時間以來，李已經覺得工作壓力大，逐漸力不從心。新的疼痛，加上幾十年來不眠不休的工作，也從來不休假，長期疲勞的結果，導致身體負荷極重。聽證會之後又過幾個星期，李告訴朋友，他要去德國巴登的度假勝地享受水療。李也企盼，這次旅行也可以作為與他在聽證會上描述的德國合作夥伴交換意見的機會。

但是在李到達德國水療中心之前，希特勒發動許多人長期以來一直擔心的暴力行動，這個事件被稱為「長刀之夜」（Night of the Long Knives）。希特勒放任手下的暴徒們殺害他剩下的政治對手。有數百人死亡，也有數百人受傷。全國各地的德國人，以及世界各地的反對納粹政權者，早在一九三四年就意識到，對納粹政權的擔憂是絕對有道理的。從那時起，無論希特勒要往哪裡走，都沒有什麼可以阻止他的前進。

目前還不清楚李對這項新聞有何反應。對李充滿溫情的傳記作者雷．希伯特寫道，李「完全瞭解德國事態出現災難性的轉變」。[39]但沒有跡象顯示大屠殺讓李在和納粹政權合作時產生任何猶豫，也沒有跡象顯示希特勒的行為會導致李退出與法本公司的合約。

然而，華府的局勢卻出現變化。德國的屠殺事件發生後不久，非美活動調查委員會決定公布聽證會有關親納粹政權分子在美國活動的證詞。在公布的數百份文件中，有許多來自李的證詞，它們全都為了掩蓋事實，不承認他已經成為一個開始流血統治的政權代理人。

沒多久，美國媒體就意識到證詞的內容驚人。李會見希特勒，向戈培爾獻計，從親納粹政權的企業集團獲取數量驚人的酬勞。美國媒體仍然記得李鼎鼎大名的綽號——「毒藤」。他把他的才能貢獻給一個可怕的政權，然後試圖聲稱他不知道納粹政權會採用他的策略和建議。

美國媒體立即做出反應。全國各地報紙頭條新聞立場一致：「李向納粹政權獻計」、「李的公司甘為納粹帝國的新聞顧問」、「李被揭露擔任希特勒的新聞代理人」。[40]李在聽證會的證詞盤據了《紐約時報》頭版，詳細揭露他如何「起草聲明以指導（希特勒的）帝國」，直接擔任「納粹政權的顧問」。[41]

對於每個讀過證詞的人來說，結論顯而易見。就像《時代》雜誌總結的那樣：委員會「得到的印象是，李先生可能被希特勒本人延攬了。」[42]影響堪稱立竿見影，且深具毀滅性。大通銀行總裁在談到證詞時表示：「這是多麼諷刺的事情呀！(李)設法代表客戶做出誠實、真誠和令人信服的表現，但自己卻一敗塗地。或許有一句古老的格言足堪借鑒，律師不應該為自己辯護。」[43]或許也正如一位學者後來針對真相暴露所寫下的一句話：「李曾擔任與帝國勾結的隱密宣傳家；他是外人不知道的資訊來源，是他一再警告的邪惡宣傳的根源。」[44]

李人仍在德國，但是繼續為自己辯護。從他的角度來看，他「沒有做任何錯事」。客戶電話上門，他就盡其所能提供最好的建議和最好的服務。他不會停下來。同年八月，《時代》雜誌報導李繼續為法本公司工作，並間接地替納粹政權效勞。他在訪問德國時說過，他「發現一切都安靜祥和」。[45]他從未批評過希特勒奔向獨裁統治，也從未評論過他的工作如何有助於德國獨裁政權更容易崛起的事實。

但李此時心裡還掛念著其他事情。這位公關大師的頭痛似乎從未減輕過，他最近得知自己得了無法手術的腦瘤。在巴登的度假和休養減輕他的痛苦，但這挽救不了他的性命。即使他繼續工作，身體上的傷害也不斷增加。隨著他的聲譽崩潰，他的身體也崩潰了。

很少有人比起美國大使陶德更清楚看到他的健康亮起紅燈。在他替納粹政權工作被曝光時，李回到柏林，再次拜訪大使。兩人見面時，陶德對李的轉變大吃一驚。李現在不再是充滿自信，昂首闊步向前走的公關業領導人，而是頹廢萎靡，看起來憔悴無神。陶德面前是一位「老人家」，他寫道，李「看起來奄奄一息」[46]

陶德對李外表頹敗感到驚訝，但是他對頹敗的原因並不感訝異。陶德很清楚，李為獨裁政權效勞現在已經家喻戶曉、路人皆知。陶德寫說：「過去二十年來，他賺了數百萬美元，現在全世界都知道他的錢是怎麼賺來的。」[47]

兩人的談話並沒有持續太久；李已經精神煥散，而陶德也對此不再感到興趣。臨別時，李問陶德是否可以替他向美國國務卿美言幾句。

陶德沉思片刻，搖了搖頭。他不會幫助這個「歌頌吹捧獨裁政權的傢伙」，尤其現在他的動機已經路人皆知。陶德後來在他的日記中寫下，李的故事「是人為財死的實際案例。我實在無法向國務院替他說好話。」[48]

於是李慨然告辭，他的名譽、身體以及任何前景現在都已經支離破碎。地球仍將持續自轉，而李在羅馬、莫斯科和柏林的朋友和客戶將這個世界推向一場導致數千萬人喪生的戰爭。不過李已經不會在世上看到這一切。同年十一月，李在痛苦中過世，得年五十七歲。

＊　＊　＊　＊　＊

李的遺緒繼續存在，但不是以他所期望的方式存續下去。僅僅十多年後，歐洲和東亞已成為一片廢墟，紐倫堡大審（Nuremberg trials）試圖找出對第二次世界大戰的恐怖事件應該負責的各方人物。李雖然在審判中沒有被突出地撻伐，但他確實因向德國合作夥伴提供有關「影響美國公眾輿論的『路線』」的建議，而被點名。[49] 大審中，除了希特勒、戈培爾和其他許多納粹政權惡人之外，李的名字也躋身其中。

話題轉回美國，國會議員試圖整理出有關納粹政權如何針對美國民眾下功夫宣傳，並設法影響和顛覆美國的政策，放任德國走向種族滅絕之路。他們集思廣益制定新政策，並開始擬定新的立法。他們為此特別設立了 種解決方案，那就是所謂的《外國代理人登記法》。這些美國官員希望，這可以阻止像李這樣的人物再度崛起，甚至可能有助於阻止像莫斯科、羅馬和柏林這樣的另一個政權崛起。

這是一個很好的構想，也許他們認為替已經解決的問題找到了補救方案。

但他們錯了！

第二部
怪物

我問了一旁的人：「你們到底來幹嘛？」

他們回答：「我們來消滅你啊！」

「哦！」我說道：「讓我先來幫你們一把！」

——艾安瓦特（Aìnanwa't）[1]

第五章 秘密握手

朋友之間因憲法而產生分歧有什麼壞處呢！

——弗雷德里克・默克（Frederick Merk）[1]

李為納粹政權效力的行為曝光時，華府也已開始推動前所未聞的事，那就是立法監管遊說人員。

幾十年來，美國人無論代表什麼客戶，都能隨心所欲行使請願權。美國決策者意識到，此刻該加強監督了。一九二八年，參議院通過一項法案，規定所有遊說人員都要向國會登記註冊，不過這項法案遭到眾議院封殺。[2]幾年後，調查人員發現，公共事業公司的遊說人員暗中引導規劃一場宣傳活動，使法案在國會兩院都動起來。國會依不同產業別，提出遊說人員透明度新要求。一位參議員表示，任何「骯髒或有力的團體」將不再被允許「掩飾身分和為非作歹」。[3]

在監管日益強化的氛圍下，李出席了聽證會，坦承他代表德國所做的一切。美國人瞭解李為納粹政權代理的一切活動後，立法機構的反應已不足為奇，法規開始收緊遊說產業的範圍，美國官員也對那些有外國客戶的公司採取同樣的規範，希望阻止如李一般的人物躲在暗處運作。

根據眾議院非美活動調查委員會的建議，議員們提出《外國代理人登記法》因應，只要任何人士「受外國機構委託，在這個國家傳播與民主形式不相容的學說，或宣傳影響美國公眾政治意向的輿論」，都必須依法揭露一切資訊。[4]也就是說，任何遊說人員、宣傳者、秘密接受外國政府資助影響政策的美國人，都必須向立法機關和公眾透露自己的身分、進行的活動、外國的贊助者，以及在過程中獲得什麼樣的報酬。因為《外國代理人登記法》，這些被揭露身分的人被冠上「外國代理人」名號。

證據顯示，納粹政權關切著美國決策者是否會讓該法案在國會順利通過。在仔細推敲法案文字後，國會於一九三八年將法案提交白宮，由富蘭克林．羅斯福（Franklin D. Roosevelt）總統簽署頒布。《外國代理人登記法》正式生效。

從許多方面來看，它是美國有史以來最進步的遊說監管措施，但最後也變成美國有史以來最令人失望、最被忽視的遊說監管法規。

* * * * *

最初，《外國代理人登記法》只針對「宣傳活動」進行規範。研究外國遊說活動的學者塔倫．克里希納庫瑪告訴我，《外國代理人登記法》被歸類為「管制宣傳」的法規，[5]從那時代的言論可以清楚看出這一點。《外國代理人登記法》最早的支持者、眾議員伊曼紐爾．塞勒（Emanuel Celler）表示：「我們相信，朝著無情宣傳投射聚光燈，將可起到嚇阻作用，阻止有害宣傳的散播。」[6]

為了打擊這類宣傳，立法者在《外國代理人登記法》中詳細規定各種了「揭露」的要求。任何接受外國資金來對美國宣傳的美國人，都必須向國務院披露活動。《外國代理人登記法》則由國務院監督行使狀況，範圍包括所有外國遊說工作、付款和出版物。國務院解釋，法律規定遊說活動的每個「關鍵細節」都必須在揭露報告中披露，舉凡簽署合約、舉行會議、實施和擬議方式，都要充分揭露。[7]國務院將組織這些報告的資訊，向國會報告，也就是向美國人民報告。

《外國代理人登記法》是頗具巧思的創意，[8]它沒有完全禁止外國的宣傳活動，只規定外國代理人要清楚交代實際工作內容，以及由誰付費買單。日後的一項分析指出：「(《外國代理人登記法》）的基本策略不是限制或阻止外國人發表言論，而是要求多提供一些訊息，『聽眾和讀者就不會被誤導，以為訊息來源是中立的』。此舉將可以剝奪顛覆者最有力的武器，也就是『秘密』。」[9]立法者認為，如果美國人知道誰是幕後人物和秘密金主，就可以做出明智的判斷，又不必擔心會侵犯憲法第一修正案所賦予的神聖權利。

理論上，這一切看似很棒。美國人不想更瞭解外國宣傳的來源嗎？美國人不想更深入瞭解有哪些同胞正被納粹政權、蘇聯或其他極權主義者秘密雇用嗎？

起初，《外國代理人登記法》似乎達到立法效果，因它附有五年的追溯時效，可以將無視法律規定的人繩之以法、丟進監獄。法案通過不久，聯邦政府就依據《外國代理人登記法》對三名紐約人提出第一件訴訟案，這三個人號稱自己是獨立書商，卻暗中替莫斯科辦事。法院以「收費為蘇聯宣傳」將他們起訴，並裁定三人均未遵循《外國代理人登記法》辯理登記。[10]審判長表示：「聽完庭審後，我得出的結論是，被告全都急於賺錢，忘記自己必須遵守法律義務。」[11]另外還一個親蘇組織冒充旅行社，同樣因未註冊登記而被判有罪。哥倫比亞大學的一名前德國文學教授也因自己主持的孤立主義團體收受納粹政權資金，而遭到法律懲處。[12]

不過，《外國代理人登記法》通過後不久，各種問題就浮現出來。「立法通過」並不代表就會有效，也不意味問題能得到解決。隨著美國逐步涉入第二次世界大戰，法案「對於它所想要揭露的宣傳活動，並沒有達到實際意義的效果」。到了一九四〇年代初期，《外國代理人登記法》已「形同具文」。[13]

法案失敗的原因並不難理解。首先，親軸心國的宣傳仍橫掃美國。由於其中大部分文宣是透過郵政系統散播，美國當局幾乎無法追蹤真正的源頭，也無法確定是誰在宣揚異端。

根據分析，負責監督和執行《外國代理人登記法》的國務院官員「極其無能」。[14]說句公道話，國務院並未曾主動爭取管理《外國代理人登記法》賦予的任務，乃是國會自行決定把任務交付給它。國務院負責對外關係，執行《外國代理人登記法》不也順理成章嗎？但很快人們就發現，國務院負責的業務太龐雜，人手也不足，並不適合這項任務。加上幾乎所有的國務院員工都派駐在海外，當然也難以適度監理。在美國的外國代理人，是要如何向派駐東京或布宜諾斯艾利斯的外交官員申報他們的工作呢？

國務院未能有效分類各界申報的資料，更別提要如何追查缺漏或可疑訊息了。助理國務卿後來作證說：「如果外國代理人誠心地走到櫃檯前登記，就可以依規定申報。如果他不來，我們也無能為力啊！」換句話說，國務院官員無計可施。[15]

一九四二年珍珠港事變發生後不久，親軸心國的宣傳不斷湧入美國，聯邦政府才採取行動，將管理《外國代理人登記法》的職責轉移給司法部，因為司法部負責起訴在美國境內的犯罪行為，管起來比較合理。[16]為了讓監管範圍進一步擴大，美國官員要求「（註冊在案的所有外國代理人）要提供文件副本」，無論出版或製作內容產品，都必須公開標示為「外國宣傳品」。[17]

修訂後的《外國代理人登記法》更重視國家安全，提高美國加入二戰的約束力，目的是要「保護國家防務、國內安全和對外關係」。「只要被外國政府、外國政黨和其他外國委託人延攬的人員，以及從事宣傳的人員，都必須公開揭露資訊。」換句話說，《外國代理人登記法》

將在國防事務上扮演新角色。[18]

《外國代理人登記法》的改革似乎奏效了。由於司法部人力充足，他們將目標瞄準透過郵政系統傳遞的外國宣傳品，攔截和追蹤親軸心國的宣傳來源。即使到了戰後，美國官員仍然直接介入美國郵件的檢查，試圖在冷戰初期拔除外國宣傳品。一項分析發現，「在一九五〇年代和一九六〇年代期間，政府充分利用《外國代理人登記法》來擴大『政治宣傳』的定義，著手辦案。」美國官員「進行一項大規模計畫，扣押和銷毀從蘇聯等外國聯集團郵寄過來的出版物」。[19]但不是每一項檢查都很有效率，譬如，有一個不會說俄語的官員，上級「塞給他一本俄英字典，要他在放置查扣資料的倉庫中，仔細搜查『共產黨的宣傳品』。」[20]即使一九六一年甘迺迪總統試圖停止查扣郵件的作法，國會仍立即撤銷他的命令。議員認為，《外國代理人登記法》肩負的使命就是保護郵件、保護國家。

很快地，人們就發現《外國代理人登記法》受到相當大的局限。即使有一系列定罪的案件，也有人在遭到起訴後逃離美國，但到了一九六〇年代中期，議員們已意識到《外國代理人登記法》的涵蓋範圍仍過於狹窄。世界正在改變，國際間各種超級大國崛起，革命一再蔓延，代理人戰爭和宣傳戰充斥，外國代理人的秘密工作範圍也在擴大。

華府意識到事情的嚴重性。聯邦參議員威廉·傅爾布萊特（William Fulbright）在一九六五年表示，美國官員「已經意識到許多外國委託人聘用代理人，利用正常外交管道之外的手段，影響美國的外交和國內政策」。到了一九六〇年代中期，傅爾布萊特列舉出各種新穎的技術。傅爾布萊特說：「隨著技術翻新，外國利益集團在美國雇用的公關人員、經濟顧問、律師和各類顧問的人數也在激增。」21

突然間，美國出現一批新的白領群體，協助外國顧客，到處都充滿了律師和顧問。他們的工作名目已超出「宣傳」的範疇，可以繞過《外國代理人登記法》的註冊登記要求。美國選民和立法者都搞不清楚這些律師、顧問的活動實際上涉及了哪些範圍。一九六五年參議院的一份報告指出：「傳統的外國代理人角色，已經被律師、遊說人員和公關顧問所取代，他們的目標是……影響政策，滿足特定客戶的要求。」22

外國代理人的世界慢慢被拓展開來。不過有一件事愈來愈清晰，憲法第一條修正案保護言論權和請願權，但這些權利愈來愈遭到外國人濫用。最重要的是，這些權利顯然不適用於外國政權。參議院的報告指出：「憲法保護美國公民向政府請願的權利，但對於按照外國委託人的指示，或為了外國委託人的利益，行使該權利的公民，則沒有提供同樣的保護。他不僅不該再受到相同的憲法保護，還將自己置於本國政府和外國委託人之間最敏感的位置。」23

憲法權利是健全的，是神聖不可侵犯的，美國人不能輕易地將這些憲法權利賣給國外出價最高的人，然後成為外國政權和外國獨裁者的喉舌，讓他們在過程中利用和濫用憲法自由。

* * * * *

不難理解為什麼外國政府轉而尋求新世代白領階層的協助。美國已經成為超級大國，通過它錯綜複雜的委員會和政府部門網絡，是影響美國政策的必要途徑。對許多外國政府來說，美國錯綜複雜的權力運作結構很難理解。參議院報告指出：「很少有外國人瞭解我們主要政府機構的微妙之處，特別是行政部門和立法部門在制定國家政策時是如何協力運作」。如果私營部門加入，立法過程又會更加複雜，根據美國媒體報導：「大多數人很難理解新聞媒體向群眾提供訊息時，具有多樣性和獨立性。」[24]

所以外國政府需要有人幫忙。這些「律師、遊說人員和公關顧問」可以擔任他們的嚮導，可以在美國日益複雜的權力走廊中穿梭。幾十年前，只有艾維・李願意接受外國客戶委託，但到了冷戰中期，有意願加入被委託行列的人愈來愈多。

《外國代理人登記法》只聚焦規範「宣傳工作」，並未關注到外國政權可獲得的服務人員和範圍正不斷擴大。外國遊說似乎再次呈現上升趨勢，但又沒有辦法真正追蹤這種趨勢是否屬實，或者背後是誰在推動。

因此，美國決策者再次修正《外國代理人登記法》，希望法律能夠實現立法初衷。

一九六六年《外國代理人登記法》再次修訂，「希望將關注的重點從宣傳者轉向遊說人員」。[25]法案結構基本上保持不變，替外國政權工作的人必須向司法部提交文件，報告工作、報酬和鎖定的受眾群，並聲明一切是受託於外國贊助人（現在稱為「外國委託人」）。[26]合約和公報的內容也必須揭露給美國民眾查閱。[27]

《外國代理人登記法》不再只聚焦在「宣傳」，更擴大到所謂的「政治活動」。[28]根據新規範，「政治活動」是指任何涉及改變美國政策，或促進「外國委託人」利益的事情，亦即，廣義上任何形式的遊說，都將受到《外國代理人登記法》的管轄。[29]

只要仔細閱讀這些枯燥的官樣文章，就能了解箇中內涵。任何代表外國政權、公司和政客從事任何形式的遊說或權勢交易的人，現在都必須註冊他們的工作，其中包括公關顧問、宣傳代理人和政治顧問，以及在華府四處嗅探的「律師遊說人員」。修正案中另一個較小的變化是禁止外國人提供政治獻金，我們將在後面的章節中深入討論這個主題。

從很多方面來看，這是革命性的轉變。美國決策者不再對「宣傳」感興趣，隨著「遊說」在二十世紀中葉開始盛行，立法者意識到外國勢力可能從中獲利。一九六六年《外國代理人登記法》的轉變為外國遊說制定新規則和新藍圖，而這些藍圖至今仍然存在。突然間，律師、顧問和其他通常不屬於遊說人員的人士也開始受到外界注意。

但修正案也暴露出兩個問題。第一個是新規範中包含「豁免條款」。官員決定豁免某些名義上不屬於《外國代理人登記法》關注範圍的個人和組織，且官員們確信，這些豁免對象不需要任何更進一步的透明度。

比方說，「外國媒體」所做的是「真正的新聞或新聞活動」，因此就不必註冊為「外國代理人」。同樣的，外交官、學者和科學家也不需要註冊為外國代理人，就可以進行「私人和非政治活動」。[30]

最值得注意和特別具諷刺意味的是，立法者意識到「律師遊說人員」的存在，也為「在法律代理過程中行事」的律師提供了豁免。[31]只要美國律師為外國客戶提供的服務僅限於法庭內，就不必向聯邦政府登記。後來有文章指出，「律師代表的客戶可能有罪，也可能無罪，當證據確鑿時，客戶幾乎總是入獄。當為獨裁者服務的律師們打贏官司時，不僅增加了客戶的權力，也讓他們能繼續壓迫公民，並掠奪國庫。唯一有坐牢風險的人反而是反對獨裁者的政治異議者。」[32]

在當時，豁免條款都有其合理性。記者們盡職盡責，學者和研究人員對知識的追求感興趣，律師為客戶提供盡可能最好的辯護，這些都是無害的、非政治性，都可以不必在《外國代理人登記法》規範的註冊範圍內，因為肯定沒有一個外國政權會試圖利用這些豁免和漏洞為自己謀取利益，對吧？

* * * * *

新修正案凸顯的第二個問題是：資源不足。儘管新修正案擴大檢察官對違法者的處罰力道，包括民事和刑事處罰、長達數年的監禁，但並未真正加強對《外國代理人登記法》登記的監督。也就是說，立法者告訴司法部要擴大對《外國代理人登記法》的關注，但實際上並沒有提供任何額外的資金和人員來貫徹與落實。

但這個問題並沒有立即顯現出來，修正案最初似乎發揮了作用。新法規通過後不久，《外國代理人登記法》註冊人數達到頂峰，到一九六六年初，在司法部註冊的「外國代理人」達到五百一十一名。[33]《外國代理人登記法》似乎終於發揮了功效。

但一些美國官員希望確保一切如同修法時所預期，畢竟，《外國代理人登記法》已多次陷入困境，未來仍可能重蹈覆轍。

一九七四年，負責確保立法真正按計畫發揮作用的美國政府問責署（U.S. Government Accountability Office），授權對《外國代理人登記法》轉變的影響進行研究。[34]研究者的發現令他們震驚。

從表面上看，修正案似乎是成功的，吸引了源源不絕的註冊者和揭露者。但正如《外國代理人登記法》首次頒布後的最初幾十年一樣，言論與現實之間存在著明顯差異，且司法部仍然缺乏資源、資金與人力來履行職責。問責署的報告總結道：「自一九六六年修正案頒布以來，司法部沒有充分監控外國代理人的活動，也沒有充分執行該法案和相關法規。」[35]

執行不力的原因顯而易見。新的《外國代理人登記法》修正案增加了司法部人員的工作量，但沒有相應增加人員或資金，且負責監督執行《外國代理人登記法》的工作人員數量明顯減少。問責署的報告指出：「在過去十年中，儘管行政工作量大幅增加，但人員配置卻有所減少。」曾經有十多名司法部員工可以定期監督《外國代理人登記法》提交的資料，其中包括八名律師，此後該組織的規模減少了近一半，這一切發生在提交總數短短十年內增長約二十%的情況下。[36]

由於人力嚴重短缺，司法部「幾乎沒有利用」它的新權力來懲罰那些未能揭露為外國遊說工作的人。政府問責署的結論很直白：「人員配置問題是該部門無法監督和執行該法案條款的根本原因。」[37]更多的文書工作、更少的人員，甚至更少的資金，這顯然是失敗的必要組合。政府問責署呼籲採取一個簡單的解決方案：增加資金，雇用更多司法部人員來監控不斷增加的外國代理人流量。如果美國想要解決外國遊說問題，就需要有足夠的人力來實際執行。

結論很簡單，幾乎沒有爭議。但聯邦政府的其他部門顯然沒有注意到這一點。美國忙於應對核危機、流氓國家以及針對美國及其世界各地盟友日益增加的恐怖主義，未登記的外國代理人似乎不是任何華府官員的優先處理事項。

《外國代理人登記法》再次成為一個被遺忘的存在。一九八〇年，美國政府問責署發布另一份關於《外國代理人登記法》執法的研究，得出了與前幾年幾乎完全相同的結論。僅有一半的《外國代理人登記法》註冊所有必要的備案，「律師遊說團體……（是）最低水準的合規報告團體」。事態變得愈來愈糟。短短幾年內，《外國代理人登記法》相關的調查急劇下降，到本世紀末幾乎沒有進行任何檢查。正如一九八〇年的報告所述，「由於（司法部）所有律師都忙於處理法庭案件，檢查被暫停了。」即使有少數的調查，但幾乎未取得任何成果；一九六六年修正案通過後的二十年裡，只追查了兩起外國遊說刑事案件，但都未能成功。[38]

美國政府問責署再次提出了相同的建議：更多的資金、更多的人力、更多的執法和更多的調查，否則，《外國代理人登記法》就根本不值得寫在紙上。

聯邦政府再次忽視了這些建議。當時正值冷戰，地緣政治陣營壁壘分明，人們很少擔心外國代理人會在外國政權的要求下秘密行事，更不用說擔心他們可能構成什麼威脅了。每個人都知道其他人站在哪一邊。於是，建議毫無進展，《外國代理人登記法》慢慢被遺忘，情況持續惡化。

*　*　*　*　*

一九九〇年，冷戰即將結束之際，另一份美國政府問責署的調查報告結果完全可以預見。同樣，只有一半的註冊外國代理人完全揭露了他們的所有活動，超過一半的人未能按時提交基本資料，還有很大一部分人甚至懶得提交所有必需的文件。會議的細節、遊說活動的描述、外國政權的總支付金額，這些最重要的細節一次又一次地未被披露。

美國政府問責署對此並不感到驚訝。正如一九九〇年的報告所發現的那樣，「司法部沒有實施我們在（上一份）報告中提出的建議。」更糟的是，負責監督《外國代理人登記法》實施的團隊不斷縮小。到一九九〇年代初，協助監督《外國代理人登記法》執行的律師人數是幾十年前的一半。[39]

所有的一切都表明，到冷戰結束時，也就是在《外國代理人登記法》承諾要揭露所有針對美國人的外國遊說和外國影響力活動整整半個世紀之後，《外國代理人登記法》只不過是其昔日的空殼，它成為被隨便敷衍的事，只是一潭死水般地存在。司法部幾乎不再關注它，更不用說執行它了。很少有人熟悉《外國代理人登記法》，也不瞭解為什麼實施和執行很重要。

也許這是可以理解的。畢竟，到了一九九〇年代初，美國已在冷戰中勝出，而且是在沒有費力執行《外國代理人登記法》的情況下就取得勝利。忽視這些遊說規定似乎並不構成明顯且真實的威脅；與一九三〇年代不同的是，此時並沒有另一場世界大戰即將發生。

但也可能還有另一個原因，導致人們對《外國代理人登記法》的基本維護或更廣泛監控外國遊說活動缺乏興趣。隨著蘇聯解體，美國邁向超級大國地位，美國和外國政權都意識到未來有新機會。新合約即將簽署，將建立起新的夥伴關係。新政府、新政權、新暴君需要粉飾，以及新的遊說活動即將發起，無論美國人是否意識到這些轉變。

即使美國人普遍沒有意識到這一點，遊說人員也日益成為後冷戰時代中的新興關鍵齒輪，正如記者肯．西爾弗斯坦（Ken Silverstein）曾描述他們是「賤民政權在華盛頓推進自身利益的關鍵管道」。當時一名遊說人員曾表示：「就像是通過『秘密握手』，才能讓你進入會所。」[40]

此時，有一個人迫不急待地希望暴君和獨裁者盡可能一手掌握「秘密握手」的訣竅，而那個人就是保羅．馬納福。

第六章 智囊團

對內部分裂的恐懼，催生了對外部操縱的憂慮。

——亞倫·泰勒（Alan Taylor）1

關於保羅·馬納福，有很多事情值得瞭解，他對美國外交政策和整體政治方向所造成的影響、他成為世界暴君和獨裁者的委託者，都顯而易見的。但值得注意的是，他並非按自身利益而違法，結果卻成為第一個遭到檢察官鎖定的馬納福家族成員。

二十世紀中葉，馬納福在康乃狄克州新不列顛（New Britain）藍領小鎮長大。就像今天一樣，新不列顛鎮是被忽視的邊陲小鎮，一個與世隔絕的小地方，永遠沒有迎來它的輝煌時刻。當地的人口結構直接反映了十九世紀末、二十世紀初的移民潮：愛爾蘭人與烏克蘭人毗鄰而居，義大利人與波蘭人並肩工作，所有人都希望在崛起中的美國尋找自己的一席之地。

保羅・馬納福後來寫道，他的祖父十歲時從那不勒斯來到美國，當時他一句英語也不會講。但這個家族很快就嶄露頭角。記者富蘭克林・福爾（Franklin Foer）是唯一撰寫以馬納福為封面故事的作者，該報導刊登在二〇一八年發行的《大西洋月刊》（*The Atlantic*）。福爾發現，馬納福兄弟的建築公司在馬納福於一九四九年出生時，就已經成為當地社區的一股「力量」。新不列顛鎮有著「五金城」的稱號，產業的成長讓它需要更多的工廠和住宅空間。很快地，馬納福兄弟的經濟影響力就轉化為政治權力。一九六五年，新不列顛選民選出了新市長：馬納福的父親老保羅・馬納福（Paul Manafort, Sr.）。[2]

正如福爾所寫的，老馬納福「擁有交際天賦，展現出無可置疑的強勢」。新不列顛市議會的一位前成員回憶道：「就像和你的祖父一起去酒吧，他幾乎認得鎮上的每個人。」[3]在鎮上人口達到近十萬的高峰時期，老馬納福的政治技巧有目共睹。他的支持者認為他是個「堅信平等、公平對待，並致力於讓新不列顛每個人都能過上更好生活的人」。[4]

老馬納福獲得政治權力，並成為新不列顛史上任期最長的市長，不僅僅是因為他滿懷熱情。一九八一年，隨著組織犯罪滲透到這座城市，檢察官指控老馬納福在一個涉及非法賭博和警察腐敗的案件中作偽證，在檢察官調查當地賭博集團時刻意誤導調查人員。不僅如此，一名舉報者進一步作證說，除了向調查人員撒謊外，老馬納福還向參加警察考試的學員提供答案，幫助他們作弊。老馬納福則聲稱他只是幫忙「複習資料」而已。[5]

該案的指控最終失敗，部分原因是訴訟時效限制，而老馬納福從未因作偽證或幫助警察在警察考試中作弊而被定罪。但這些指控讓老馬納福的批評者蜂擁而至。根據福爾的記載，當地的《哈特福特新聞報》（*Hartford Courant*）羅列了老馬納福在任期間面對的各種指控和濫用職權行為，細節從自肥（「將合約轉給馬納福兄弟公司，他在擔任市長期間擁有該公司的股票」），到收取回扣和操縱許可程序。福爾補充道：「甚至在這起醜聞爆發之前，新不列顛的前市長就抨擊老馬納福的行為『違反了道德的本質』。」[6]

在任期結束時，老馬納福的罪行已毋庸置疑。但對於「崇拜」父親的馬納福來說，父親的政治權力帶來各種交易和連結，似乎都值得效法。[7] 對馬納福來說，這是一份值得傳承到新不列顛之外的遺產，他能以此為基礎，改變整個國家和時代的命運。

* * * * *

當年輕的馬納福在新不列顛向父親學習時，洞悉了華府兩個事態的漏洞、趨勢和軌跡，而他日後會利用這些漏洞、趨勢和軌跡，使自己一舉成名，並最終進入監獄。

如前一章所述，人們對監視外國遊說機制的關注程度正在下降。《外國代理人登記法》曾經推出，然後消退，之後又復甦，再度收縮。在二十世紀中葉，遊說活動逐漸成為一種實踐和產業，且慢慢發揮作用。

回顧二十世紀中葉，當時的美國遊說人員似乎顯得古怪，甚至有些老派，遊說人員並不像現代那樣穿著光鮮整齊的絲綢西裝，是主流社會的焦點。當時的遊說人員身穿棕色、方正的西裝，偏好私下會議而非公開場合，這一形象恰好符合行業的精神。事實上，這個形象顯示了遊說人員和公關產業之間最初的區別，當時的遊說人員忙於在國會走廊逼迫政客，而公關產業的專家則更注重與公眾的互動。正如我們在後面的章節中將會看到的那樣，這個區別將不再明顯，界線將逐漸消失。

在當時，華府仍然是一個封閉和保守的地方。電視才剛進入大眾視野，民粹主義（至少在國家層級）還是遙遠的現象。在二十世紀中葉的這幾十年裡，遊說活動要低調得多，遊說人員們低聲議論，提出建議，推波助瀾，他們也明白自己努力的極限。正如福爾後來所寫，這個時代的遊說人員都是男人，他們不是「貪婪的傭兵」，而是些「目光超越了自身職業性質的人」。[8]

這是一個異常精英化的職業：一個由「智囊團」組成的秘密會議，他們是「常設機構的優雅化身」。[9]這裡沒有傭兵或待命的槍手，也沒有在鏡頭前矯揉造作的表演者，更沒有穿著細條紋西裝，只為了賺更多錢而從一個客戶跳到另一個客戶的顧問。通常，那個時代的遊說人員甚至不把遊說視為他們的主要工作。馬納福本人曾經寫道：「當時，遊說是律師透過他們的人脈來進行的。沒有政治顧問公司，也沒有人進行戰略式的遊說。他們以律師事務所的聲望為掩護，在幕後活動。」[10]

在現代美國人看來，這一切都顯得異常地沒效率。政治學家李·德魯特曼（Lee Drutman）觀察道：「就一九五〇年代和一九六〇年代的企業遊說而言，（透過協會進行）既笨拙且無效。」[11]

德魯特曼引用了兩項指標性的研究，來佐證他的觀點。一項研究發現，「遊說人員在國會幾乎沒有產生直接影響力」，往往無法對某個問題產生任何顯著的影響。另一項研究得出的結論則是，華府的遊說活動是「零星的、不可靠的」。研究者指出，遊說人員「普遍資金不足，管理不善……頂多只能起到微小的作用」。「當我們觀察典型的遊說團體時，我們發現它的活動空間極其有限，遊說人員資質平庸，其典型的問題不是如何去影響國會投票，而是要找到客戶和捐獻者，生存下來。」[12]

上個世紀中葉的美國，遊說業還沒有達到日後的精緻度或顯著地位。「遊說」並不是一個骯髒的詞彙，還不是一個迎合美國和國外客戶的戰略性職業。

但這種情況很快就會發生變化。正如我們將看到的，部分原因是像馬納福這樣的人物，但同時也是因外國勢力意識到美國選舉對「潛在干預」的開放程度。

＊　＊　＊　＊　＊

大多數美國人對二〇一六年選舉期間俄羅斯干預美國的行為感到震驚（這將在本書的後半進一步詳述）。在許多美國人眼中，美國就像一座不可觸碰的堡壘：作為一個選舉神聖不可侵犯，且地緣政治無法影響的國家。雖然選舉可能有太多金錢的問題，選舉結果可能存有爭議，誹謗可能多到超出任何人的承受力，但美國選舉通常還是被視為純粹的內政事務，不受任何外國勢力的影響。

但是二〇一六年發生了這樣的事，美國民主堡壘的形象如海市蜃樓般迅速破滅。突然之間，美國選舉就像其他國家的選舉一樣，容易受到外國操縱，外國勢力可以隨心所欲地左右局勢。俄羅斯干預二〇一六年選舉的行為被揭露，就像川普當選總統一樣，令許多人感到震驚。然而，二〇一六年並非外國勢力首次干預美國政治，也不是克里姆林宮第一次這樣做。

事實上，自從美國共和制確立之初，外國政府就一直試圖影響美國的政治和選舉。正如我們在二〇一六年所看到的那樣，美國人長期以來也樂於協助這些行動。

最早有關外國操控美國選舉的證據可以追溯到一七九六年，喬治．華盛頓總統即將結束第二任期之際。當時，美法關係依舊緊張，巴黎當局對美國支持她的革命事業感到憤怒。隨著美國新政府即將上台，法國政府「決定有必要積極參與選擇（華盛頓的）繼任者」。[13] 就在選舉前幾周，法國官員公開宣布選出湯瑪斯．傑佛遜（Thomas Jefferson），將有助於避免兩國之間的戰爭，而非被視為華盛頓的接班人約翰．亞當斯（John Adams）。巴黎宣稱，美國人應該選擇親法的傑佛遜。

傑佛遜的支持者們欣喜若狂，也積極響應。一群支持傑佛遜的助選員聯繫法方對口單位，要求他們更強有力地介入，以阻止華盛頓偏好的繼任者上台。

但這些努力都沒有奏效。亞當斯還是以些微優勢贏得選舉，並很快地對法國釋出敵意。在就職演說中，亞當斯直接抨擊外國干預選舉的作法。亞當斯緩慢而嚴肅地說，如果美國的選舉結果「可以被外國勢力透過奉承、威脅、欺詐、暴力、恐怖、陰謀、貪腐等方式操控，那麼政府就不是由美國人民選擇，而是由外國勢力選擇。我們可能是由外國來統治，而不是由我們的人民自己統治。」[14]

亞當斯的警告起了作用。在接下來的幾輪選舉中，由於拿破崙戰爭的爆發，外國勢力幾乎無暇干預美國選舉。然而，一八一二年，干預事件再次發生。一八一二年戰爭使美國的黨派四分五裂，總統大選前夕，反對現任總統詹姆斯・麥迪遜（James Madison）的聯邦黨高層再次向國外尋求協助。這次他們把目光轉向了倫敦。歷史學家多夫・列文（Dov Levin）寫道，聯邦黨高層「似乎在一八一二年大選前夕，試圖秘密說服英國政府以某種對他們有利的方式進行干預。正如英國駐美大使所描述的那樣，聯邦黨人『絕望地認為，除了尋求外國協助之外，要推翻（麥迪遜）政府已別無他法。』」[15]

然而，這些與外國聯繫的嘗試也沒成功。麥迪遜繼續掌權，並繼續領導美國對英作戰兩年。當美國開始向太平洋邊界邁進時，歐洲列強對干預美國選舉的興趣也逐漸減弱。事實上，在一八一二年大選後的一個多世紀裡，幾乎沒有外國勢力直接干預美國選舉的紀錄。[16]儘管仍有本書前面提及關於阿拉斯加、剛果以及納粹政權的遊說的醜聞發生，[17]但沒有專門影響美國選舉的事件。

在第二次世界大戰結束後，一個新的地緣政治對手登上了舞台。二〇一六年投票前幾十年，克里姆林宮就已然開始介入美國的選舉。

＊＊＊＊＊

亨利．華萊士（Henry Wallace）曾嘗過離總統權力很近的滋味。在身體日漸衰弱的富蘭克林．羅斯福手下擔任副總統期間，瘦弱的華萊士眼睜睜地看著這位在第二次世界大戰期間領導美國的人物，隨著戰爭將要結束而逐漸消逝。當羅斯福在第四個總統任期中去世時，華萊士並沒有登上總統寶座。取而代之的，卻是幾個月前接替華萊士擔任副總統的人：哈里．杜魯門（Harry Truman）。

華萊士曾經離總統寶座如此接近，現在卻眼睜睜看著在他眼中毫無能力的服飾店老闆入主白宮，這讓他滿心苦澀。因此，在杜魯門慰留華萊士續任商務部長時，他決定在一九四八年挑戰杜魯門的總統地位。為了取得可能的選舉援助，他為外國勢力敞開大門。不難理解為什麼有一個政府，即克里姆林宮，想要幫助華萊士。

華萊士十分同情蘇聯的政治路線，他親近莫斯科是公開的秘密。事實上，他這種親俄的想法早在一九四八年大選之前就已存在。當華萊士還在杜魯門內閣時，曾與駐美國的蘇聯情報部門負責人接觸。唯一研究外國干預美國政治的學者多夫．列文告訴我，華萊士「告訴他，支持他的人正在為杜魯門的靈魂而戰，而杜魯門政府中的其他人則反對蘇聯。他甚至直接請求：『來幫我吧！我將成為一個有影響力的代理人，以確保會有更好的政策。』華萊士深信蘇聯領導人約瑟夫．史達林及其政權懷有善意。」[18]

華萊士將這些信念帶入了一九年的競選活動中。作為第三黨「進步黨」（Progressive Party）的領袖，他以與蘇聯和解作為核心政綱。在選舉前夕，華萊士在紐約麥迪遜廣場花園大聲疾呼，表示需要緩和莫斯科和華府之間的緊張關係，並立即得到了蘇聯獨裁者史達林的公開支持。

史達林寫了一封信，刊登在美國各地的報紙上，聲稱華萊士緩解緊張局勢的呼籲，是整個競選活動中「最重要」的政治綱領。「就蘇聯政府而言，我們相信華萊士的方案可以為這種諒解和國際合作的發展，奠定良好且富有成效的基礎。」[19]

這位蘇聯暴君的讚揚立刻引起軒然大波。列文表示：「這是一場大騷動。」史達林的信「占據了整整一個月的新聞頭條，有些人希望這封信能讓冷戰在爆發之前就結束」，[20]這是克里姆林宮在關鍵選舉前幾個月表現的言論支持。更重要的是，這也預示了克里姆林宮在未來幾次選舉中的各種干預行為。華萊士對得到史達林的支持並不感到驚訝，由於華萊士的支持者、美國共產黨成員和蘇聯夥伴之間的秘密管道，史達林已提前通知華萊士這封信正在起草。

然而，這封信對華萊士的選情幫助不大。他的競選活動未能贏得任何一個州的支持，他很快就從美國政壇消失了。但對莫斯科來說，這或許並不重要。干涉美國選舉的種子已經埋下，未來幾十年莫斯科將被反覆嘗試這個策略。

＊　＊　＊　＊　＊

一九六〇年，冷戰全面爆發，莫斯科再次嘗試。蘇聯大使米哈伊爾·緬什科夫（Mikhail Menshikov）安排了與民主黨候選人阿德萊·史蒂文森（Adlai Stevenson）坐下來會面。史蒂文森既不是和平主義者，也不是秘密的共產主義者。但克里姆林宮提出一個提議，想試探史蒂文森。

根據史蒂文森的回憶，緬什科夫先宣讀了蘇聯總理尼基塔·赫魯雪夫（Nikita Khrushchev）口述的一張便條。赫魯雪夫認為，蘇聯人「關心未來，希望美國選擇合適的總統」，而且「因為我們瞭解史蒂文森先生的想法，所以我們打心底支持他」。這張便條指示緬什科夫直接詢問史蒂文森，克里姆林宮該如何給予「協助」。[21]

當蘇聯大使繼續讀下去時，史蒂文森突然意識到白己正聽到什麼，心中感到一驚。但緬什科夫繼續就克里姆林宮如何幫助史蒂文森提出了一些想法：「蘇聯媒體可以幫助史蒂文森先生個人勝選嗎？如何？媒體應該讚揚他嗎？媒體應該批評他嗎？我們總是能找到很多素材來批評史蒂文森先生，因為他對蘇聯和共產主義說了很多嚴厲和批評的話！史蒂文森先生最清楚什麼對他有幫助。」赫魯雪夫只需要史蒂文森的同意，克里姆林宮就可以開始提供協助。[22]

根據史蒂文森的筆記，他臉色煞白，禮貌地回應，對「赫魯雪夫的這種信任的表現」表示感謝，但緬什科夫已經越過紅線。史蒂文森回憶道：「我詳細描述了對美國大選的任何直接或間接干預是否恰當或明智的嚴重疑慮。我對他說，即使我是候選人，我也不能接受你們所提供的幫助。」[23]

遭到史蒂文森的拒絕後，莫斯科轉向其他地方。正如克里斯托弗・安德魯（Christopher Andrew）在著作《劍與盾》（*The Sword and the Shield*）一書中介紹從前國家安全委員會（KGB）檔案管理員瓦西里・米特羅欣（Vasili Mitrokhin）那裡流出的文件，克里姆林宮尤其擔心共和黨候選人、冷戰鷹派理查・尼克森（Richard Nixon）當選。特別是當尼克森將與民主黨候選人約翰・甘迺迪（John F. Kennedy）對決的局勢變得明朗時，他們更是願意不惜一切代價，阻止尼克森當選。[24]

隨著一九六〇年大選逼近，KGB駐華府負責人亞歷山大・費克利索夫（Alexander Feklisov）接到來自克里姆林宮的命令，要求他「提出外交或宣傳舉措，或任何其他措施，以促成甘迺迪勝選」。正如費克利索夫在自傳中補充的那樣，他的任務重點在「向莫斯科提供有助於確保甘迺迪獲勝的想法」。[25]

關於費克利索夫和莫斯科想法的細節仍然很少，它們仍舊埋藏在封閉的KGB檔案中。我們確實知道，費克利索夫的部分使命是直接與甘迺迪競選總幹事羅伯特・甘迺迪（Robert Kennedy）周圍人士接觸。但克里姆林宮再次無功而返。正如安德魯所寫，費克利索夫和他的團隊提出的幫助建議，被「禮貌地拒絕」。[26]對史蒂文森和甘迺迪來說，接受莫斯科的援助無論有什麼好處都不切實際。

* * * * *

尼克森在一九六〇年的選舉中落敗。八年後，當他再次參選時，列昂尼德．布里茲涅夫（Leonid Brezhnev）正掌管克里姆林宮，莫斯科也意識到這是另一個機會。正如莫斯科駐華府大使阿納托利．杜布萊寧（Anatoly Dobrynin）在二〇〇一年的回憶錄中詳細描述的那樣，克里姆林宮想出一個主意，試圖再次讓選舉偏向民主黨。

杜布萊寧寫道：「我們（在莫斯科）的領導層越來越擔心尼克森可能勝選。因此，蘇聯最高領導人採取了蘇美關係史上前所未有、非比尋常的一步，秘密向民主黨籍候選人休伯特．韓福瑞（Hubert Humphrey）提供了競選活動中任何可以想到的幫助，其中也包括財政援助。」[27]即使在一九四八年和一九六〇年的努力失敗後，莫斯科仍試圖再次影響美國的選情。

杜布萊寧親自領導這項工作，在早餐時直接與韓福瑞本人會面。當談話轉向韓福瑞的競選經費時，候選人立即明白這場會面的意圖，並立即制止這個提議。杜布萊寧回憶道：「他直接告訴我，來自莫斯科的美好祝福對他來說已經足夠，他對此表示高度感謝。事情就這麼結束了，我們雙方都鬆了口氣，再也不會提起這件事了。」[28]與先前的其他候選人一樣，韓福瑞很快就拒絕了克里姆林宮提出的財政援助提議。

令人驚訝的是，儘管遭到接連拒絕，蘇聯還是沒有放棄干預美國選舉的企圖。一九八四年美國大選前不久，隨著尤里．安德洛波夫（Yuri Andropov）成為新任主席，莫斯科開始試圖將雷根趕出白宮。正如KGB歷史學家安德魯所寫，安德洛波夫指示那些負責美國行動的人員「積極計畫，以確保雷根落選」。KGB特工被指示「獲得所有可能的總統候選人及兩黨總部工作人員的聯繫方式」。派駐「在美國境外的KGB特工也被要求報告是否有可能派遣特工參與此行動」。「（KGB領導層）明確表示，任何黨派的任何候選人都比雷根更可被接受。」[29]

一九八四年的這些行動細節至今仍然撲朔迷離。根據安德魯的說法，我們所知道的少數細節是世界各地的KGB特工「被命令推廣『雷根代表戰爭！』的口號」。然而，沒有證據顯示反對雷根的運動曾上過蘇聯的圈套。安德魯補充道，如果有什麼不同的話，「雷根在一九八四年大選中取得壓倒性勝利，有力地證明了蘇聯在美國採取的積極措施的局限性。」[30]

蘇聯因經濟崩潰的拖累，以及反殖民分離主義運動的分裂，政權沒有再維持太久。但即使在一九九〇年代，莫斯科對美國選舉的影響也沒有完全消失。一九九二年美國大選前夕，三位共和黨代表來到喬治·布希總統面前，提出一個建議：為什麼不直接向俄羅斯尋求有關競選對手比爾·柯林頓的醜聞呢？柯林頓曾經訪問莫斯科。為什麼不看看克里姆林宮能提供什麼？

但就像此前的史蒂文森、甘迺迪和韓福瑞一樣，布希和他的核心圈也拒絕了提議。布希的白宮辦公廳主任詹姆斯·貝克三世（James Baker III）在一份備忘錄中寫道：「他們希望我們聯繫俄羅斯……以獲取比爾·柯林頓莫斯科之行的訊息。我說我們絕對不能這麼做。」[31]貝克結束了這場談話，也不考慮向俄羅斯尋求幫助以扭轉美國大選。這並不是莫斯科最後一次涉入美國總統大選。

直到二〇一六年，馬納福親自操刀總統競選，莫斯科的干預又重出江湖。

＊＊＊＊＊

回到馬納福的故鄉新不列顛。莫斯科在影響美國大選的努力中屢屢失敗，馬納福則仍在等待機會。他清楚知道自己不想繼承家族的建設和回收事業。童年時期，他被處罰，從廢棄的木材中拔出釘子，這讓他對家族事業毫無興趣，甚至感到「憤怒至極」。[32]

然而，馬納福還是受到父親的影響，跑去從政。馬納福後來回憶道：「從一開始，我就被政治活動所吸引。」[33]這是他父親哄他走的路。老馬納福推動一項讓新不列顛年輕人參與地方政治的計畫。這個計畫很簡單：鎮上的四所主要高中各選四名學生組成學生市議會，再由學生市議員投票選出一名學生市長，他可以擔任新不列顛的「一日市長」，接替老馬納福二十四小時。

當時還在上高中的小馬納福知道自己是如此渴望一日市長的頭銜。他四處遊說、討好與哄騙，試圖贏得多數選票，成為市長，即使這只是「一日市長」。他回憶道：「十六張選票中有九張投給了我，我自認有望贏得市長選舉」。他已經幾乎嘗到勝利的滋味。但結果公布時，卻是另一名學生勝選。馬納福說：「我的一個遠房親戚背著我偷偷達成了一項協議，讓我輸掉選舉。」原本以為操之在手的選票，最終卻沒能保住。[34]

這一刻和這個教訓，六十年後馬納福仍能清晰回憶起。他後來解釋：「在人們投票之前，光有掌握選票是不夠的。」在小州境內一個小鎮上的一所小學校裡，這次選舉的結果中還埋藏著另一個更深刻的教訓，不知何故，其他學生耍了點心機打敗馬納福。這讓馬納福不禁思考到「在政治的組織和管理層面上，不僅僅是要提供服務。」[35]這個教訓讓他不再糾結於政治上的種種疑問，而是更加用心思考如何贏得選舉，或是如何改變選票的流向。

更重要的是，如何去竊取選舉的結果！

第七章
領先拔群

道德感愈強，就愈讓你感受不到一絲快樂。

——喬治・阿姆斯壯・卡斯特（George Armstrong Custer）[1]

在一九六〇年代末期，馬納福與當時在美國大學求學的小康白人嬰兒潮世代幾乎沒兩樣。馬納福不是嬉皮，也未留下任何穿著染色T恤、比出代表和平手勢的照片。後來他搬到華府，進入喬治城大學就學，並順應時代潮流。

例如，一九六九年他參加影響深遠的胡士托音樂節（Woodstock music festival）上，目睹吉米・罕醉克斯（Jimi Hendrix）以傳奇般狂野風格演奏的《星條旗之歌》（The Star-Spangled Banner）。一年後，他參加美國第一個地球日活動，試圖提高人們對環境犯罪的關注。當時，他身為華府大學生，目睹憤怒的尼克森政府朝威權主義邁進，槍殺反戰抗議者，討論如何暗殺調查記者，而尼克森本人也步入被彈劾的命運。[2]

乍看馬納福，一頭蓬亂頭髮、粗框眼鏡，在不斷變化的國家中航行，等於是他這代人的典型樣貌。但還有另一種反抗進步主義的暗流也淌過那個時代，這道暗流直到近年才引起大眾關注，而這種關注很大程度上要歸功於像馬納福這樣的人物。嬉皮或許佔據了頭條新聞，但馬納福們並不孤單，《華盛頓郵報》後來寫道，即使「民權運動和反對越戰的浪潮，激勵了這個國家的許多年輕人」，但已經成年的馬納福卻「選擇走不同的方向」。[3]

正如馬納福回憶的那樣，有一本書指引他度過喬治城大學的時光。當他的同學們正在閱讀《寂靜的春天》（*Silent Spring*）或《刺激酷愛迷幻考驗》（*The Electric Kool-Aid Acid Test*）等小冊子時，馬納福注意到巴里．高華德（Barry Goldwater）的《保守派良心》（*Conscience of a Conservative*）。這本書出版於一九六年，成為一九六四年高華德總統的競選跳板，當時人們普遍認為這是一場美國歷史上最極端的總統競選活動。該書一半內容是基本教義派主義，高華德警告說，「上帝的律法」沒有「日期界限」；一半則是反政府，主張政府是「阻礙人類自由的主要工具」。這本書猛烈抨擊確保種族平等、公平投票、基本民權的政策，也為共和黨在未來幾十年的右傾，以及川普時代不惜一切代價取得勝利的精神奠定了基礎。[4]

但那是好幾年後的事了。當馬納福上大學時，只有一九六〇年代末和一九七〇年代初的某些學生會閱讀這本書，尤其是來自「北部的、羅馬公教郊區」、且「不是常春藤聯盟」的學生；[5]尤其是可能有些自負、沒有受到媒體關注、未像嬉皮那樣取得成功的學生。

換句話說，就是像馬納福這樣的人。

＊＊＊＊

為了追溯馬納福從「大學生」到「暴君謀士」的轉變，值得回顧的不僅是他讀過的書，還包括他大學畢業後最早共事的人。

馬納福於一九七一、一九七四年從喬治城大學商學院與法學院畢業，並沒立即獲得工作機會。源於父親在新不列顛的執政經驗，他對政治充滿渴望。他隱約看到保守派已在全國各地隆隆崛起，即使喋喋不休的評論者們仍專注於尼克森的垮台，而無法察覺到這一點。馬納福年復一年在華府徘徊，試圖尋找立足之地。

一九七六年，馬納福接到一通電話。一位名叫彼得・麥克弗森（Peter McPherson）的舊識成為傑拉德・福特（Gerald Ford）總統的特別助理，他正在找人幫忙協調共和黨代表，以確保福特獲共和黨提名為總統候選人。儘管福特是現任總統，但並確定能獲得提名。一位名叫隆納・雷根的政治人物，正在加州試圖挑戰現任共和黨籍總統。

麥克弗森聽說馬納福對政治管理和政治組織有濃厚興趣，且正在找工作，於是詢問他願意幫忙嗎？是否能替福特保住提名，甚至入主白宮？

馬納福很快就同意了。麥克弗森後來回憶道，馬納福「積極爭取共和黨代表支持，並追蹤他們的立場」，不過，他在一九七六年大會期間所做的工作，或許還不如與詹姆斯·貝克三世一起工作來得重要。詹姆斯·貝克三世負責福特競選活動，[6]在後來的幾年裡，貝克成為共和黨外交政策機構的元老，擔任喬治·布希的國務卿，領導美國成為冷戰的勝利者。而且，正如我們在前一章中看到的那樣，他拒絕接受俄羅斯在選舉中提供的幫助。貝克不是意識形態主義者，他更像復古派，憑藉自己的能力成為管理者和調解者，希望在幕後出謀劃策，而非站在現代美國政治的鎂光燈和攝影機前。[7]

但貝克首先也是一位政治家。他的外表略帶冷漠，偶爾表現出彬彬有禮的樣子，可是平時的他卻毫不掩飾自己即使是剷除對手也不費吹灰之力。《經濟學人》寫道：「他舉止高貴，私底下卻很暴躁。」接著補充說明，「在貝克活躍的時期，『ratfuck（幕後秘密政治破壞或骯髒手段）』已經成為華府『背刺行為』的流行語」。[8]

正如《板岩》（*Slate*）雜誌的文章所指出，貝克還有另一個特點：「熱衷發掘年輕人才」。貝克察覺到馬納福的才華，他們倆都是「務實的保守主義者，也都對政治懷抱著渴望」，都把政治視為達成目的的手段，而非目的的本身，尤其是在尼克森時期盛行過權謀手段。他倆都看到，只要有對的人脈、組織才能、謙虛的外表，以及在幕後操盤的策略，就能為自己開啟無數大門。正如馬納福後來在文章中提到的，他倆在一九七六年建立了「深厚的私人情誼」。[9]

福特找不到更好的組合了，他在成功阻止雷根崛起後，於一九七六年獲得共和黨提名。馬納福已經嘗到了滋味。得到了他所需要的機會——在華府共和黨當權派中尋求立足點。

福特後來輸給民主黨候選人卡特。在交卸總統職位之前，福特邀請馬納福到白宮做客，對他的努力表示感謝。一張黑白照片顯示，馬納福頭髮蓬亂，戴著粗框眼鏡，伸出手與福特握手。這是馬納福首次因建議與努力被現任美國總統邀請進入白宮。

但這絕非最後一次。

＊　＊　＊　＊　＊

卡特獲勝後不久，馬納福開始規畫下一步。一年後，利用他在共和黨的新人脈，把組織才能帶到青年共和黨。這個團體是由一群右傾的二十多歲青年組成，是共和黨未來領袖的試驗場，且因為曾幫助高華德獲得提名而聲譽卓著。

馬納福並非孤軍奮戰。在青年共和黨人中，他的夥伴是羅傑．史東（Roger Stone），一個近乎怪誕的人物，他代表了當時青年共和黨中的「背刺」文化。史東比馬納福小幾歲，在後來的幾十年裡變得聲名狼藉，部分是因為他努力讓川普登上總統寶座，部分是因為他背上刺著一個壘球大小的尼克森紋身。史東的性格與馬納福形成鮮明對比：馬納福內斂拘謹，史東卻張揚直率；馬納福寡言木訥，史東則口若懸河。馬納福在幕後充當政治顧問，史東則在前頭扮演政治小丑。兩人一拍即合。記述馬納福早期經歷的福爾在二〇一八年寫道：「他們出身同一個州，都熱愛精緻裁製的權力套裝，而且對權力本身有著深厚的渴望。他們攜手以近乎無情的態度進行選戰。」[10]

福特落敗後，年僅二十多歲的史東就意識到共和黨的風向要朝哪個方向吹了。正如他後來所說：「傳統上，青年共和黨人一直是黨派發展的風向球。」[11]到了一九七七年，史東想要主導這個趨勢。他希望青年共和黨及整個政黨能追隨他的領導。他想徹底奪取青年共和黨的領導權，並希望馬納福能幫助他。

於是他和馬納福制定一個計畫。馬納福將負責爭取數百名青年共和黨代表的選票，支持史東擔任主席，史東則負責把其他競爭對手擠出選舉。這個劇本奏效了。儘管有競爭對手抱怨選舉結果「是在密室裡寫好的」，但史東在馬納福的幫助下成功當選，青年共和黨就此落入了史東和馬納福的手中。[12]

他們並沒有就此止步。兩年間，兩人在組織內注入高華德主義政策，並籌畫安排史東的繼任者。他們選中來自阿拉巴馬州的律師尼爾·阿克（Neal Acker），培養他當接班人。但阿克犯了一個錯誤：他沒有向雷根「宣誓效忠」，雷根是一九八〇年共和黨提名總統候選人的熱門人選。《大西洋月刊》提到：「當阿克猶豫不決，想保持中立時，馬納福憤怒地攻擊了他」。結果，「馬納福和史東開始破壞阿克的候選資格。」[13]阿克的競選很快就崩潰，馬納福徹底瓜分他的殘餘力量。這更證明了馬納福的殘酷無情。正如一位目擊者告訴福爾的那樣，馬納福對阿克的舉動是「他幹過最棒的工作之一」。[14]這也預示了未來的選戰、選舉，乃至整個國家的走向。

雷根團隊注意到他們的手段。共和黨初選期間，競選團隊任命馬納福監督南方的選務，史東則負責東北部。結果從來都是毫無疑問的，雷根繼續主導共和黨全國代表大會，馬納福獲提拔為大會主席，隨後贏得大選。雷根團隊與馬納福的關係還沒結束。在總統權力交接期間，馬納福在行政管理辦公室擔任人事協調員，安排雷根右翼革命的實際人員。

在短短幾年內，馬納福就從一個任性的二十多歲青年，變成協助創立和組建二十世紀最具影響力總統任期的重要人物。這超出了他的想像，這一切都證明了他的組織能力：號召和哄騙、推動和拉攏，協助建立各種聯盟和訊息，將雷根推向總統寶座。

雷根獲勝後，對馬納福和美國來說，一個嶄新的未來突然展現在眼前。但隨著選舉結束，馬納福發現了另一個努力方向，它最終將改變遊說的性質和政治運作的方式。

＊　＊　＊　＊　＊

隨著雷根入主白宮，雷根所領導的保守派勢力全力反撲敵對勢力，馬納福毅然退出競選團隊，他不打算留在雷根政府的官僚體系中，改轉向加入一條與保守派崛起並行的道路。在這條新路上，他攜手兩位夥伴：他的老搭檔史東和一個名叫查理・布萊克（Charlie Black）的新成員。

布萊克和馬納福在幾年前的青年共和黨「黨內競爭」中就認識了。[15]與馬納福一樣，布萊克也站在保守派反革命的浪尖上，於一九八〇年的雷根競選活動中擔任現場總監。和馬納福一樣，布萊克在華府看到了發揮才能的機會，也吸引了那些希望在新右翼政治水域航行的客戶。馬納福在一九八〇年競選後進入遊說領域，可以直接歸功於布萊克。雷根主導選舉的那一年，布萊克成立一家顧問公司，協助客戶模仿雷根的成功之道。為了建立新公司，布萊克招募馬納福和史東入伙。報紙描述，他們是「雷根革命的少壯派」。[16]畢竟，雷根的勝利不言而喻，任何與勝利相關的人突然間都受到追捧。

沒多久，客戶開始投向布萊克的新公司。記者肯尼斯・沃格爾（Kenneth Vogel）觀察到，生意「雖然不引人注目，但卻很穩定」。[17]這家公司沒有強烈的意識形態，有助於成功；像種族隔離主義者參議員傑西・赫姆斯（Jesse Helms）和溫和派紐澤西州州長湯姆・基恩（Tom Kean），都是他們的客戶，而且他們都對公司的選舉建議感到滿意。

這種意識形態的靈活性在接下來的幾年裡進一步擴大。到了一九八〇年代中期，這三人意識到，如果他們不斷擴大政治視野，就會有更多生意可做。

正如福爾所寫，他們開始「跨越黨派」，[18]招募第一位新成員：民主黨全國委員會前財務主席彼得・凱利（Peter Kelly）。他們的思路很簡單，如果共和黨候選人願意花錢尋求雷根競選官員的建議，民主黨候選人難道就也願意花錢尋求削弱雷根策略的建議。也就是說，如果馬納福、史東和凱利知道勝利的秘訣，如果他們瞭解一九八〇年代初華府的成功戰略，那麼無論哪一方，都會想付費得到答案。

正如一位國會助手半開玩笑地說：「為什麼要舉辦提名初選？為什麼不讓候選人直接去布

萊克、馬納福和史東那裡爭辯就好？」[19]據《華盛頓郵報》的報導，隨著凱利的加入，這家公司充滿了「年輕、強硬、精明的政治操作員」，「進軍政治市場，並賺大錢」。[20]

雷根團隊似乎不介意聘用凱利，也不介意馬納福、史東和布萊克吸收其他民主黨人進入團隊。隨著一九八四年大選臨近，白宮重新聘用馬納福和他的同事們。馬納福的具體任務是組織一九八四年共和黨全國代表大會，布萊克擔任資深選舉策略師，史東擔任東部地區競選總監。這三人與整場選戰的成功，超出所有人的預期，雷根幾乎贏下每一個州的選票，並創下美國史上最壓倒性的勝利。

這次勝利不僅使這家公司再添耀眼資歷，還帶來了最後一名關鍵人物，使馬納福的事業從區域性擴展到全球舞台。三十多歲的保守派人士李．阿特沃特（Lee Atwater）在選舉期間擔任雷根的副競選經理，是保守派勢力中迅速崛起的政治新星。雖然後來阿特沃特因公開闡述共和黨如何贏得白人至上主義者的支持而聲名狼藉，但當時他被視為共和黨候選人的競選奇才。[21]正如一家媒體報導的，他代表了「共和黨內部運作精英中的佼佼者」，[22]並且如《政治》（*Politico*）雜誌所補充的，他本身就已經是「傳奇人物」。[23]到了一九八五年，阿特沃特與馬納福、斯通和布萊克幫助雷根成功連任後，關係更加密切，成為這支強大政治操盤團隊的重要成員。

之前客戶來源還算穩定，但現在客戶洶湧暴增。懷有政治抱負的人希望利用雷根時代的魔力，企圖在華府建立聯繫管道的公司也紛紛打電話來。伯利恆鋼鐵公司（Bethlehem Steel）

是一家金屬集團，家族曾聘用艾維·李。所羅門兄弟公司（Salomon Brothers）是一家醜聞纏身的金融巨頭，高層稱自己為「搖擺不定的玩意兒」（Big Swinging Dicks），這個綽號後來成為湯姆·沃爾夫（Tom Wolfe）《虛榮之火》（*Bonfire of the Vanities*）這本小說的靈感來源。[24]另外，家喻戶曉的嬌生公司（Johnson & Johnson），以及備受爭議的煙草商會（Tobacco Institute），也都找上門來。來自全美各地的政治候選人持續向馬納福及其團隊尋求選舉建議和競選諮詢，讓馬納福團隊的影響力持續擴張。

到一九八六年，這家公司不僅為華府及周邊地區的「玩家」提供服務，它自己也成為名副其實的「玩家」，記者們開始注意到它的存在。一九八六年，《時代》雜誌將馬納福的團隊稱為「城裡最狡猾的商店」。雜誌寫道：「遊說人員對立法者最大的幫助莫過於協助當選。這是終極『政治人情債』，可以反覆兌現。」隨著馬納福的團隊在美國政治階梯上取得勝利，「沒有任何一家公司比華府的馬納福公司持有更多這種珍貴的政治人情債貨幣。」[25]

* * * * *

隨著凱利成為正式合夥人，這家公司也開始為民主黨候選人提供服務，甚至直接幫助民主黨競選活動籌款。這家公司顯然以無人可以匹敵的政治建議、諮詢和策略規劃，填補了市場空缺，並以罕見的方式創新。就像幾十年前艾維·李發明了公關產業一樣，馬納福和他的團隊把公司當作一種實驗平台，將遊說引入現代。正如李開創了公關的方法和策略——公開聲明、塑造形象、炒作、否認和掩蓋，馬納福也精心設計自己的創新方法和策略，顛覆舊有規則，形成獨特的「業務模式」。

關於馬納福和團隊的進化，很難找到一個詞句來描述。馬納福後來說：「我們所做的事情，專業術語是『遊說』。我承認，從狹義上講，有些人可能會稱之為『兜售影響力』。」[26]但與李一樣，這些術語不如策略本身重要。對於一九八〇年代中期的華府圈內人來說，他們清楚地看到新事物正在出現，並且正在以他們尚未理解的方式改變美國政治。

馬納福的創新基本上相對簡單。他的公司其實是兩家公司，在人員組成與組織結構上幾乎沒有區別，但卻分別服務兩個截然不同的目的。第一家公司是「布萊克、馬納福、史東和阿特沃特」（Black, Manafort, Stone & Atwater），屬於「政治顧問公司」，充分利用了馬納福在雷根競選期間所展現的特殊組織才能，協助共和黨及部分民主黨候選人登上權力舞台。

第二家公司是「布萊克、馬納福、史東和凱利」（Black, Manafort, Stone & Kelly），主要從事「遊說行動」，與企業客戶合作起草特定法規，推動特定產業政策，向特定決策者敞開大門。這家公司與伯利恆鋼鐵公司、菸草研究所等機構合作，是純粹意義上的現代遊說公司。

外界看來，這兩家公司幾乎一模一樣，但它們的功能不僅是名稱的區別，馬納福及團隊並非單純幫助候選人取得權力，或幫助客戶在華府追求利益，而是兩者兼顧。換句話說：第一個團隊幫助政治客戶掌權，第二個團隊幫助企業客戶接觸並影響政治客戶。這有效地完成了遊說的「閉環」，讓馬納福的團隊能夠從競選開始，到立法通過，都全程參與、建立橋樑和聯盟，全程獲得報酬。正如一篇論文所說，這種閉環模式「將對華府產生變革性影響，推動華府進入嶄新世代」。27

《時代》雜誌的一段話很值得引用：

（馬納福及其團隊）表示，遊說和政治諮詢功能是分開的。正如布萊克所說：「這就像一家雜貨店和一家五金行。你不能在五金行買雞蛋，也不能在雜貨店買輪胎。」但這些在華府都只是細微差別，該公司被認為是業界最靈巧的公司之一，也是權勢交易的終極超市。沒有從事遊說活動的民主黨媒體顧問羅伯特．施桂爾（Robert Squier）表示：「你是某人的政治顧問，然後你再向企業推銷自己，聲稱你與國會有特別的關係。」但讓一個政客當選，然後轉身遊說他是否合適呢？施桂爾迴避地說：「這是一個灰色地帶。」公共利益遊說團體「共同事業」（Common Cause）主席弗雷德．韋特海默（Fred Wertheimer）指責道：「這是制度化的利益衝突。」28

透過候選人和公司、公共和私營部門客戶的「聯姻」，馬納福和同事創建了我們現在所知的遊說產業。一位前同事向《華盛頓郵報》表示：「我不認為他們發明了沼澤，但他們發明了一種創新方法可以在沼澤中航行。」正是這項創新讓馬納福及其團隊與眾不同：把多個部分，融合成黏液狀的閉環體。另一位前同事說，馬納福創造了「每個人都想（在華府）打理一切的縮影。」[29]

在現代人看來，馬納福的創新幾乎是一種合乎邏輯的垂直整合。就像幾十年前的艾維．李一樣，馬納福一人就占盡了天時、地利與人和。[30]

＊　＊　＊　＊

在雷根第二任期，馬納福的生意蓬勃發展。有了阿特沃特的加入，這家公司的政治資歷也不斷擴大，一個又一個客戶滿載而歸，像克萊斯勒—三菱（Chrysler-Mitsubishi）和嬌生集團因馬納福遊說立法，節省了數千萬美元。一份報紙報導：「在短短五年內，布萊克、馬納福、史東、阿特沃特，已成為華府重要新勢力，專門從事人脈關係、影響力和攤牌政治（hardball politics）。」

隨著業務擴張，收入也增加。記者分析數字後發現，馬納福和他的合夥人「年收入目標為每人四十五萬美元」，換算成現代美元，每人每年收入超過一百二十萬美元。對於一個以前在廢品回收公司工作的馬納福來說，這是從未見過的金額。[31]

而這一切帶來了變化。私人司機、光鮮亮麗的西裝、一座新的「遊說宮殿」，馬納福很快就開始享受他工作的成果。正如一份報告所詳述的那樣，他和他的團隊「好色、浮誇、現金充裕」。[32]他們當然不會遮掩這一點。根據《大西洋月刊》報導，馬納福為自己的公司年會提出年度主題，首先是「領先」，然後是「超越領先」，最後是「領先拔群」。[33]這些年度主題實在是太適合華爾街醜聞和骯髒貪婪氾濫的時代了。

同時，政治聯繫也不斷增強。隨著雷根將喬治．布希培養為繼任者，阿特沃特在一九八八年出任競選戰略家，幫助他取得了另一場勝利，讓白宮又向馬納福的客戶開放四年。為了廣結善緣，史東甚至為布希的共和黨競爭對手提供競選建議。

在此期間，馬納福還建立了一個在幾十年後得到「回報」的政治人脈。一位房地產開發商聘雇他，不是為了獲得總統職位，而是為了幫忙他阻止美洲原住民賭場擴建。雖然開發商聲稱「沒有人像他一樣喜歡印第安人」，但在具體原因不清楚的情況下，他也聲稱，美洲原住民賭場的擴張將是「有史以來最大的醜聞，自艾爾．卡彭（Al Capone）以來最大的醜聞。」[34]這位開發商甚至秘密資助一個虛假的反賭博組織，聲稱參與其中的原住民人物是「犯罪增加、家庭破裂、破產和暴力」的先兆。[35]

這名開發商在附近大西洋城賭場擁有重大利益的事實，從未被提及。但馬納福對委託案感興趣，開發商很快就聘請他阻止賭場擴建。馬納福針對原住民賭場擴建、加強監管、取消稅收減免等提出多面向建議，最終這個委託案當然是成功了。一份報紙稱，「最終，擬議中的原住民賭場計畫失敗了」。[36]

其實，原住民賭場計畫失敗很大程度上是因為原住民賭場支持者組織混亂和內訌所造成，但對馬納福來說，勝利就是勝利。更重要的是，馬納福有了一位開發商新客戶，這名客戶對他抱持積極的態度，未來會對馬納福「非常忠誠」。[37]

這位開發商當然就是唐納．川普。這並不是川普最後一次尋求馬納福的協助。

＊　＊　＊　＊

馬納福達到艾維．李也會認可的地位。和李一樣，馬納福與總統、政界人士交往，開啟政治生涯，並在必要時跨越黨派界線。和李一樣，企業巨頭紛紛湧向馬納福的公司，尋求與決策者接觸。和李一樣，馬納福改革了美國的遊說活動，塑造新體系，並找到新服務方式，將遊說帶入新時代。

與李一樣，馬納福登場前後，確實存在一個明顯的時代變化。僅從數字中就可以看出這一點。馬納福加入遊說業後，整個產業呈爆炸式增長，成千上萬的美國人湧向華府。根據《大西洋月刊》報導，在馬納福的帶領下，「（之前）登記在案的遊說人員名單已擴大到一萬多人」。[38]由於馬納福和同事們的努力，遊說在許多方面已經發展成新興事業，並席捲了現代。

和李一樣，馬納福似乎很享受工作、創新帶來的地位。正如馬納福喜歡說的那樣，「過度即最佳」。一位同事向《政治》透露：「我們過去常暱稱他為『伯爵』——『基督山伯爵』」，馬納福所到之處，周圍總是瀰漫著一種特殊的氛圍。另一位同事聲稱這個綽號源自於「馬納福喜歡戲劇性地把外套披在肩膀上」。[39]

但李和馬納福之間的相似之處並不僅限於與總統的親近關係，或是兩人對美國遊說體系的深刻影響。在十年間，馬納福已經征服了國內市場，成為美國遊說界的巨人，美國權勢交易的王者。

但美國僅僅是一個國家，而整個世界正在向馬納福招手。全世界的客戶都渴求馬納福的才能，皆引領期盼馬納福的服務。

獨裁者渴望馬納福能幫助他們進入美國，強化他們對權力的掌控，以及在此過程中顛覆了美國的民主。

第八章 勿作懦夫

我們美國人未曾真正了解我們先人的事蹟。

——華特・惠特曼（Walt Whitman）[1]

一九九二年初，最新一期的《間諜》（*Spy*）雜誌出現在報攤。封面上有《反斗智多星》（*Wayne's World*）中的人物，對圍繞麥克・傑克森（Michael Jackson）最新音樂錄影帶的爭議進行解釋、看喬治・布希為卸任總統後的生活做哪些準備、挖苦參議員喬・拜登（Joe Biden）無法組織出簡潔連貫的句子。[2]

這就是《間諜》知名的特色：在尖銳的文化評論中，夾雜著嚴厲的政治批評，然後不忘帶上一點幽默。《間諜》的風格不像傳統新聞雜誌，而是更接近後來由喬恩・史都華（Jon Stewart）主持的《每日秀》（*The Daily Show*）喜劇。這種比較並不過分，因為現已停刊的

《間諜》與史都華後來在喜劇中心頻道（Comedy Central）都對社會有類似的影響力，當《間諜》發聲時，人們就會注意傾聽。

這就是為什麼在一九九一年初，正當比爾・柯林頓準備入主白宮，克拉倫斯・托馬斯（Clarence Thomas）升任最高法院大法官、韋恩・牛頓（Wayne Newton）成為拉斯維加斯之王時，《間諜》決定該大篇幅報導一個日益受到關注的話題——外國遊說。冷戰剛結束，美國還在回顧過去，新興國家和政權正試圖適應地緣政治，並確保美國的利益能夠得到維護，華府外國代理人的客戶數量激增。

這種趨勢及其深遠影響，直到未來幾年或幾十年才會顯現出來。對於當時的《間諜》而言，只是想瞭解外國遊說產業，它想要調查這個行業可以做什麼、為誰服務，以及誰在引領這個新興行業走向未來。

我們稍後會再次回顧《間諜》的這篇專題報導，但值得注意的是，在十頁的專題篇幅內，《間諜》對新興遊說公司建立了「排行榜」，列出與新興獨裁者建立聯繫的公司。這個排行榜還揭露華府外國遊說企業中哪些公司最「道德淪喪」，或者哪家公司擁有最多人權侵害者和反人類罪犯客戶？正如《間諜》所說：「他們之中誰最骯髒？」[3]

公關產業的競爭相當激烈。《間諜》指出，有些公司為薩爾瓦多或蘇丹等獨裁政權，或緬甸、巴基斯坦等軍事政權，甚至是海地的讓—克勞德・杜瓦利埃（Jean-Claude Duvalier）等盜賊統治暴君提供服務。其中一家公司甚至代表了剛在波灣戰爭中落敗的伊拉克獨裁者薩達姆・海珊（Saddam Hussein）。

有一家公司名列《間諜》「血手印指數」榜首，它代表暴君、粉飾軍閥，並為那些專門虐待婦女兒童的人提供服務。這家公司正將外國遊說業拖入光明又血腥的未來。4

這家公司的掌舵人是誰呢？保羅・馬納福。

＊　＊　＊　＊　＊

一九九〇年代初，馬納福的團隊已涉足外國客戶幾年了。很難確定馬納福的第一批外國客戶是誰，正如我們在第五章中看到的那樣，《外國代理人登記法》此時已經是一個亡靈，是曾經希望遊說監管和透明度的殘骸。那個時代的記錄零散、難以整理，但即使在這些碎片中，還是有一些文件可以讓我們瞭解馬納福何時開始將目光投向國外，以及哪些政權引起他的注意。

例如，一九八五年，在馬納福的公司躋身美國遊說兼諮詢行業的龍頭之後，馬納福與奈及利亞政府簽署了一份合約。雖然尚不清楚他到底為奈及利亞政權做了什麼，但我們知道他的公司從這筆交易中賺取了一百萬美元，馬納福同意在該交易中「遊說、代表、建議和協助」，推動奈及利亞政權的「政治和經濟目標」。

從表面上看，這份滿是馬納福簽名的合約，並不特別，但簽約前幾個月，奈及利亞軍方才成功發動一場推翻現任政權的政變，開啟該國歷史上持續時間最長的軍事獨裁政權。馬納福代表的這個奈及利亞新政權，「目標」包括禁止未得到政府支持的政黨、使那個時代唯一的和平總統選舉無效。[5]

當然，馬納福的文件中並沒有提及這些細節。馬納福及其團隊在尋找國際客戶時的偏好很一致，他們與外國的極權政權建立聯繫，並為客戶打通華府關節，從中賺取數百萬美元。

我們已經在本書序言中看到馬納福為安哥拉狂人喬納斯．薩文比提供的各種服務。但薩文比並不是馬納福唯一想要幫助的非洲獨裁者。其他如，剛果民主共和國（當時國名稱為薩伊）的莫布杜．塞塞．塞科（Mobutu Sese Seko）政權。這位統治剛果獨裁者已經統治了三十多年，從折磨政治對手到屠殺大學生，各種罪行足以讓人臉色慘白。根據《大西洋月刊》報導，莫布杜的統治是「一個非洲恐怖故事」。[6]

隨著冷戰接近尾聲，名義上親美的莫布杜在華府尋找盟友，以確保能在地緣政治轉型過程中保住權力，也確保美國「擴大民主」的主張不會延伸到他的國家。這時，馬納福登場了。馬納福親自會見莫布杜，並簽署一份價值一百萬美元的合約，為莫布杜草擬將在華府推動的會議和政策。即使另一起國內醜聞震撼了馬納福的諮詢公司，迫使馬納福承認自己「以權謀私」，莫布杜也未曾猶豫，他說這場爭議「只是表明他有多重要！」[7]

同時，在東南亞，另一位長期獨裁者也在尋求幫助，以應對新的地緣政治格局。印尼獨裁者蘇哈托（Suharto）主導了一場又一場對反政府武裝的屠殺，在一九六〇年代的大規模屠殺中就殺害多達一百萬反對者。現在，他想確保自己仍受到美國青睞。因此，他像莫布杜一樣，求助於可以提供幫助的人，此人便是馬納福。儘管目前尚不清楚馬納福究竟為蘇哈托做了什麼，媒體報導成為將馬納福與這位印尼暴君連起來的唯一文件，但沒有理由認為這與他在其他地方提供的服務有何不同。

並不是所有馬納福的國際客戶都已掌權數十年。在支離破碎的索馬利亞，一個名叫西亞德・巴雷（Siad Barre）的瘦高人物因「紅色貝雷帽敢死隊」，剛在軍閥競爭中崛起。巴雷知道，美國的支持將是消除對手的關鍵。馬納福登場了，他接下了這位初露頭角僭主的委託。當一名助手對公司與巴雷簽訂的百萬美元合約表示不安時，馬納福回應道：「我們都知道巴雷是一個壞人，我們只需確保他是我們的壞人。」[8]

有的國家甚至如同遭到詛咒般地兩次「經歷」馬納福的「幫助」。在雇用馬納福幾年後，奈及利亞軍政府解體，被相互競爭的將軍們撕裂，其中一位軍事暴君薩尼・阿巴查（Sani Abacha）登上頂峰，在拉各斯建立自己的軍政府。和他的前任一樣，滿臉疤痕的阿巴查也經常犯下暴行，他的私人安全部隊曾在北韓接受訓練。也像他的前任一樣，阿巴查希望說服美國人支持他。他「求助於馬納福的團隊來協助打理他的公眾形象」，而馬納福則「親自處理」阿巴查的事務。[9]據《紐約時報》報導，阿巴查在馬納福的幫助下很快「開展積極的公關和遊說活動，說服美國人相信他是一個進步的新興民主國家的領導人」。[10]阿巴查個人是否自認為監禁和絞死政權反對者是「進步的」，我們不得而知。

一次又一次，無論在哪裡，每當獨裁者壓制反對派、扼殺民主時，馬納福幾乎都參與其中。流血事件總是能帶來生意。對這些暴君來說，無論反對者付出什麼代價，無論他們是性別權利運動者、環保人士，或只是試圖逃避迫害的家庭，馬納福總是能為他們打開大門。儘管美國大肆宣揚民主和自由，但馬納福的客戶多年來一直與華府關係密切，而且能持續掌權。

馬納福並不認為自己的做法有何不妥。正如馬納福的同事史東後來所說的：「獨裁者只存在於旁觀者的眼中」。[11]或正如一位國會工作人員所補充的那樣，馬納福的觀點是：「讓事實見鬼去吧，該死的這個世界。」[12]

＊ ＊ ＊ ＊ ＊

我們已經看到了這個時期的一些活動是如何展開，例如馬納福將薩文比從一個血淋淋的怪物包裝成「民主化力量」，誰說徵募童兵是反民主呢？馬納福事跡斑斑，一一列舉的話，我們在書中的陳述永遠無法到達二十一世紀。

不過，有一場活動值得詳細回顧，藉以瞭解馬納福和他的同事所提供的「服務類型」，以及這些服務如何開始更大範圍地改變美國政策，進而改變國際關係，以少數人意識到的方式耗盡美國資源。

冷戰後期的菲律賓也被一個獨裁者統治。斐迪南．馬可仕（Ferdinand Marcos）最為人所熟知的是他妻子對鞋子的痴迷，直到現在她的數千雙鞋還陳列在一座博物館中，但馬可仕可以說是冷戰期間美國在亞太地區最重要的盟友之一。不出意外，他也是讓馬納福賺最多錢的客戶之一。

馬納福是在馬可仕統治後期才抵達馬尼拉服務的。前幾屆美國政府都忽視馬可仕的殘酷無情與法外處決手段。但隨著冷戰結束，情況開始改變，馬可仕的主要政治對手小班尼格諾·艾奎諾（Benigno Aquino）遭到暗殺後，華府官員開始發出削減援助馬可仕政權的聲音。他們甚至談到乾脆擺脫這位依賴美國慷慨援助的暴君。

但有一位名叫保羅·賴索特（Paul Laxalt）的美國人卻有不同的想法。賴索特曾協助雷根多次競選，並且知道保守派對馬可仕的看法相當正面。他也明白，一次成功的外國遊說活動可以平息激烈的批評，像馬納福這樣的人可以幫助馬可仕繼續掌權。賴索特曾經說過：「每個人都需要一位華府代表來保護他們的後背，連外國政府也不例外。因此，這些（外國代理人）的支持者大多屬於是自由世界的經濟體。」[13]儘管馬可仕領導下的菲律賓明顯缺乏基本的自由，但仍被視為「自由世界經濟體」的一部分。

隨著賴索特將馬可仕和馬納福聯繫起來，雷根政府繼續將馬可仕視為關鍵盟友。嚴格來說，馬納福的公司同意為單獨的、名義上不同的菲律賓企業客戶工作：菲律賓製造商、出口商和旅遊商會。正如艾維·李的例子，獨裁政權下的公司始終是政權的有效代理人。這份合約價值近一百萬美元，第一筆款項由馬可仕的妻子親自交付給馬納福的公司。[14]

馬納福的目標很明確：不惜一切代價讓正在與艾奎諾遺孀競選的馬可仕繼續掌權。據《政治》報導，他立即「加速前進」。在形象管理方面，馬納福替馬可仕官員牽線保守且富有同情心的美國記者。馬納福「努力在華府保守派圈子裡播下這樣的想法」，即馬可仕的反對者「不會是美國可靠的盟友」。在政治上，馬納福和他的同事也針對特定的美國官員「做工作」，他們會見國會議員、負責監督美國對馬尼拉援助的國務院官員。[15]

回到菲律賓，馬納福和他的同事把即將到來的總統選舉視為馬可仕統治的關鍵轉折點。他們深知，在現代獨裁國家中，暴君也需要「贏得」假選舉才能保住權力。他們知道如何擬定選舉策略。正如馬納福向《時代》雜誌透露的那樣，「我們所嘗試的是讓它更像是芝加哥式的選舉，而不是墨西哥的」，這暗指，與墨西哥的一黨統治相比，以選舉舞弊而聞名芝加哥選舉顯得溫和很多。[16]

塑造新的公眾形象、在華府舉行高層會議、全面指導選舉，種種的一切，表面上看起來像是成功的策略，讓馬納福將另一位獨裁者收入囊中。但馬納福的計畫未能考慮到一個重要變數，即馬可仕本人。選舉當天，馬可仕發起一波「大規模」的恐嚇選民行動，把數千名選民從選舉名冊上刪除，並毆打投票站工作人員。《洛杉磯時報》甚至報導：「蒙面男子持M-16步槍，向試圖守護投票站的身障人士和修女開槍」。[17]

儘管投票後批評如雨，儘管艾奎諾的遺孀明顯獲得多數支持，但馬可仕還是宣布自己獲勝。正如一位當地人所說，這是「全面性的舞弊」。[18]馬可仕並沒有對外宣稱勝利。記者肯尼思·沃格爾（Kenneth Vogel）發現，在這位菲律賓獨裁者「將自己關在總統府內」的同時，馬納福的團隊正在「反覆遊說」在華府的盟友，「讓馬可仕繼續獲勝。」[19]馬可仕躲在自己的莊園時，馬納福成為他的代言人，為他在華府發聲。

最初，白宮似乎支持馬納福和馬可仕的主張，暫時宣布支持這位搖搖欲墜的盟友。但隨著馬可仕各種選舉暴行浮出水面，舞弊行為變得無法忽視。[20]最終，雷根政府改變立場。馬可仕立刻逃離他的國家。

嚴格來說，馬納福辜負了他的客戶。馬可仕失去權力並逃亡海外，長達數十年的獨裁政權隨之崩潰。但從很多方面來說，這並不是馬納福的錯。馬可仕的盟友似乎也意識到這一點。馬可仕出逃之後不久，馬可仕之妻直接透過電話與馬納福交談。據《政治》報導，她「對馬納福的服務表示衷心感謝」。[21]她知道馬納福已經盡了一切努力讓她的丈夫繼續掌權，盡了一切努力讓馬可仕繼續掠奪菲律賓人。

馬納福也沒有不好的感覺。畢竟，他和他的團隊透過為馬可仕這樣的客戶提供服務，幫助他們走向光明、充滿希望的後冷戰時代，並賺取數百萬美元。事實上，世界上最腐敗的領導人一次又一次雇用馬納福。蘇哈托被指控從印尼人手中掠奪高達三百五十億美元。馬可仕本人從菲律賓人手中竊取了高達一百億美元的資金。莫布杜從剛果人民那裡盜取了五十億美元，而阿巴查的情況也十分類似。據透明國際（Transparency International）的資料指稱，這些人物是二十世紀末最腐敗的四位政客，他們掠奪衛生、基礎設施和教育預算，並用這筆收入的一部分來資助同一個人：馬納福。[22]

＊　＊　＊　＊　＊

到了一九九〇年代，馬納福和他的同事們已經穩坐江山。一群新的獨裁客戶湧入華府，希望藉由馬納福的遊說和諮詢才能，獲得新的地緣政治格局。此時，美國成為僅存的超級大國，美國政治分歧的雙方都有許多人樂於敞開大門，迎來全球化、國際化資本主義的新時代，據稱這可以讓我們所有人都富裕起來，並在過程中散播民主的種子。為什麼要擔心外國代理人呢？為什麼要讓像馬納福這樣的人受麻煩法規和透明度要求的限制呢？為什麼要阻礙美國即將到來的黃金時代呢？

官員們顯然沒有任何理由擔心。客戶繼續湧向馬納福，向他提供財富，看著他在華府敞開大門。在獨裁者蜂擁而至尋求遊說幫助的過程中，有兩個事態發展本應讓馬納福和他的同事們有所警惕，兩個相反的群體對迅速發展的外國遊說業表現出興趣。

第一個群體是「公民社會」。美國非營利組織和非政府組織真正關心的是追求民主，而不僅僅是掛在嘴邊的民主言辭。隨著後共產主義和後殖民國家的開放，新興政權派代表前往華府，並聲稱他們正在向民主「過渡」，美國公民社會團體希望更仔細地審視這些新政府到底有多認真，以及在過程中他們如何實際接觸美國決策者。

特別是「公共誠信中心」（Center for Public Integrity）於一九九二年決定對新興的外國遊說產業所扮演的角色進行具體研究。他們知道這些遊說人員已經開始充當這些「過渡」政權的僕從，為他們提供以前沒有的平台。然而，他們發現的情況令他們感到震驚。

公共誠信中心用近一百頁的篇幅，詳述了它所稱的「酷刑者遊說團」。在一個又一個的案例、一個又一個聲稱「已經開始向民主邁進的漫長艱難之路」的政權中，「壓迫和侵犯人權」的政府都能在華府找到了心甘情願的夥伴，他們樂於以可觀的費用洗白自己的聲譽。像肯亞和秘魯等截然不同的國家，摩洛哥和埃及等所謂的合作夥伴，甚至土耳其和以色列等盟友，儘管存在嚴重的人權問題，但都能在華府找到遊說人員來執行他們的命令。這些遊說活動甚至是跨黨派的。正如公共誠信中心所指出的那樣：「他們與國會和行政部門的共和黨和民主黨都有聯繫。」[23]

不只如此。公共誠信中心還發現：「美國納稅人間接支持遊說人員、律師和公關公司的活動，他們代表外國利益，包括那些『屢屢踐踏人權的國家』」。這份報告尖銳揭露了這些政權如何將美國的財政援助，也就是直接來自美國納稅人的資金，轉向資助那些可以讓他們繼續掌權的遊說人員。也就是說，政權並未將資金用於醫院或圖書館等公共設施，而是直接轉給在華盛頓如雨後春筍般出現的遊說傭兵。這可以說是惡性循環：美國納稅人為美國的援助提供資金，援助流向令人反感的政權，政權又使用其中的一些資金資助遊說人員，然後遊說人員努力讓援助的水龍頭保持暢通，讓他們的客戶繼續掌權。

不幸的是，這份報告讀起來很枯燥，其中包含了各種數字（印尼用於遊說花費六百八十萬美元，土耳其花費三百八十萬美元等），並穿插了這些政權的酷刑和猖獗虐待案例（印尼在東帝汶屠殺獨立戰士、土耳其在酷刑中使用電擊和水管等）。即使如此，這份報告仍然是個信號彈，讓美國公民社會第一次意識到不受控制的外國遊說活動，並有所警覺。[24]

公共誠信中心稱馬納福為「典型的華府內部人士」，並提及馬納福約四十次。當被問及為什麼馬納福和他的同事為酷刑者和人權罪犯提供服務時，馬納福的發言人表示，該公司不會「試圖為其客戶的人權侵害進行辯解」，而只是試圖「開啟對話」。[25]

＊　＊　＊　＊　＊

第二個對外國遊說集團的崛起突然表現出興趣的群體是「媒體」。到了一九九〇年代初，美國媒體已經嗅出這股華府新力量的細節，遊說人員充當新黑手黨國家的步兵。正如《間諜》所稱，他們是「該死的公關人員」。[26]

前面提到的《間諜》專題為美國調查記者如何對待遊說力量奠定基礎。《間諜》的文章由阿特．李文（Art Levine）撰寫，揭開一種以前幾乎沒有調查過的現象。之前從未有任何媒體嘗試全面調查，更不用說對華府最腐敗、最無恥的公司進行排名了。

即使在幾十年後，李文的作品仍是傑作，介紹從馬納福遊說服務中獲利的人物陣容。馬納福並不是唯一被外國政權競相爭取的美國人。

例如，有一個名叫約瑟夫．布拉奇福德（Joseph Blatchford）的人，他在美國一家名為奧康納和漢南（O'Connor & Hannan）的律師事務所工作。布拉奇福德表面上有著令人印象深刻的履歷，曾在尼克森政府期間管理和平工作團。但布拉奇福德意識到代表和鞏固獨裁者可以賺更多的錢。而且，不用說，這也將會削弱和平工作團在海外的努力。

布拉奇福德簽署了一份月薪一萬美元的合約，為薩爾瓦多獨裁者阿爾弗雷多・克里斯蒂亞尼（Alfredo Cristiani）服務。在組織薩爾瓦多官員和美國國會議員的會議時，布拉奇福德淡化克里斯蒂亞尼洗劫薩爾瓦多的暗殺小組，稱他們只是為薩爾瓦多民主而努力的「守法團體」。但這項工作變得日益困難，因為克里斯蒂亞尼政權與馬可仕政權一樣，公開屠殺六名耶穌會神父。李文補充道：「（兇手）的辯護律師後來威脅要毆打陪審團，主審法官稱他正計畫逃離薩爾瓦多以保全性命。」但這並沒有阻止布拉奇福德，他繼續在華府為客戶辯護，他將克里斯蒂亞尼塑造成某種民主化力量。正如一位代表所說，布拉奇福德的辯解全然是「胡說八道」。27

李文觀察了另一個面臨與布拉奇福德類似「困境」的美國團體。巴頓・博格斯（Patton Boggs）律師事務所於冷戰末期涉足外國遊說，爭搶馬納福認識的各類客戶。其中之一便是瓜地馬拉的獨裁政權，這個政權「對活動人士、學者和農民實施酷刑和處決」。該政權鎖定的對象包括一名叫戴安娜・歐提茲（Diana Ortiz）的美國修女，據稱她被瓜地馬拉軍方強姦，並在她身上留下一百多處香煙燙傷疤痕。

這些指控最終說服美國政府終止對瓜地馬拉的軍事援助，而巴頓・博格斯正努力排除障礙。在華府舉行的一次又一次會議上，巴頓・博格斯官員歪曲瓜地馬拉的案件。據該事務所表示，瓜地馬拉政權實際上充滿了「改革者」，正尋找機會實施必要的政策和調整，使瓜地馬拉重新站起來。巴頓・博格斯辯稱，如果撤回美國的支持，瓜地馬拉的改革就會被扼殺。

當美國官員不為所動時，該公司的遊說人員嘗試不同的策略。一名員工戴維．托德（David Todd）與眾議院外交事務委員會舉行會議時宣稱，美國官員應該避免批評瓜地馬拉。托德表示，美國沒有理由譴責瓜地馬拉政權，特別是因為最近有多名洛杉磯白人警察被拍到毆打一位名叫羅德尼．金恩（Rodney King）的黑人。[28]這一論點似是而非，對被瓜地馬拉政權屠殺的數千名政權反對者來說，是極其冒犯的。一名委員會助理向《間諜》表示：「我幾乎要爆炸了！」[29]但最終，這一策略似乎有效。該政權仍然是美國在該地區的重要合作夥伴。

* * * * *

李文報導中介紹的許多人物都符合馬納福所熟悉的模式：穿著得體、專業、看起來與他們經常見到的立法者和工作人員沒有區別。但還有一位值得強調的人物，他不僅打破了這一穿著趨勢，甚至比其他任何人都更早引起對該行業的關注。

一份報紙稱，愛德華．馮．克洛伯格（Edward J. von Kloberg）是「華府真正的奇葩」。[30]從他的著裝（他經常戴著領結和披風），到他的假名（其中包括在名字中間添加「馮」〔von〕，這讓他聽起來像歐洲貴族）。正如記者肯．西爾弗斯坦所寫，克洛伯格「以天賦完成了魔鬼的工作」。他還用一個口號來概括他的，也可以說是馬納福的信念：「勿作懦夫。」[31]

這種精神也延伸到了他的客戶身上。和馬納福一樣，克洛伯格為上門的獨裁者提供服務，從羅馬尼亞的尼古拉．西奧塞古（Nicolae Ceausescu）到賴比瑞亞的塞繆爾．多伊（Samuel Doe），再到伊拉克的薩達姆．海珊。出於一種裝飾性的誇耀，克洛伯格在他的浴室裡貼滿幾十張他和暴君客戶的照片。他的狂熱是如此明顯，以至於《間諜》雜誌稱他為「華府最無恥的遊說人員」。[32]克洛伯格對此並不介意。他坦言：「我晚上睡覺都能安眠。」[33]

在準備出版時，《間諜》雜誌想看看是否有任何人、任何政權、任何意識形態對克洛伯格這樣的人物來說是無法接受的。他們想出了一個創意方案，假扮成新納粹政權分子，並試圖招募克洛伯格加入。換句話說，他們想測試克洛伯格是否會追隨艾維．李的腳步。

《間諜》與克洛伯格的通話完整記錄值得全文閱讀。記者假冒「德國人民聯盟」（German People's Alliance）的代表，向克洛伯格表示，他們希望禁止移民進入德國，重新征服波蘭，並擴大他們「在美國國會的聲音，以對抗親猶太人的集團」。

他們只有一個疑問：「愛德華．馮．克洛伯格會接受德國新興的新納粹政權組織作為客戶嗎？」

他們不需再次詢問。克洛伯格告訴假冒的納粹政權分子：「你看，在這裡進行諮詢和遊說是我們所說的必要之惡。我相信你所相信的許多信條。你也會發現，在美國有很多人也有這種感覺，只是還沒有人呈現給他們。」克洛伯格與偽納粹政權分子一拍即合，討論了潛在的遊說策略，討論了德國應該從波蘭收回哪些土地，討論克洛伯格所說的「讓德國再次偉大」的所有方法。

幾天後，《間諜》再次冒充德國熱衷獨裁分子打電話給克洛伯格。他們想知道克洛伯格是否有任何推薦的其他美國人可以聯繫。也許是當時正在競選路易斯安那州州長的前三黨領袖大衛・杜克（David Duke）?「是的，」克洛伯格回答。「沒有問題。（杜克）開啟了令新的篇章。」這位遊說人員表示，杜克將成為這些新客戶的完美合作夥伴。克洛伯格很樂意為他們牽線。[34]

與艾維・李不同的是，克洛伯格和所謂的納粹政權分子最終未能敲定一份實際的合約。偽納粹政權分子後來打電話給克洛伯格，告訴他他們「受到了無政府主義者的攻擊，暫時不可能進行進一步的對話。」[35]他們再也沒有機會重新與他開展合作；不久之後，據稱克洛伯格因一段失敗的戀情感到沮喪，從羅馬聖天使城堡跳下自殺。

克洛伯格的死，讓他的獨裁客戶陷入困境。克洛伯格在浴室的相片去向不明。但像馬納福這樣的人物仍活躍於華府，並且很樂意接手這些客戶，為他們提供他們需要的所有服務。克洛伯格的朋友戴安娜・麥克萊倫（Diana McLellan）後來說：「它們完全是糞便和怪物的代表。華府就是這樣的鬼地方。」[36]

＊　＊　＊　＊　＊

「公民社會」和「新聞媒體」這兩個管道都在調查華府外國遊說活動的範圍，為填補《外國代理人登記法》失敗留下的空白提供了一種補救方法。但外國遊說業規模不斷擴大，這些手段顯然遠遠不夠。而且，美國觀眾對遊說人員可能如何改變美國政策，或他們如何引導美國納稅人的資金並沒有太大的興趣。畢竟，美國剛贏了冷戰。美國人就不能稍稍休息一下嗎？華府不能享受幾年遠離地緣政治憂慮的時光嗎？

這正是外國代理人所主張的，他們一路走來賺了數百萬美元。對馬納福來說，從國內競選活動擴展到國際客戶的決定似乎是正確的。在整個一九九〇年代，馬納福的生活就像說服決策者聽取他專制客戶的意見，或者就像繞過《外國代理人登記法》法規的監管進行工作一般，輕鬆自在。

這可以在尼克國際電視台的遊戲節目《你會做什麼？》（*What Would You Do?*）的一個片段看出。遊戲的前提很簡單，主持人馬克．薩默斯（Marc Summers）從觀眾中選出兩位女士，然後秤量她們的包包，包包最輕的那位將獲得獎品。如果她們從包包裡掏出任何東西，薩默斯就可以保有那些物品。

當觀眾看到每個女人都在清理她們的包包，拿出的東西從刷子、化妝包時，薩默斯特別關注了一位女人。薩默斯說：「記住，無論你將什麼（擺在桌面上），你都會視同放棄它」。他彎下身子，拿起一個巨大的錢包說：「這是她丈夫的錢包。」接著，他轉向坐在他後面的觀眾，說：「先生，一個人需要多少張運通卡？」他打開錢包，把東西拿出來。「我們一起數一下吧。有三張美國運通卡，一張金卡、一張白金卡和一張公司卡。他有九張Visa卡，一張AT&T信用卡。」

當薩默斯假裝將卡片裝進口袋時，觀眾開始大笑。鏡頭轉向薩默斯正在交談的那個人。這人就是保羅・馬納福，臉上掛著近乎天真的笑容，穿著襯衫，坐在尼克頻道的觀眾席，看著主持人翻遍他妻子的包包，看著他數出他所有的信用卡。[37]

第三部

革命

和平關我什麼事？

——利奧・佩魯茨（Leo Perutz）[1]

第九章
獨裁者的天堂

我常在散步途中見到人類的遺骸。

——湯瑪士・曼比（Thomas Manby）[1]

蘇聯解體後約十年，人們普遍有一種感覺，美國領導新時代是不可避免的結果。雖然可能會發生一些軍事衝突，像是在科索沃或摩爾多瓦。甚至可能發生種族滅絕，就像盧安達或波士尼亞那樣。但國際間不穩定的日子，或是說美國面臨國家安全危機的日子，似乎已經結束了。「美國模式」成為勝利者。如同「歷史的終結」那種說法。

隨著美國勝利，以前用於國家安全的資源被轉移到其他地方。《外國代理人登記法》的崩潰進一步加速，一直延續到二十一世紀，美國官員對維持納粹政權時代的遊說法規一直興趣缺缺。一項研究委婉地指出：「從一九九〇年代到二〇〇〇年代，《外國代理人登記法》的執行力道相當『有限』。」2

我們單就一個數據來看：從一九九二年到二〇一六年，美國司法部沒有費心阻止任何一家遊說公司與任何客戶合作，即使該公司未提交正確文件或完全沒提交文件。官員可能知道某家公司與外國政權有關係，或者知道他們從未提交文件，但這似乎並不重要。在後冷戰時代的二十五年間，美國官員袖手旁觀。到了二十一世紀初，即使美國在阿富汗和伊拉克陷入困境，《外國代理人登記法》仍幾乎毫無價值。

話又說回來，也許這不公平。畢竟，對於誰代表外國政權、他們在做什麼、他們如何在世界各地鞏固新獨裁政權的問題，無論是立法者、美國群眾，甚至學者，幾乎沒有人要求提供答案。事實上，在美國擺脫冷戰之後，幾乎沒有任何《外國代理人登記法》與外國遊說的學術研究出現。一九九〇年後的三十年間，與《外國代理人登記法》相關的學術論文，一隻手就能數得完。這比撰寫棒球卡、蝙蝠俠神話、辣妹合唱團（Spice Girls）和超級男孩（*NSYNC）這類流行樂團的學術文章還要少。當然，這並不是說上述這些議題不重要，但也許不像美國人幫助暴君屠殺人民、猛烈打擊民主那麼重要。

不過，這樣說可能又不太公平。學術研究不僅取決於學者的興趣，還取決於資金和資料取得等因素。不僅沒有太多資金用於實際研究外國遊說活動，而且追查這些會議詳情、付款的詳細資訊很有難度，甚至取決於美國官員的態度。也就是說，美國官員非但未真正認真執行現有法律，還淡化這些法律，為外國政權提供更多餘地，使他們在其他人不知情的情況下影響美國人。

最大的打擊發生在一九九五年，當時國會通過了一項名為《遊說揭露法》（Lobbying Disclosure Act）的新法案。從表面上看，《遊說揭露法》名義上應該加強美國的遊說監管。新法案要求國內遊說人員必須註冊他們的工作、客戶及合約。與《外國代理人登記法》一樣，《遊說揭露法》沒有禁止任何遊說活動。相反，它的目的是為日益不透明的行業帶來一點透明度，並讓美國人更深入地瞭解華府的陰謀活動。3

但《遊說揭露法》通過時，就存在兩個相互關聯的問題，不僅限制了立法，進一步還削弱了《外國代理人登記法》。第一個問題涉及「實際的新要求」，雖然《遊說揭露法》明顯改善企業遊說透明度，但它並不像《外國代理人登記法》那麼嚴格。例如，《遊說揭露法》不要求提供遊說人員與官員實際會面的任何細節。你可能會知道耐吉（Nike）或特斯拉（Tesla）向某家遊說公司支付了多少錢，但你不知道這些遊說人員實際上與誰交談、對談頻率、討論了什麼。而且，並非所有遊說公司都必須註冊；如果合約低於一定的金額門檻，遊說人員甚至不需要提交任何相關的活動文件。4

第二個問題源自於第一個問題。從表面上看，新的《遊說揭露法》純粹針對企業客戶，本不應該對外國遊說揭露產生任何影響。因為《遊說揭露法》側重於代表公司的遊說，《外國代理人登記法》側重代表所有外國組織的遊說。但大約在《遊說揭露法》通過的同時，立法者決定修改《外國代理人登記法》的規範，將它與新法案連結起來，最終完全消除了兩個法案的區別。[5]

這一改變很簡單。雖然代表外國政府和政黨的遊說人員仍然必須依照《外國代理人登記法》進行註冊，但代表外國公司者現在也可以選擇較不嚴格的《遊說揭露法》註冊。根據《外國代理人登記法》的新條文寫道：「一九九五年，《外國代理人登記法》經過修訂，如果代表外國公司或個人的工作並非旨在使外國政府或政黨受益，則可以豁免。」只要他們聲稱自己從事「真正的商業、工業或金融業務」，就可以完全跳過《外國代理人登記法》，「選擇透明度低的《遊說揭露法》進行註冊」。[6]

如果《外國代理人登記法》為了凸顯外國政權影響美國決策者的行為更加透明，那麼為什麼監管機構一定要關心外國公司？在美國官員看來，這些外國公司只是在遵循美國模式：企業資本主義，只對利潤和商業成長感興趣。外國公司不會成為政權的代理人，因為當時席捲全球的「美利堅和平」（*Pax Americana*）經濟模式不應該是這樣運作的。這個時代正流行更廣泛的放鬆管制趨勢，恰恰幫助美國公司及其政治盟友荷包賺飽飽，因此推動「管制越少越好」的法案也變得更加容易。

至少，這是《遊說揭露法》的論點。也許，在一個完美的世界裡，外國公司可以完全與政權脫鉤。也許獨裁國家、世襲獨裁勢力和一黨制國家裡的公司，可以將利潤和前景完全從政府手中剝離。

這顯然只是一個美好的想像，但正如我們在本書中一再看到的那樣，外國公司早已成為外國政權的代理人。當艾維．李第一次與代表納粹政權所謂的「非政治性公司」進行簽約時，這一切就是幻想，法本公司根本是希特勒計畫的關鍵部分。當馬納福與一家號稱非政治的菲律賓組織簽署協議時，該組織充當代表馬可仕政權的幌子。當美國邁向二十一世紀時，外國公司和企業在世界各地爆炸式增長時，為了生存下去，公司企業必須隨時聽從這些外國政權。

美國立法者顯然錯過了這些警告，但外國代理人及其客戶卻沒有。突然之間，遊說人員不再需要忙著依照《外國代理人登記法》註冊，他們可以遵守法律，利用監管更為鬆散的《遊說揭露法》。在遊說法規本來就幾乎未被執行的情況下，立法者又突然創造了一個漏洞，整個美國可以被闖入，而且一切都是以公眾利益為代價。

事實正是如此。一九九〇年代初，依照《外國代理人登記法》註冊的案件數量只有兩千多人。幾年後，《遊說揭露法》頒布後，數字就又下降近三分之二，這是《外國代理人登記法》史上從未見過前所未有的崩潰。[7]這一切都是因為立法者引進新的遊說法規，進一步削弱《外國代理人登記法》。

＊　＊　＊　＊　＊

儘管如此，外國遊說的資訊並不透明，到了二十一世紀，我們開始對這些遊說活動如何運作，以及為什麼世界各地的政權會利用外國代理人，有一些瞭解。

少數學者對外國遊說的爆炸式增長進行了分類，對於理解這個議題至關重要，以及知道一個又一個政權向美國遊說人員尋求幫助的原因。

於愛爾蘭都柏林大學任教的美國政治學家亞歷山大・杜卡爾斯基斯（Alexander Dukalskis）認為，獨裁者利用遊說公司是為了「創造獨裁者的天堂」，是一種「專制形象管理」，遊說人員將獨裁者化妝成所謂的民主改革者，將應受譴責的政權轉變為所謂的「改良主義政府」，將恐嚇民眾的暴君塑造成應該得到美國支持和援助的統治者。[8]

我們已經在前文看到了薩文比、巴雷、阿巴查等人物的做法，他們都利用遊說人員將自己打造成華府當局眼中的「美國盟友」。但也正如杜卡爾斯基斯在著作《創造獨裁者的天堂》（*Making the World Safe for Dictatorship*）中所詳述的那樣，許多遊說活動實際上是針對獨裁者自己的國內群眾，而不僅僅是美國官員本身。可以肯定的是，透過這些遊說活動可以獲得更多的美國支持和美國財政援助，甚至獲得美國的軍事武器。遊說人員代表獨裁者客戶進行「形象管理」，則有助於鞏固獨裁統治，進一步壓制國內反對聲音。[9]

正如杜卡爾斯基斯所寫，在國外粉飾政權汙點有助於「穩定政權」。[10]也就是說，隨著這些海外遊說人員為政權辯護，並為外國觀眾塑造他們的清新形象時，國內的記者、政治異議者、民主改革者將更難得到西方決策者的關注。遊說人員可以吸走所有的氧氣，並淹沒批評的聲音。

如果你認為這聽起來與美國公司最初聘請艾維・李的原因相同，那麼你的想法是對的。只是使用這種策略的不是石油公司或金屬業大亨，而是致力於使整個國家陷入困境的獨裁政權。

杜卡爾斯基斯繼續指出，獨裁者可能要求國內媒體在對外傳播資訊時要恪守以下原則，包括反擊批評，糾正紀錄，和／或質疑異議人士的公信力。他們同樣可能「使用與東道國外交政策機構有聯繫的影響力網絡、資助智庫活動、聘請公關公司等策略。」實際上，這些政權利用像馬納福之流來壓制批評者，確保只有該政權的訊息被聽到，以及該政權偏愛的形象被看到。[11]

從表面上看，這可能不是什麼大問題。美國憲法第一條修正案的重點難道不是允許這種相互競爭？但既然這些獨裁政權已消滅了自己國內的批評者，身處國外的批評者竟是唯一能揭露罪行的人。獨裁政權透過雇用外國代理人，濫用美國自由遊說的權利，淹沒殘存於海外的批評者，主導對話，並埋葬任何批評。他們雖還無法消除批評者，但他們可以利用外國代理人有效讓他們噤聲。這種情況在世界各地都在發生。

很少有國家像盧安達那樣清楚地體現了這一軌跡和現實。幾十年來，盧安達總統保羅・卡加梅（Paul Kagame）領導的盧安達政府，擺脫造成數十萬人死亡的種族滅絕形象，不遺餘力把盧安達描繪成正在走向更加光明未來的國家。

但正如杜卡爾斯基斯發現的那樣，自二〇〇〇年以來，卡加梅獨裁統治下的盧安達政權成功地塑造嶄新形象，並非得益於任何民主改革，而是得益於遊說和公關活動。從贊助旅遊，到資助該國的獨立紀錄片，再到對學者與批評者發動誹謗攻擊，都成功地「宣傳了卡加梅政權的正面形象」。[12]

卡加梅領導的盧安達未被視為「流氓獨裁政權」，反而被視為是外國援助和民主化世界中成功的案例。杜卡爾斯基斯總結：「盧安達也許是當代世界獨裁『形象管理』最為成功的例子。」儘管這個政權要為暗殺政治對手、暴力專制化等「嚴重的人道主義和人權災難」負責。[13]即使在卡加梅的軍隊綁架了電影《盧安達飯店》（*Hotel Rwanda*）中的英雄、對該政權最直言不諱的批評者保羅・魯塞薩巴吉納（Paul Russesabagina），並以涉嫌恐怖主義的虛假罪名將他監禁，這種好形象仍然保持著。[14]

一對政治人物阿黛爾・德爾・索爾迪（Adele Del Sordi）和埃馬努埃拉・達爾馬索（Emanuela Dalmasso）於二〇一八年時表示：「威權領導人把他們獲得的國際認可，當作統治合法化的手段，將自己呈現成受到國際讚揚的榜樣，理應得到當地民眾的支持」。[15]換句話說，民眾聽到關於一個政權多麼出色、多麼改革、多麼精明、多麼仁慈等訊息越多，國外和國內的聽眾就越不可能挑戰政權的統治。或者正如杜卡爾斯基斯總結的那樣，「此類努力的目的是確保大多數人積極信仰該政權的意識形態，或者讓大多數人口被動服從。」[16]

杜卡爾斯基斯寫道：「即使他們無意創造一個獨裁世界，他們仍然想為自己的獨裁統治創造一個安全的世界。」[17]換句話說，他們是在創造一個政權、威權、暴政、專制持續掌權的天堂。

＊　＊　＊　＊　＊

本・弗里曼（Ben Freeman）又高又瘦，你可能會誤以為他是越野跑者或職業長曲棍球運動員。然而，弗里曼並沒有把他的才華運用到運動場上，而是成為美國少數幾個致力於揭露外國代理人趨勢的專家之一，他深入這些公司如何代表他客戶進行遊說，並將外國客戶的財富直接注入美國政治體系中。

外國代理人是弗里曼攻讀博士的重要研究議題。就讀德州農工大學期間，弗里曼的研究《外國代理人登記法》執行過程中漏洞百出的歷史，以及二十一世紀大肆享用外國遊說資金的美國大公司。後來，弗里曼將研究結果彙編成著作《外交政策大拍賣》（*The Foreign Policy Auction*），他仔細研究《外國代理人登記法》資料庫中的少量文件。[18]他如手持手術刀般對多家公司及其政權夥伴進行調查，看他們到底在做什麼，追蹤資金實際上哪去了。

一方面，弗里曼的研究結果證實聯邦政府問責署的發現，正如同我們在第五章中讀到該署的報告一般，《外國代理人登記法》只是一個空殼，是亡羊補牢的法案，外國遊說公司嚴重無視法案的登記截止日期和要求。弗里曼寫道，外國遊說執法的議題仍「很少受到關注」。[19]

弗里曼估算，到二〇〇〇年代，該行業的產值已達數億美元，「海外支出約占美國所有遊說活動的二十五％」。弗里曼也發現，這些錢並未留在遊說公司手中。它已經開始「影響美國的政治進程」，並「系統性地破壞美國的外交政策」。[20]

弗里曼繼續指出，美國的外交政策「不僅僅是被這些網絡改變、調整、操縱或影響」，還直接「出售」了。正如弗里曼所見，到了二〇〇〇年代，一場「拍賣」出現，美國的外交政策交給出價最高的人，而美國的外國代理人充當中間人。[21]

這些說法非常驚人，而且沒錯。弗里曼使用了一連串的案例來闡述他的結論，案例重點是華府新興的大型遊說公司。弗里曼關注的機構是一家名為歐華（DLA Piper）的律師事務所，該事務所成立於二〇〇五年。合併到歐華律師事務所的公司包括一家自一九八五年起一直代表外國客戶進行遊說的子公司。該公司擁有前共和黨眾議院多數黨領袖迪克·阿米伊（Dick Armey）、前民主黨眾議院少數黨領袖迪克·蓋法特（Dick Gephardt）等政界重量級人脈，得以在華府大搖大擺，與獨裁阿拉伯聯合大公國和非自由政權土耳其政府等美國重要國際合作夥伴簽署協議。

這家跨黨派公司與獨裁政權客戶合作已成為常態。歐華律師事務所不僅在華府代表專制客戶，且在過程中賺了數百萬美元。該公司最終用如何處理他們賺取的數百萬美元，弗里曼寫道：「歐華律師事務所代表其外國客戶進行的遊說工作中，最引人注目的方面不是所涉及的金額、聯繫的對象、聯繫的次數，而是向立法者提供的資金金額，以及捐款時機。」[22]

正如弗里曼所詳述的，歐華律師事務所不僅代表國外獨裁者遊說美國立法者，公司及員工也直接匯錢給立法者，為他們提供競選經費，同時施壓他們改變美國政策，以符合其外國客戶的需求。也就是，事務充當獨裁政權資金的白手套，把資金直接注入美國選舉金庫中。

歐華律師事務提供資金的官員不僅是少數政治人物，超過二十%的國會議員都「收到來自歐華律師事務所的捐款，並接受該公司外國客戶的遊說」。而接受捐款的對象都是家喻戶曉的人物，巴拉克·歐巴馬（Barack Obama）、約翰·馬侃（John McCain）、希拉蕊·柯林頓、查克・舒默（Chuck Schumer）等直接制定美國外交政策的政治人物。兩大黨的主要人物都接受資金，坐下來聆聽該公司粉飾獨裁者暴行的聲音。當中的一些人甚至在捐款當天就與事務所會面，毫不拖沓，像是希拉蕊擔任參議員時就曾多次這樣做。[23]

試想一下，一個外國獨裁政權向一家遊說公司撥款數百萬美元，迫使美國立法者支持其政策，並在過程中壓制批評者聲音。遊說人員操縱輿論風向時，也把資金直接交給立法者，幫助他們在選舉中獲勝。這些公司已成為「資金過濾器」，把外國錢轉移給美國政客。由於外國遊說申報監督機制極為寬鬆，競選資金機制也很寬容、無籌款上限，美國選民幾乎不知道問題實際上有多麼嚴重，更不用說它的影響已經對美國政策和民主產生多大影響。

相關公司否認其政治捐款與從外國獨裁政權獲得的收入有關；歐華律師事務所等公司聲稱此類金流是完全獨立的。沒有一家公司希望被看到把獨裁者財富直接輸送給美國立法者，基於法律考量，外國政體和外國人向美國政客捐款仍屬犯罪行為。

但這些否認都是騙局。單就字面上看，這些公司可能有遵守法律規定，但他們清楚地知道，只要有遊說公司的美國人充當中間人，就可以向美國立法者提供無限制的政治捐款，雖然這些捐款的目的為了外國客戶的好處。外國政權坐擁無限財富，得益於獨裁者對國庫的控制和掠奪，所以也幾乎無法阻止他們利用遊說公司當作掩護，將資金直接輸入美國政界。

這是一個簡單的循環：政權為遊說公司提供資金，遊說公司充當中介，獨裁者的財富重新分配給立法者，之後立法者利用這些財富獲得連任，推行親獨裁政權的政策。就像是旋轉木馬，一圈一圈旋轉，一切都是為了獨裁者及其政權的利益。

遊說公司再次辯稱，這些從外國政權獲得的資金收入，與遊說人員給立法者的政治捐款，是不同的錢，二者沒有交集。但這些都忽略了資金的「可替代性」。正如弗里曼引用的一位政治學家所說：「一美元就是一美元。」[24]來自外國政權的收入直接抵銷捐款的金額，即使帳戶名義上是分開的。

這些數據突顯了這些公司的辯護是多麼似是而非。弗里曼指出：「歐華律師事務所每對那些外國客戶未接觸過的候選人捐款一美元，就會捐兩美元給為外國政權遊說過的國會官員。」也就是說，歐華律師事務所捐給為外國政權遊說的國會議員的款項，幾乎是其未遊說國會議員的兩倍。[25]

但歐華律師事務所並不孤單。他們跟其他遊說公司一樣，一邊接受獨裁者的資金，另一邊向目標官員提供捐款。儘管歐華律師事務所是唯一質疑土耳其屠殺亞美尼亞人是否構成種族滅絕的主要公司。[26]另一家遊說公司李文斯頓集團（Livingston Group）也採取了同樣的做法，而且著力更深。李文斯頓集團由眾議院撥款委員會前共和黨主席羅伯特・李文斯頓（Robert Livingston）於一九九九年創立，在二〇〇〇年代，透過與其他公司不敢接手的獨裁政權，像是從剛果共和國的德尼・薩蘇・恩格索（Denis Sassou Nguesso），到利比亞的穆安瑪爾・格達費（Muammar Gaddafi）接觸，獲得了數百萬美元的財富。

在此過程中，李文斯頓及其員工向國會議員捐贈了大量資金，他們同時代表外國政權遊說。弗里曼的分析發現：「從二〇〇七年底到二〇〇九年底，李文斯頓集團代表外國客戶遊說了四分之一的立法者，並由該公司成員提供競選捐款。」整個美國國會四分之一的議員，無論是共和黨還是民主黨，都從李文斯頓集團員工那裡得到資金，也與代表暴君客戶的員工坐在一起。[27]

再說一遍，這些人並不是被隨意挑選出來的無名政治人物。弗里曼繼續說：「這不是隨機選擇的立法者群體。這些人大多是外交政策領域最重要的人物和政黨領導人。」與歐華律師事務所一樣，李文斯頓集團的目標也是家喻戶曉的人物，從歐巴馬到前參議院多數黨領袖米奇·麥康奈（Mitch McConnell），再到前眾議院議長約翰·貝納（John Boehner），統統在列。[28]

這些捐贈也毫不隱蔽。許多都發生在立法者接待李文斯頓集團遊說人員的當天。一個引人注意的例子，印第安納州代表丹·伯頓（Dan Burton）會見李文斯頓集團代表，討論亞塞拜然的獨裁政權問題，當天稍晚，他便收到三名不同李文斯頓代表的三筆捐款。不久之後，伯頓離開國會，立即開始了新的職業生涯，成為支持亞塞拜然的遊說人員。當記者詢問他的新工作時，伯頓對他厲聲說：「你是個醜聞販子，我不想和你說話。」[29]

＊　＊　＊　＊　＊

到了二〇〇〇年代中期，這種「旋轉木馬」（弗里曼稱之為「大拍賣」）加速發展。馬納福不再是少數派，薩文比或阿巴查這樣的人物也不再孤單。儘管美國在伊拉克和阿富汗的戰爭中付出了巨大代價，但仍保住超級大國地位，一個又一個政權仍在華府尋求盟友。也許是為了要留住外援，在此期間遊說經濟援助的每個國家都收到了好處。也許是為了擴大軍事援助，在此期間，幾乎每個遊說軍事援助的政權都獲得了軍事援助。弗里曼總結道：「訊息很明確，如果一個國家不想失去美國的援助，它最好進行遊說。外交已經被私有化。」[30]

需求顯然是存在的。每個政權，無論他們是否遭到種族滅絕、腐敗或反人類罪的指控，都希望在華府有一名代表。這並不誇張。中國和俄羅斯等對手，澳洲和紐西蘭等民主盟友，沙烏地阿拉伯、哈薩克、白俄羅斯和埃及等獨裁國家，所有國家的遊說人員都在華府四處穿梭，向立法者溝通，甚至提供競選資金給他們。愈來愈多的美國公司願意為怪物和瘋子提供服務，從中賺取數百萬美元。

這就是為什麼，在弗里曼對政權到遊說人員到捐助者的管道進行研究的同時，一位名叫肯·西爾弗斯坦的記者也展開自己的調查。西爾弗斯坦想看看這些公司為了做生意會不惜付出多大代價，以及美國民眾瞭解多少。

不過，西爾弗斯坦並沒有直接與這些公司接觸。西爾弗斯坦捏造了一個新的身分，編造了一個完整的背景故事，化名為來自英國的經紀人「肯尼斯·凱斯」（Kenneth Case）。然後接觸了一系列美國遊說團體，他用「肯尼思·凱斯」帳號發送電子郵件，聲稱自己是一名顧問，希望將這些公司與地球上最極端的政權聯繫起來。他對細節保持模糊，並盡可能地向游說人員兜售這項提議。正如他所寫，「我會冒充成一家小型、神秘的海外公司代表，該公司在相關國家擁有重大財務利益，希望透過延聘華府公司來討好執政當局，提升並改善自己的形象。」[31]

他的準備工作並非無懈可擊，正如他所承認的那樣，他的掩飾「非常薄弱」，網站是註冊在賓夕法尼亞州，名片「印在脆弱的紙板上，這對一家高級國際能源公司的主管來說，看起來太廉價了」。但西爾弗斯坦知道，到了二〇〇〇年代，他聯繫的這些團體都很樂意為任何有問題的政權提供所有遊說需求。正如西爾弗斯坦所想的那樣，「為了得到一份來自賤民政權的潛在豐厚合約，一家資金雄厚的華府遊說公司會願意墮落到何等程度？」[32]

答案很明確，只要有需求，想多墮落就有多墮落！西爾弗斯坦聲稱要求提供幫助的客戶，即世界上最極權的國家之一土庫曼政府。當時的土庫曼政權幾乎是極權主義國家的滑稽模仿者，由吸毒成癮的獨裁者統治了多年，他為自己建造了金色雕像，並將月分改為以家庭成員的名字命名。最奇怪的是，獨裁者編寫了自己的宗教文本，然後強迫土庫曼所有學校和大學向學生教授它。正是這個國家和政權讓北韓看起來像是自由的堡壘。西爾弗斯坦發現，遊說公司非常樂意為這個政權提供幫助，就像一家公司所說，他們樂意成為土庫曼獨裁者「在華府的耳目」。[33]

西爾弗斯坦聯繫的其中一家遊說團體是安可環球公司（APCO Worldwide），這是一家位於華府的大型公司，被公關行業的業內雜誌《公關周刊》（*PR Week*）評為「年度最佳代理機構」。[34]安可環球公司對為暴君提供服務並不陌生，此前他們曾與奈及利亞的阿巴查（Abacha）和在亞塞拜然的黑手黨合作過。他們「樂意組建一支團隊協助」土庫曼政權。[35]

該公司很快就向西爾弗斯坦透露了他們的策略，他們提議的舉措之一便是雇用所謂的「中立觀察員」，如記者、學者、前官員等，散布支持獨裁政權的訊息。一位安可環球公司職員向西爾弗斯坦表示：「我們可以利用一些智庫專家，他們會說：『一方面是這樣，另一方面是那樣』」，他詳細介紹了如何幫助掩蓋該政權可能面臨的任何批評。安可環球公司也概述了支持獨裁政權的媒體策略。安可環球公司聲稱他們已經代表客戶在各種媒體上發表過「數千篇」專欄文章，並承認是他們「實際上寫了這些文章，然後出去尋找『簽名者』」，這是他們慣用的策略。他們樂意重覆這樣的手法，幫助土庫曼獨裁者。36

另一家公司卡門集團（Carmen Group）也以類似的策略回應西爾弗斯坦的請求。卡門集團此前已為鄰國哈薩克的獨裁政權提供服務。他們表示，很樂意花錢讓美國記者前往土庫曼進行一次免費旅行，然後由這些記者為土庫曼政權的美好寫下讚歌。他們並不是第一個在華府代表土庫曼的人；幾年前，前國務卿亞歷山大・海格（Alexander Haig）就簽約為土庫曼獨裁者洗白，並稱他「應該成為英雄，而不是賤民。」37

一次又一次，一家又一家的公司競相接受西爾弗斯坦的提議，願意接受土庫曼暴政作為客戶。正如西爾弗斯坦所寫，他們「卑躬屈膝」地為地球上最令人髮指的獨裁政權工作。那裡的反對者經常受到酷刑對待，基本自由根本不存在。沒有人擔心侵犯人權，也沒有擔心政權如何使婦女和兒童陷入困境、抹殺當地的環保努力，或從事那些會讓墨索里尼與毛澤東感到自豪的腐敗和犯罪行為。他們只關心潛在的合約，只在乎是否有機會從土庫曼獨裁政權中獲利。38

總體而言，這是那個時代最令人沮喪的臥底調查，突顯出這些公司沒有任何不可逾越的底限。就如同一位遊說人員告訴西爾弗斯坦的那樣：「我常說，只要價格合理，我願意為魔鬼工作，無關個人，這只是一場生意。」[39]

＊　＊　＊　＊

當最後西爾弗斯坦揭露他的偽裝時，不出所料，這些公司都感到尷尬。但他們很少人感到羞愧。如果有什麼不同的話，那就是公關產業全力為他們的行為辯護。與其起草新標準或呼籲進行改革，這個行業反而團結起來支持受騙的公司。公關公司公會（Council of Public Relations Firms）這個本應設立行業標準的代表凱西．克里普斯（Kathy Cripps），宣稱西爾弗斯坦的努力是「庸俗的」，並建議他的雇主《哈潑雜誌》（*Harper's Magazine*）「重新評估他們目前的報導標準」。對於公關產業的掌舵人來說，錯的是西爾弗斯坦，而不是制定如何幫助新史達林主義獨裁政權繼續掌權的公司。西爾弗斯坦回應：「當可憐的艾維．李需要克里普斯時，她在哪裡？如果是在一九三〇年代，我滲透進了李的辦公室，人們很容易想像克里普斯會譴責我是『庸俗』地揭露元首的人。」[40]

西爾弗斯坦此言非虛。雖然他們已經相隔數十年，但艾維．李代表納粹政權所做的工作，與這些現代美國公司承諾代表土庫曼兇殘、瘋狂的獨裁者所做的工作幾乎沒有什麼不同。世界可能已經改變，但為這些暴君服務的服務和意願，還是一樣。

但當西爾弗斯坦發表他的調查結果時，這些公司並不再是華府唯一向這些獨裁者討好的公司，因為到了二〇〇〇年代中期，一股新的力量進入了這個領域：美國最著名的政治家，他們意識到直接為這些獨裁者遊說可以賺多少錢，而且也明白他們可以多麼容易地利用自己的聲譽，來換取日益增長的外國遊說利潤。

第十章
烏克蘭雞尾酒

這真的是瘋狂之舉，但這是光榮的瘋狂之舉。

——麥可・歐拉希利（Michael O'Rahilly）[1]

二〇〇三年中，俄羅斯最早也是最惡名昭彰的寡頭奧列格・德里帕斯卡（Oleg Deripaska）遇到麻煩。這個麻煩與如何管理他在一九九〇年代「鋁業戰爭」中的所獲得的數十億美元無關，[2]也不一定與他與俄羅斯崛起的獨裁者弗拉基米爾・普丁（Vladimir Putin）的關係有關，因為德里帕斯卡是普丁的「重要盟友」。[3]相反，這與德里帕斯卡如何進入世界上最重要的國家——美國有關。

多年來，美國一直拒絕向德里帕斯卡核發簽證，原因不難理解，正如美國財政部所寫，德里帕斯卡被指控「賄賂政府官員，下令謀殺一名商人，並與俄羅斯組織犯罪集團有聯繫」。[4]

他現身華府，無論是否為了投資，還是充當普丁政權的延伸，或兩者兼具，對美國都只會是災難。

不過，德里帕斯卡有個主意。如果他無法直接接觸美國政府，也許可以聘請自己的華府代理人來推動案件，幫助他向美國官員施加壓力，讓他取得進入美國的許可。也許有人可以淡化德里帕斯卡的過去、他的髒錢，以及他與克里姆林宮的關係，轉而宣揚德里帕斯卡是某種「獨立」的形象、合法創造財富的商人。也許德里帕斯卡可以雇用一名遊說人員，粉飾他的形象，幫助他，也幫助其他依靠克里姆林宮致富，並充當普丁馬前卒的俄羅斯寡頭打開通往華府的大門。

德里帕斯卡很快就在華府找到可以幫助他的人。不過，這一次，不是像馬納福這樣的前選戰組織者，也不是艾維·李這樣的公關專家，甚至不是查理·布萊克或彼得·凱利這樣精明的顧問。提供幫助的美國人，是當時最傑出的政治家。

他是鮑伯·杜爾，共和黨資深政治家、長期連任的參議員、落選的共和黨總統候選人。當退休的杜爾已轉型為美國最成功，也是最賺錢的外國代理人。正如他告訴德里帕斯卡的那樣，他很樂意幫助俄羅斯寡頭擴大他和克里姆林宮在華府的觸角。

＊　＊　＊　＊　＊

正如我們在本書第一部分中看到的那樣，一位前財政部長曾在阿拉斯加購地案中為俄羅斯利益進行遊說，所以杜爾並不是第一個在卸任後賣身給外國政權的前官員，但他毫無疑問是最具影響力的前官員。

杜爾綽號「參議院之獅」，多年來一直是美國政界的傑出人物。[5]他先是擔任堪薩斯州聯邦參議員，後來成為參議院多數黨領袖，領導共和黨走過數十年，最後在一九九六年獲得共和黨總統選舉提名。正如《紐約時報》所描述，他是「任職時間最長的共和黨領導人」，也是美國「上個世紀在任最持久的政治人物」。[6]正如喬．拜登總統在二〇二一年杜爾去世後所說，這位共和黨的堅定支持者是「我們歷史上少有的美國政治家」。[7]

但杜爾還有另一層身分：他是第一位在卸任後將自己的聲譽賣給無數外國競標者的著名美國政治家，他為各地的政權和寡頭打開通往華府的大門。他是第一位真正成為外國代理人的前總統候選人。

首先是「外國政府」。一九九六年杜爾退休後，雇用他的一些國家像是科索沃和台灣這類的民主盟友，[8]但也有一些是徹頭徹尾的獨裁政權，他們掠奪國內人民，這些政權指望杜爾和阿爾斯頓與伯德事務所（Alston & Bird）的幫助，鞏固華府的支持。杜爾為阿拉伯聯合大公國的反民主政府工作，直接遊說他的前同事。杜爾也與追隨莫布杜腳步的剛果獨裁者簽約，他的公司承諾在剛果民主共和國即將舉行的選舉中提供「戰略溝通」和「政策問題」協助。根據協議書，杜爾將在該安排中發揮「主導」作用。[9]協議書中沒有提及的是，現任剛果獨裁者已多次延後選舉，希望盡可能長久保住權力。

接著是「寡頭們」。例如，德里帕斯卡聘請杜爾和他的公司專門遊說美國國務院以獲得美國簽證。根據《華爾街日報》報導，杜爾隨後試圖「說服美國官員，他的客戶不是罪犯，而且他的業務運作是透明的」。[10]德里帕斯卡的腐敗，以及與克里姆林宮的關係非常明顯，以至於受到美國、英國和歐盟的特別制裁。但美國官員顯然被說服了，靠著杜爾，德里帕斯卡很快就拿到簽證，這也為俄羅斯二〇一八年的干涉行動奠定基礎，我們會在稍後談到這一點。

杜爾也不將自己的生意局限於俄羅斯或中非的盜賊統治者。大約在同一時間，他加入了吉爾吉斯亞洲環球銀行（Asia Universal Bank）的董事會。根據記者和全球見證（Global Witness）等支持透明組織的報導，該銀行是這個地區有史以來最不誠實的機構之一。亞洲環球銀行充當巴基耶夫家族（Bakiyev family）的洗錢工具，讓殘暴的他們能夠竊取數百萬美元，同時將吉爾吉斯變成自己的私人領地。正如全球見證所寫，這間銀行保留了「明顯的洗錢痕跡，數億美元似乎在通過他們的帳戶轉移，而他們並未從事任何真正的商業活動。」亞洲環球銀行被認為非常腐敗，甚至連俄羅斯中央銀行都建議不要與他們合作。[11]

但杜爾填補了這個缺口。他於二〇〇七年加入銀行董事會，並開始為亞洲環球銀行的資格背書。在杜爾的幫助下，亞洲環球銀行艱難地發展了幾年，然後在一場血腥革命中崩潰，革命推翻了巴基耶夫家族，他們帶著掠奪而來的數百萬資金流亡海外。正如一位吉爾吉斯官員告訴我，「我對美國政客這麼廉價地出賣自己感到厭惡。」[12]

俄羅斯寡頭、外國獨裁者、大規模洗錢機構，杜爾在擔任國會議員後的職業生涯中一次又一次地代表最聲名狼藉的人物和機構進行遊說。杜爾大肆宣傳自己愛國形象的同時，年復一年地成為華府首屈一指的外國代理人。

不難看出他為什麼要這樣做。杜爾的公司從獨裁政權賺取了數百萬美元。德里帕斯卡本人直接從莫斯科支付了超過五十六萬美元。為剛果民主共和國提供服務的交易，僅僅工作三個月，就有五十萬美元。一位熟悉杜爾海外遊說的人士面無表情地說：「這可是一大筆錢。」[13]目前還不清楚杜爾從他在吉爾吉斯等地的安排中賺了多少錢，因此很難知道他全部總共賺了多少。但有一件事是明確的，杜爾在短短幾年內賺的錢，比他在國會數十年賺的還多得多。一項分析所發現，杜爾「從未如此幸福和富有」。儘管杜爾一生為公共服務，但去世時身家卻高達數千萬美元。[14]

也許更重要的是，杜爾還在華府打開了一扇新的大門，一位又一位立法者跟隨他的腳步，進入了替外國人擔任遊說人員的世界。畢竟，如果所謂的「參議院之獅」都能向外國政權妥協，其他人為什麼不能呢？

由於杜爾的影響，到了二〇〇〇年代，前官員轉型為外國代理人變得很正常，而且這種轉變的速度比美國歷史上任何時候都快得多。二〇一六年的一項分析發現，後冷戰時期卸任的立法者中，有超過十％立即轉變為外國代理人，向世界各地的獨裁者兜售他們的服務。數十名參議員和眾議員離開國會後，立即轉身一變，成為外國代理人。[15]

這一現象遍及兩大政黨，涵蓋各種政權。參議員們繼續為沙烏地阿拉伯的暴君和匈牙利初露端倪的獨裁政權遊說。眾議院議員繼續為白俄羅斯的組織和卡達的反民主勢力遊說。無論是多數黨領袖或少數黨領袖，民主黨或共和黨、不管是任期只有一屆或終身官員，他們都在卸任後，迅速變身為外國代理人新角色。從共和黨領導人，如前眾議院議長約翰・博納（John Boehner），他現在為代表中國種族滅絕政權的公司工作，[16]到民主黨旗手，如前副總統候選人喬・李伯曼（Joe Lieberman），他也曾替中國工作過。[17]

這要感謝杜爾，他讓前官員向外國政權出賣自己變得比以前更容易被接受，而且不會被視為叛國。後來有一則報導標題是這樣寫的：「想當『外國代理人』嗎？先進國會吧！」[18]

＊　＊　＊　＊　＊

但也許這並不令人驚訝。一九九六年，當杜爾競選總統、開啟他的外國代理人生涯前不久，他求助於保羅・馬納福來爭奪獲得共和黨提名所需的選票。

據《紐約客》一九九六年報導，馬納福是「杜爾的競選主任」，「這意味著他是（一九九六年）共和黨全國代表大會的總設計師。」[19]即使在馬納福已經與一個又一個獨裁者簽約之後，即使在馬納福試圖幫助軍閥和暴君竊取他們祖國的選舉之後，杜爾仍然認為讓他協助組織共和黨提名是個好主意。在馬納福的策劃下，共和黨放棄以往漫長演說的傳統，取而代之的是能夠在後續剪輯中使用的簡短宣傳片段。馬納福形容：「我們正在製作政治電視節目」。[20]這個策略的確奏效了。代表們推選杜爾作為他們的候選人，在馬納福的監督下，本次大會比往年更加活躍，也更加有趣。

雖然杜爾最終輸掉了總統大選。但他與馬納福的聯繫並沒有隨著一九九六年的失敗而結束。在二〇〇〇年代初期，德里帕斯卡聘請杜爾將自己打造成某種成功的、不關心政治的俄羅斯大亨後，德里帕斯卡也接受了馬納福的服務，幫助莫斯科重新控制一個它日益癡迷的國家——烏克蘭。

＊　＊　＊　＊　＊

到二〇〇〇年代中期，烏克蘭人已經明確表示，他們更希望加入西方，包括北約和歐盟等，而不是與俄羅斯為伍。他們願意冒著生命危險去做這件事。二〇〇四年，在一場被操縱的選舉中，親普丁的傀儡維克多．亞努科維奇（Viktor Yanukovych）宣稱「贏得」選票，之後，數十萬人走上街頭抗議，這一事件後來被稱為「橙色革命」。值得注意的是，抗議成功地迫使當局重新投票，親西方的候選人最終獲勝。這位親西方的候選人在競選期間差點被投毒致死，因此這場勝利顯得更加引人注目。

這個結果是烏克蘭親西方勢力取得了明顯的勝利，支持透明化的聲音、調查記者、性別和環境活動人士、主張更公平經濟的人都取得了進展。然而，對於某些勢力來說，這顯然是一個挫敗，他們的財富既仰賴克里姆林宮和烏克蘭親俄政客的腐敗集團，也歸功於一路上俄羅斯和烏克蘭寡頭。

德里帕斯卡是因烏克蘭親西方傾向而失去影響力和收入的人物之一。這就是為什麼在橙色革命後不久，這位寡頭就聯繫上馬納福，詢問他是否能夠提供幫助。[21]根據烏克蘭記者和美國官員後來的調查，德里帕斯卡聘請馬納福是為了「減輕烏克蘭政治危機突然帶來的危險」。[22]然而，這不僅攸關德里帕斯卡的財務利益。這位寡頭還想知道，馬納福能否幫助烏克蘭回到更親克里姆林宮的賽道上？他能否幫助基輔恢復親普丁的政治力量，並在此過程中顛覆該國親西方的進程？

馬納福很快就同意了。對馬納福來說，德里帕斯卡不是一個被美化的黑手黨頭子，而是一個「才華橫溢的商人」。[23]正如美國調查人員後來詳細描述的那樣，馬納福於二〇〇五年六月開始著手一個計畫，任務是幫助烏克蘭的寡頭和親克里姆林宮勢力「避免未來發生像橙色革命這樣的事件」。[24]正如馬納福所寫，他將「巧妙地影響西方政府的看法」，為「（烏克蘭和俄羅斯政府）的行為提供一個不完全符合西方思維，但可被接受的解釋」。[25]也就是說，馬納福將指導他的親克里姆林宮夥伴削弱西方對民主和人權等議題的擔憂，並在此過程中顛覆烏克蘭的親西方勢力。

這些計畫將利用馬納福豐富經驗，畢竟，這個人曾將安哥拉軍閥洗白成所謂的自由鬥士，將菲律賓獨裁者包裝成所謂的親西方盟友，將剛果暴君塑造成所謂的穩定堡壘。馬納福沒有理由不能在德里帕斯卡、烏克蘭的親俄勢力和親普丁代理人身上再次發揮他的才華。

也沒有任何理由認為莫斯科沒有批准馬納福的努力。德里帕斯卡不僅是普丁最親密的盟友，他曾一度宣稱自己「對普丁和克里姆林宮來說不可或缺」，而且馬納福的工作也顯然與克里姆林宮的目標明確一致。[26]正如美國參議院情報委員會後來發現的那樣，「馬納福在烏克蘭的計畫與俄羅斯自己在烏克蘭的影響力努力之間的聯繫，表明了他們其實是破壞烏克蘭政府和支持親俄羅斯候選人運動的一部分」。此外，美國調查人員看到的文件「還（表明）馬納福打算向克里姆林宮通報他在烏克蘭的活動，並理解他的活動有利於克里姆林宮。」[27]馬納福否認他曾奉行過任何親克里姆林宮的政策。正如他告訴《紐約時報》的，他只是樂於「教導（德里帕斯卡）民主。」[28]

馬納福直接向德里帕斯卡推銷自己的工作，稱自己「有利於普丁總統的政府」。[29]或正如他在第一份備忘錄中所說的那樣：「我們現在相信，如果在正確的層級上進行工作，並做出適當的成功承諾，（在烏克蘭進行的這項工作）可以使普丁政府受益匪淺。」[30]

* * * * *

德里帕斯卡並不是唯一與馬納福有聯繫的寡頭。另一個人很快就進入了馬納福的軌道，這人是一個頭髮凌亂、眼神狡黠的人物，名叫德米特羅·菲爾塔什（Dmytro Firtash）。

當時，菲爾塔什的背景與德里帕斯卡幾乎沒有差別。兩人都與克里姆林宮關係密切，充當普丁政權的延伸。他們兩人都在西方進行聲譽洗白活動，他們利用公關公司和策略性捐贈，在倫敦和華府站穩腳跟。最令人難忘的是，菲爾塔什資助了劍橋大學的烏克蘭研究計畫，該大學稱讚他是「慷慨的捐助者」。[31]他們兩人的財富都歸功於一九九〇年代興起的腐敗網絡，其中德里帕斯卡專注於鋁業，而菲爾塔什則從事天然氣業務。兩人都被美國官員直接點名為克里姆林宮的代理人，美國因德里帕斯卡的「惡意活動」而制裁他，並以大規模賄賂罪起訴菲爾塔什，稱他為「俄羅斯組織犯罪的高層（同夥）」[32]

然而，有一個關鍵性的區別。德里帕斯卡是俄羅斯公民，菲爾塔什則是烏克蘭公民。儘管德里帕斯卡從未公開表明自己對烏克蘭的親西方轉變感興趣，但菲爾塔什長期試圖將自己定位為烏克蘭的「愛國者」，並假裝自己是親西方的人物，聲稱他是烏克蘭親歐洲進程的「主要貢獻者」。這是一個輕信的西方媒體所能欣然接受的形象。CNN曾報導菲爾塔什是一位「石油大亨」，「動用他的巨額財富來對抗普丁」。[33]

用準確的語彙來說，這一切都是鬼扯。正如《華盛頓郵報》事後描述的，菲爾塔什長期以來一直是「普丁的盟友」。[34]後來的調查人員發現，菲爾塔什和德里帕斯卡一樣，在克里姆林宮試圖重新控制烏克蘭，以及莫斯科在西方的政治干預行動中，發揮關鍵作用。事實上，菲爾塔什徹底否定了烏克蘭存在「親西方寡頭」的想法。他透露，「親西方寡頭」一詞本身就是矛盾的說法。這些寡頭，無論他們來自俄羅斯還是烏克蘭，都只是在尋找自身利益，而這些利益往往與克里姆林宮的利益完全重疊。

但這些調查都是未來的事。當菲爾塔什與馬納福取得聯繫時，他只是想在整個西方建立進一步的聯繫，以便他和克里姆林宮可以利用這些「金融錨點」顛覆西方政策和政治。馬納福再次證明他非常樂意提供幫助，並且知道如何提供幫助。

抵達烏克蘭後不久，馬納福與菲爾塔什取得聯繫，提出一項提議：這位寡頭是否願意用他的部分非法財富，資助在曼哈頓建造一座新的豪華公寓？擬議的建築被稱為寶格麗大廈，該建築樓高達六十五層，總建築成本約為八億五千萬美元。在馬納福看來，這對菲爾塔什來說，是一個完美的方式，他不僅可以將自己的財富投入美國房地產行業這個世界上對盜賊統治政權與寡頭最友善的行業，還可以進一步進入美國市場。馬納福與菲爾塔什多次會面，說服他出資一億多美元來啟動該計畫。據媒體報導，這證明了馬納福「令人驚訝的集資能力」，尤其是那些與克里姆林宮有直接關係的投資者。[35]

不幸的是，這些投資是在二〇〇八年全球海嘯之際進行，菲爾塔什以需要穩定其他財務狀況為由，退出這筆交易。表面上看，這似乎是一個失敗的提案，但不久之後，出現了一起訴訟，指控菲爾塔什在馬納福的幫助下，計畫利用這筆投資，讓菲爾塔什在美國站穩腳跟，並洗白數億與克里姆林宮有關的資金。

訴訟由烏克蘭前總理尤利婭．季莫申科（Yulia Tymoshenko，我們將在下一章再細談此人）在紐約提起，她指控菲爾塔什計畫通過美國房地產清洗其非法天然氣收入，然後利用這些乾淨、無法追蹤的資金，發起一場「巨額賄賂和影響力計畫」，以支持烏克蘭親俄勢力。[36]由於美國房地產長期以來一直享有《美國反洗錢法》的豁免權，成為跨國洗錢網絡最受歡迎的投資標的。

馬納福是這一切的中心。根據訴訟書，這位遊說人員「在（菲爾塔什的）陰謀和敲詐勒索活動中發揮了關鍵作用」。訴訟文件指出，馬納福允許菲爾塔什接觸數十家「美國公司」，使菲爾塔什「有機會將其洗錢活動範圍擴大到美國」。[37]直到二〇二一年，美國向世界各地寡頭提供匿名空殼公司，在全球一直是數一數二的，馬納福和菲爾塔什對此非常瞭解。[38]正如馬納福在一封電子郵件中所寫，菲爾塔什「完全同意」這些計畫。[39]

二〇〇八年的經濟衰退最終使這些洗錢計畫落空，而這場訴訟也與許多其他涉及空殼公司、房地產投資和跨國洗錢的訴訟一樣，最終因缺乏證據而被駁回。這些匿名空殼公司的美妙之處在於，它們最終無法追查，訴訟很難成功。但一路走來，馬納福加深了與另一位寡頭的聯繫，這位寡頭後來在克里姆林宮的計畫中發揮了關鍵作用。他也將直接介入烏克蘭政治的核心，並點燃一根最終引爆整個國家的導火線。

＊　＊　＊

二〇〇四年，橙色革命震撼了烏克蘭政壇，克里姆林宮在該國影響力崩潰，莫斯科精心挑選的傀儡維克多．亞努科維奇垮台。亞努科維奇是來自烏克蘭東部、粗野且愚鈍的人物，曾多次因小型竊盜而入獄。在許多人看來，亞努科維奇只不過是一個老派的蘇聯官僚。亞努科維奇身材魁梧，西裝筆挺，演講平淡乏味且令人昏昏欲睡，他幾乎沒有什麼政治才能可言。事實上，他唯一的才能似乎是樂於充當克里姆林宮在烏克蘭利益的棋子，並將基輔重新推回俄羅斯的懷抱。

然而，由於成千上萬的烏克蘭人要求建立一個更透明、更民主的政府，亞努科維奇顯得無計可施。他非但沒有成為克里姆林宮的傀儡，反而被趕下台。

亞努科維奇退居烏克蘭東部，舔舐政治創傷。在那裡，他遇到了一個將改變一切的人，這人不僅改變了烏克蘭，也改變了亞努科維奇的未來，甚至更廣泛地影響歐洲、俄羅斯和西方的命運。在橙色革命似乎鞏固了烏克蘭的親西方路線後不久，亞努科維奇會見了馬納福。

亞努科維奇透過寡頭中間人居間牽線，與馬納福建立聯繫。正如馬納福後來透露的，德里帕斯卡把他介紹給了另一位億萬富翁，被指控犯下組織犯罪的里納特・艾哈邁托夫（Rinat Akhmetov）。之後，艾哈邁托夫讓馬納福與亞努科維奇會面，亞努科維奇多年來一直是艾哈邁托夫的「主要政治恩主」。[40]

沒過多久，馬納福就明白為什麼這位寡頭把他介紹給政治前途岌岌可危的政客。馬納福很清楚，這位政客是克里姆林宮提供奪回基輔控制權的最佳機會。如果馬納福能成功將薩文比轉變為民主主義者，或者將馬可仕轉變為改革者，又或是將莫布杜轉變為政治家，那麼他能對亞努科維奇做什麼改造呢？他能讓亞努科維奇再次成為總統嗎？

這一切都不簡單。亞努科維奇的魅力就像拖把一樣，他的吸引力猶如一場流感，他不僅背負著犯罪的過去，還背負著與克里姆林宮及其代理寡頭的明顯聯繫。但正如他的寡頭支持者所認為的那樣，他仍然是一個有政治前途的人。他僵硬的外表和令人不安的舉止隱藏著一種潛力。我們很快就會看到，他還存在著支付巨款的可能性。馬納福同意了。將亞努科維奇改頭換面，不顧一切後果地讓他重新擔任總統，這將是他的下一個計畫。

＊＊＊＊

馬納福讓亞努科維奇重返基輔總統寶座的策略，涉及許多關鍵的環節。首先是「外在形象」。亞努科維奇必須徹底改變外在形象。這位烏克蘭人必須拋棄破舊的西裝、油膩的頭髮以及像是被束縛在夾克中的站姿。相反，他現在會穿著量身訂製的服裝，腰部收緊一點，視覺上也不那麼突兀。他要去找一位合適的理髮師，用更時尚的髮型取代他的「狂暴的蓬鬆髮型」。他還將學習政治演講的基本技巧，掌握節奏與步伐、結構化內容與運用故事，以及瞭解觀眾的期望和注意力持續時間。換句話說，他將轉變為現代政治家，這一切就像其他外交官所描述的那樣，是他「徹底改造」的一部分。[41]

第二點，是「亞努科維奇講話的實際內容」。馬納福沒有使用他在蘇聯時代成長過程中所特有的那些乏味平庸的數據，諸如糧食總產量、平均乳製品產量等，而是教導亞努科維奇如何運用陳詞濫調、比喻和承諾來打動人心。亞努科維奇不再像過去那樣枯燥古板演講，而是開始在每次演講中大肆渲染陳詞濫調。他開始對觀眾堅定地說：「我理解你們的夢想」，並補充「我和你們一樣渴望讓烏克蘭成為一片充滿機遇的土地。」[42]亞努科維奇第一次用「簡潔有力的美式語氣」來吸引聽眾，這些語言最終還可能被剪輯到每晚的烏克蘭新聞廣播中，吸引更多的烏克蘭選民。[43]

如果這一切都讓人聯想起馬納福在過去幾十年來對美國政治，尤其是共和黨政治轉型的影響，那是因為事實確實如此。與他在雷根和布希時期扮演的角色類似，與他在一九九六年大會上代表杜爾所做的努力類似，馬納福為亞努科維奇的生活帶來了技巧和炫目的風格。如果這些在華府行得通，也許在基輔也行得通。

但馬納福的計畫還有第三個不那麼公開的元素，也就是「亞努科維奇能夠將新技巧用於更邪惡的目的」。這得益於馬納福過去幾十年領導共和黨政治的成功。馬納福和他的同事曾經將右翼思想、種族歧視，注入現代共和黨，這回遊說人員告訴亞努科維奇，他應該複製類似的策略。

當然，烏克蘭的社會軸心與美國不同。烏克蘭的社會裂痕並非圍繞著種族問題，也不是白人群體對黑人公民、移民和其他人的偏見。正如馬納福所見，烏克蘭的社會裂痕是圍繞在烏克蘭族群（包含說烏克蘭語）及俄羅斯族群（包含說俄語）之間。馬納福認為，「烏克蘭實際上是兩個不同的國家。」[44]如果亞努科維奇想獲勝，他就應該讓國內的群族差異更加顯著。類似於馬納福的共和黨客戶在美國迎合白人不滿政治的方式，馬納福告訴亞努科維奇，他應該開始強調烏克蘭的族群矛盾，著重於這些所謂的分裂，從而撕裂對手的選民結構。當烏克蘭人不分背景和語言，在俄羅斯二〇二二年入侵後所表現出深刻團結，就凸顯了馬納福的處方最終是基於一種錯誤的幻想。但這並沒有阻止亞努科維奇集中精力試圖從內部分化烏克蘭人、加深社會的裂痕、破壞國家的穩定。馬納福後來荒誕地聲稱亞努科維奇是「一位想要保護多元文化社會的烏克蘭民族主義者」，並且他表現出了「對抗莫斯科的態度。」[45]

亞努科維奇並未對馬納福的建議感到猶豫。很快，他的談話重點開始將橙色革命描述為一場「政變」，而不是一場支持民主的革命（這場革命主要受到烏克蘭語使用者支持，而不是亞努科維奇的俄語使用者）。他開始將講俄語的族群描繪成新政府的受害者，並指稱說俄語的人突然遭到歧視。換句話說，他開始助長克里姆林宮的言論，最終將基輔政府描繪成一個由「納粹分子」操控的政權、將損害烏克蘭國內俄羅斯族的權益。

* * * * *

雖然亞努科維奇的言論涵蓋了整個國家，但他特別關注一個地區，即烏克蘭南部的克里米亞半島。

多年後，在二〇一四年，普丁入侵克里米亞，聲稱該半島是俄羅斯的領土，並主導了希特勒後的歐洲首次「吞併」。然而，當馬納福和亞努科維奇在二〇〇〇年代中期聯手時，克里米亞只是烏克蘭的另一個省分，當地居住著烏克蘭人和俄羅斯人、克里米亞韃靼人等。它是烏克蘭無可爭議的一部分。因此，它也是美國軍隊參加基輔主辦的北約—烏克蘭聯合軍事演習的目的地。

當然，烏克蘭不是北約的成員國。但親西方政府顯然有加入軍事聯盟的打算。二〇〇六年五月，基輔向西方軍隊敞開大門，西方軍隊希望協助烏克蘭加強國防，改善基礎設施，並培植在地支持。

計畫在克里米亞舉行的聯合演習幾乎沒有威脅性。他們更接近友好的姿態，專注於建造遊樂場和足球場等事情，而不是任何威脅。這就是為什麼當美軍抵達這個烏克蘭的半島時，他們遭遇的反應令人震驚。一百一十三名美國海軍陸戰隊員和水兵沒有受到熱烈歡迎，而是發現憤怒的人群在路上排成一排，投擲石塊並謾罵。一名軍官後來說：「有人向我們投擲石塊。石塊擊中了海軍陸戰隊隊員。公車被左右搖晃。我們只是想到達我們的基地。」[46] 一些抗議者在周邊徘徊，甚至開始在塑膠瓶中裝滿柴油，向美國人投擲有「烏克蘭雞尾酒」之稱的燃燒瓶。[47]

數千名抗議者似乎不知從何而來。事前沒有任何警告，也沒有任何跡象顯示當地民眾會如此激烈。那時，美國與烏克蘭的關係是有史以來最好的時刻，沒有任何理由能解釋為何抗議者會突然湧現。然而他們卻在那裡，擋住了美國人的去路，襲擊了美國人的運輸工具，無止盡地騷擾美國人。

抗議活動開始發揮作用。一家媒體後來報導：「被『數千』名抗議者用吵鬧的音樂、石頭和無效的毒氣彈圍困，海軍陸戰隊隊員只能躲在當地的療養院裡等待。他們無法到達港口的補給船，也無法抵達基地。」[48]

抗議持續了一個星期，又一個星期。在某個時刻，軍方高層意識到這場局勢有可能演變成災難，或者更糟。於是，他們決定終止行動，將部隊撤回。一名軍官表示：「我們等待了兩週，然後在夜色掩護下到達了機場，搭飛機回家。」[49]

事態發展並沒有就此停止。喬治・布希總統取消了原定的烏克蘭之行，軍方取消剩餘的聯合演習。突然間，基輔和華府間的聯繫被切斷了，可能就此無法挽回。抗議活動不但沒有贏得當地支持，反而突然導致美國和烏克蘭之間的關係破裂。

然而，整個事件仍顯得有些奇怪，有些不對勁。正如一名海軍陸戰隊員所說，這些抗議者似乎「心不在此」。[50]就像它們可能是被「安插進來」的。正如國務院的一封電報中所寫，整件事就像是一場「精心策劃的爭議」，尤其是「多數示威者看起來毫無激情，只有在電視攝影機可能會對準他們的時候才聚集起來。」[51]整件事似乎都是捏造的，這點類似於二〇〇四年克里米亞人宣稱投票加入俄羅斯的虛假「公投」。[52]這封電報繼續寫道：「最終造成這一事件發生的惡意，完全是政治勢力一方。自民主力量取得勝利以來，他們就一直不希望看到烏克蘭政府取得成功」。[53]

即使今天，整個行動仍然籠罩在疑問之中。但事件發生後，一位烏克蘭檢察官將整個事件的焦點集中在一個人身上，即馬納福。這名檢察官寫道：「這是他為提高亞努科維奇及其政黨的威望所做出的政治努力，以種族和語言為由，進行社會對抗和分裂，是他從介入安哥拉和菲律賓選舉後就慣用的伎倆。當我在克里米亞時，我不斷看到證據表明，保羅・馬納福認為克里米亞脫離烏克蘭自治是提高亞努科維奇聲譽和贏得當地選民支持的工具。」[54]為了實現這些目標，馬納福「策畫」了抗議活動，並成功迫使美軍撤離克里米亞。[55]

馬納福始終否認，但很快就可以看出誰從這場災難中受益。整個事件導致美烏關係空前低迷，基輔的親西方政府未從這項打擊中恢復過來。在此過程中，它加強了克里米亞半島上的親俄力量，並為莫斯科當局於二〇一四年的入侵鋪平了道路。

＊　＊　＊　＊

即使在克里米亞之外，馬納福對亞努科維奇的「徹底改造」策略沒過多久就開始見效。[56]馬納福上任後不久，亞努科維奇所屬的地區黨（Party of Regions），在下一次議會投票中占據主導地位。由於烏克蘭的多層次治理結構，立法機構隨後選出該國新總理，他將與該國親西方的總統共同引導國內事務。

他們選擇了遭到橙色革命推翻的人——亞努科維奇。

這幾乎是個選舉奇蹟。亞努科維奇實已從政壇敗部復活了。那些談話要點、更時尚的西裝、全新的氣場，全都奏效了。亞努科維奇重新崛起，甚至聲名大噪。馬納福再次成功了。

但馬納福並未就此止步。亞努科維奇就任烏克蘭總理後不久，馬納福就開始把他推銷給另一群人，愛質疑、猶豫不決的西方人。美國和歐洲官員幾年前就曾密切關注過亞努科維奇的總統競選，尤其是他對莫斯科的依賴，以及對對手近乎致命的毒害，這使得他們感到不安。一些西方官員派駐基輔，親眼目睹亞努科維奇突然開始利用烏克蘭的社會緊張局勢。美國大使威廉·泰勒（William Taylor）特別要求馬納福讓亞努科維奇「收斂言辭」。馬納福表示反對。正如一位記者表示，這些話題的「民調效果太好了」。[57]

馬納福知道，如果亞努科維奇想繼續鞏固支持，至少必須獲得西方象徵性的支持。因此，他開始為亞努科維奇「與華府的廣泛官員和智庫專家舉行會議，努力將他重塑為改革者」。[58]亞努科維奇的聽眾包括立法者和分析人士，甚至包括副總統狄克・錢尼（Dick Cheney）這樣的高層。這是與薩文比、阿巴查和馬可仕合作時用過的劇本。其中一個有用的工具是，當亞努科維奇與美國官員交談時，翻譯會「將烏克蘭人的粗俗言辭，變成了華麗的高尚英語。」[59]

由於馬納福和亞努科維奇「在克里米亞的盟友」暗中操縱，華府和基輔之間的關係可能已經惡化，但對於容易上當的西方人來說，亞努科維奇已經翻開了新的一頁。一位外交官後來說，馬納福「肯定在華府為他遊說，這是他帶到談判桌上的一部分」，馬納福「試圖向亞努科維奇推銷透明、民主的倡導者和普遍親美立場」。如果他的美國對話者沒有完全相信亞努科維奇的轉變，他們至少開始緩和自己的批評。此外，馬納福還告訴美國觀眾，「亞努科維奇或多或少與他的共和黨客戶是同一類人」，就如同杜爾和雷根等人一樣。正如馬納福所說，亞努科維奇為烏克蘭政治帶來了「傳統優良的共和黨價值觀」。[60]

與此同時，在烏克蘭，亞努科維奇繼續執行馬納福的策略。他贏得了廣大烏克蘭人的支持。年長的退休人士，對蘇聯懷有懷舊情感、親俄的活動人士，試圖讓基輔與克里姆林宮保持密切關係；不滿的動盪家庭，他們對烏克蘭經濟放緩感到不滿。他袖手旁觀，看著他的親西方對手因自大與日益惡化的經濟衰退，陷入內訌和不斷升級的敵對情緒，最終分崩離析。

當基輔的親西方政府開始動搖時，馬納福和亞努科維奇發現了一個機會。很快，烏克蘭人將重返投票所，參加定於二〇一〇年初舉行的下一屆總統選舉。他們也意識到，烏克蘭下一任領袖的選擇其實很明確。他不是一個致力於帶領烏克蘭走上親西方道路的年輕改革者，而是幾年前因他專制主義和與克里姆林宮的明確聯繫而引發了一場革命的人。

他們都意識到，亞努科維奇應該再次競選總統，而馬納福可以幫助他獲勝。

但馬納福無法獨自做到這一點。他需要一個團隊來實現亞努科維奇的總統夢。於是，他開始聯絡之前認識的美國人，他們是組織、民意調查、媒體和選舉策略的專家們。無論他們的意識形態如何，都不重要。馬納福想要的是他們的才華，而非政治偏好。他們所需要的只是願意幫助一個初露頭角的盜國賊在烏克蘭奪取權力，並將基輔推向克里姆林宮，同時消除過去幾年的所有民主成果。

沒多久，馬納福就找到願意幫他推銷亞努科維奇的美國盟友。如果有什麼不同的話，那就是馬納福的成功凸顯了兩黨在粉飾暴君的工作上是多麼的合作。其中有里克·蓋茲（Rick Gates），他是一名遊說人員，在二〇〇八年約翰·馬侃的共和黨總統競選活動中任職。泰德·迪瓦恩（Tad Devine）是一位著名的民主黨民調專家，未來將擔任參議員伯尼·桑德斯二〇一六年總統競選的負責人。甚至還有一家獨立的公關公司愛德曼（Edelman），其任務是幫助「提升亞努科維奇在歐洲和美國的公眾形象」。[61]無論在美國的政治光譜如何，專家和顧問們都競相加入，協助馬納福的計畫，並從中獲得報酬。

根據一位為亞努科維奇工作的美國人所述，馬納福對他的盟友說：亞努科維奇對烏克蘭的民主感興趣、對擴大透明度感興趣、對把最好的政策帶給最多的烏克蘭人感興趣；不會有任何涉及竊取選舉、毆打對手，或奪取權力並利用它們來打壓記者、活動人士和批評家的內容。在長長的會議桌和伏特加酒的晚餐上，馬納福再次翻轉了亞努科維奇的形象。這支由顧問、民調專家、遊說人員和專家組成的全新美國人團隊都深受其影響。

由於馬納福是亞努科維奇「最親密的政治顧問」，這些新來的美國人同意加入亞努科維奇的競選團隊。[62]正如馬納福告訴人們的那樣，他們是他能找到的最好的政治諮詢人才。他們都會幫助亞努科維奇重返烏克蘭總統寶座。

* * * * *

值得注意的是：這些活動中的大部分內容從未在任何《外國代理人登記法》文件中詳細說明。幾乎沒有任何文件描述馬納福的會議、他在烏克蘭的競選工作，或他與大西洋兩岸任何人的溝通。幾乎沒有關於他招募的其他美國人或他們用來推銷亞努科維奇的工具和策略的資訊。他與蓋茲、迪瓦恩和其他一系列美國人一起為亞努科維奇所做的工作，在華府及其周邊地區是一個公開的秘密。

當時似乎沒有人關心，在馬納福的掌舵下，外國遊說業可能正衝向頂峰，但立法者無意重振《外國代理人登記法》。沒有官員對馬納福缺乏報備提出警告，沒有人對這個失敗負責，似乎每個人都在蓬勃發展的外國遊說業的車輪下睡著了。這有反常的意義；馬納福的兩黨團隊是該產業本身的縮影，吸引來自各個政治派別的人才。

幾乎沒有跡象表明馬納福考慮過《外國代理人登記法》的問題。他和他招募的其他美國人一樣，只專注於一個使命：洗白亞努科維奇的聲譽，並擴大過去幾年已經成功的選舉策略。當二〇一〇年初投票開始時，馬納福的團隊意識到他們取得了多大的成功。亞努科維奇以比對手多出近一百萬張選票贏下烏克蘭總統選舉。他已經順利復出。他是在馬納福作為他的「首席政治策略家」的情況下，得以成功。

一個月後，在基輔的一個寒風天，馬納福與亞努科維奇一起出席了他的就職典禮。五年前，烏克蘭人聚集在一起，將亞努科維奇趕下被其竊盜的總統寶座，五年後，他凱旋歸來。當亞努科維奇站在那裡，激昂地談論文化上的不滿，並宣布結束烏克蘭的親西方道路時，首先將馬納福介紹給亞努科維奇的寡頭艾哈邁托夫見到馬納福，微笑著親吻了他的臉頰。63

第十一章
沾滿鮮血的黑心錢

那是我的故鄉。

——查卡威赫（Caqawix）[1]

二〇一〇年代初期，馬納福幫助亞努科維奇重新奪回總統寶座後不久，就在烏克蘭首都基輔郊外與心懷感激的客戶會面。兩人見面的地點位於蜿蜒的第聶伯河畔，這是一棟名為「梅日希里亞」（Mezhyhirya）的五層樓新華麗建築。

這座莊園占地數百英畝，堪稱盜賊統治者的夢想之家。一位訪客形容，整棟建築從蜿蜒樓梯到大理石宴會廳，都「鍍滿黃金」。有多個枝形吊燈、觀賞花園、「覆蓋著鱷魚皮」的花盆。這裡還有直升機停機坪、一個豪宅大小的「小屋」、可容納七十輛汽車的車庫、幾十個房間和室外動物園，擺放獅子標本和飼養一隻鴕鳥。[2] 甚至，還有一艘大帆船停泊在附近的河流。出於某種原因，亞努科維奇在家裡放了一條金麵包，[3]和自己的裸體肖像。[4]整座莊園造價近一億美元，簡直是一座「腐敗紀念館」。[5]在當選總統之前，亞努科維奇每月官方月薪約二千美元，這筆錢甚至不足以支付莊園價值十萬美元的枝形吊燈，更不用說那尊價值十一萬五千美元的野豬雕像。

掌權後的亞努科維奇就像馬納福輔佐的馬可仕、莫布杜等暴君，可肆意掠奪國家財富。他掌控著烏克蘭國庫、基礎設施和教育預算。他甚至可以動用烏克蘭的軍事預算來購買鍍金欄杆及純銀浴室鏡子。

從美國德拉瓦州和開曼群島的空殼公司，到南達科他州和南太平洋的匿名信託公司，亞努科維奇和他的同類自由運用秘密金融服務。二〇一〇年，正處於離岸金融盛行的高峰期，亞努科維奇加入全球獨裁者的秘密金融網絡，洗錢數十億美元，而調查人員和記者卻對這些金流一無所知。

亞努科維奇當選時，全球獨裁者已有使用秘密金融服務的經驗，轉移到離岸公司的資金達數萬億美元。多年後，亞努科維奇及其親信掠奪的財富估計高達一千億美元。

亞努科維奇當選後，馬納福想分一杯羹，戰利品開始直接流向馬納福，短時間內匯聚出馬納福從未見過的大錢。五金城已是遙遠的過去，因亞努科維奇的勝利，馬納福的淨資產達到數千萬美元，躋身富豪階層。

和亞努科維奇一樣，馬納福肆意揮霍他的新財富。他將一座又一座的豪宅收入囊中，包布魯克林的褐石建築、曼哈頓的無電梯公寓、漢普頓和佛羅里達州南部的莊園。購買房子之快，一位同事描述為「累積財產的狂熱」。[6]他的穿著從條紋西裝改為鴕鳥皮夾克，舊車被替換成多輛全新的 Range Rovers。數以百萬計的資金開始湧入馬納福的口袋，其中大部分來自盜賊統治者的離岸網絡，讓馬納福「利用離岸銀行帳戶網路輸送的資金，瘋狂消費」。[7]

只要亞努科維奇掌權，控制烏克蘭國家預算，他和馬納福就能賺到他們想要的錢。由於離岸帳戶密不透風，金融網路幾乎不可能被發現。離岸世界根本是可以隨意利用的生財工具。

如果想揭露他們的違法行為，必須等亞努科維奇失去權力，但這種情況不太可能發生，因為亞努科維奇穩坐總統寶座，又有馬納福在身邊。

當馬納福拜訪亞努科維奇在梅日希里亞的宮殿時，兩人在熱水浴缸中一起裸泳，並肩漂浮，談論他們剛接管的國家、他們的未來，談論亞努科維奇需要採取什麼措施鞏固對烏克蘭的統治，以及美國人怎麼幫助亞努科維奇繼續掌權，無須理會烏克蘭人的意願。

* * * * *

在鞏固權力的過程中，亞努科維奇開始將朋友和盟友安插在部長職位上，清除獨立官僚。他打壓競爭對手，攫取資產，將司法系統納為己有，利用法院對付政敵。

新核心成員在他當選後不久就成形了。一年後，他下令監禁親西方政客尤利婭·季莫申科，指控她嚴重腐敗，指責她濫用權力。

季莫申科並非毫無污點，她也同樣深陷烏克蘭天然氣產業腐敗網絡，但人們對她的安危非常擔憂。

但亞努科維奇直接把她送進監獄，使她不再構成威脅。[8]二〇一一年底，法院判處季莫申科七年監禁。這不僅明顯違反民主，也凸顯了亞努科維奇「與莫斯科緊密共生」的關係。烏克蘭的民主希望，在亞努科維奇和馬納福的操作下破滅。

季莫申科長期主張加強烏克蘭與西方的聯繫，在西方世界擁有重要盟友，這些國家都要求立即釋放季莫申科。突然間，亞努科維奇剷除政敵的舉動顯得搖搖欲墜。

不過，馬納福似乎不太擔心。相反，他開始招募新的美國人幫助客戶鞏固統治地位。他找到了一個盟友，這個盟友背後凸顯了整個美國產業已成為現代盜賊統治者最可靠的好朋友。

＊　＊　＊　＊　＊

早在一九六〇年代初，《外國代理人登記法》被修改為管制外國遊說活動的法案時，立法者就希望外國客戶在法律面前仍能獲得平等待遇。立法者決定，他們不想強迫所有代表外國客戶的美國律師遵守《外國代理人登記法》，否則可能會違反正當程序。因此，他們為新修正案提供了「豁免」：只要美國律師將工作限制在法庭內，他們就不必按照《外國代理人登記法》規定揭露自己的客戶、付款、工作內容。畢竟，遊說人員與律師不同，對吧？多年來，這個假設基本上是正確的。但冷戰結束為華府帶來大批新客戶，那些突然盯住這個漏洞的律師事務所也帶進新客戶。他們認為如果在「法庭外」代表客戶與在「法庭內」代表客戶同樣重要，該怎麼辦？如果他們辯稱律師與委託人的保密特權可延伸到遊說活動呢？如果他們可以無視《外國代理人登記法》呢？華府幾乎沒有興趣針對這些律師事務所採取行動？

冷戰結束後不久，傳統的公關和顧問公司不再是外國遊說遊戲的唯一參與者。法律漏洞、執法不嚴、外國客戶湧入，美國律師事務所也加入了商場競爭，引進一系列新法律服務。

幾乎所有舉足輕重的美國法律界巨頭都前仆後繼為外國勢力服務。前一章提到杜爾旗下的「阿爾斯通與伯德」，是一家律師事務所，代表俄羅斯寡頭開展工作。幾章前提到的巴頓·博格斯，代表涉嫌強姦美國修女的瓜地馬拉官員進行遊說，另外還有歐華律師事務所等等。

在美國幾乎不可能找到一家不為外國政權遊說的白鞋律師事務所。像是貝克·麥堅時（Baker McKenzie）就為剛果民主共和國政權工作、霍金·路偉（Hogan Lovells）為沙烏地阿拉伯、偉凱（White & Case）協助亞塞拜然、眾達律師事務所（Jones Day）服務中國，最具聲望的律師事務所都變成快樂的遊說人員。[9]

當亞努科維奇起訴他的主要政敵時，馬納福沒有尋找公關專家協助，反而找到了一家合適的律師事務所幫忙。

* * * * *

世達律師事務所（Skadden, Arps, Slate, Meagher & Flom）對外國遊說或外國影響力的領域並不陌生。該公司雖成立於一九四〇年代，但隨著同業競相為外國政權服務，世達也開始代表哈薩克、喬治亞共和國等地的反民主政權遊說。世達也是全球最大跨國洗錢案件的關鍵參與者，協助阿拉伯聯合大公國和沙烏地阿拉伯的盜賊統治者竊取數十億美元，成為當時全球最大「龐氏騙局」。[10]

世達律師事務所是馬納福幫助亞努科維奇起訴政敵最合適的選擇。二〇一二年二月，該公司與亞努科維奇政府簽署初步合約，並立即派遣員工飛往基輔，與「烏克蘭官方」會面。[11]世達派往烏克蘭的員工是新聘用的知名人物：格雷戈里·克雷格（Gregory Craig），他剛卸下巴拉克·歐巴馬總統的白宮總法律顧問一職。

至於克雷格為何會參與行動？原因有二。第一，克雷格的參與和杜爾造就的環境有關，美國最受尊敬的人物把自己出賣給侵蝕民主的外國政權。正如《紐約時報》所寫，亞努科維奇「計畫利用克雷格先生的聲譽。」[12]亞努科維奇反民主和親克里姆林宮的政治傾向是顯而易見的，但根據當時的報導和後來的聯邦文件，克雷格對此並未表達任何關切和意見。

第二，克雷格的參與進一步凸顯出外國遊說具跨黨派的性質。畢竟，克雷格曾與美國幾十年來最進步的總統歐巴馬密切合作，歐巴馬曾在擔任參議員時提議修外國遊說的漏洞，但無濟於事。雖然歐巴馬和幕僚名義上反對馬納福和專制客戶所代表的一切，但克雷格一離開白宮，就立刻飛往基輔協助馬納福。這位著名的民主黨律師，願意幫助共和黨遊說人員破壞民主，以及美國在烏克蘭的影響力。[13]

克雷格「調查」季莫申科的監禁情況，然後就此事「撰寫一份獨立報告」。[14]隨後將提交給季莫申科監禁事件的批評者，包括西方官員和歐洲人權法院，並透過美國頂尖律師事務所全力背書。

世達律師事務所後來聲稱，「根據自己的獨立調查得出結論」，馬納福和亞努科維奇都不會影響世達的調查結果。[15]但世達並未提及，該報告是由亞努科維奇政府委託，並獲得數百萬美元的回報。

根據以上，你就能明白為什麼馬納福和亞努科維奇希望世達加入。世達律師事務所可以提供鞏固權力的合法性外衣。如果世達為監禁季莫申科背書，並認可亞努科維奇的舉動，西方的批評就會減弱，並允許亞努科維奇繼續剝削烏克蘭人民、繼續為俄羅斯提供掩護，摧毀烏克蘭剛起步的民主。世達獲得近五百萬美元的報酬，且永遠不必擔心因外國遊說犯罪而受到調查。

這是一個「乾淨整潔」的盜賊政治圈。世達非常清楚自己的功能；他們知道報告將用於「改善與季莫申科審判有關的公關事務」。他們可以分得一杯羹，並讓外國遊說行業持續發展，同時把烏克蘭的民主推入深淵。[16]

＊　＊　＊　＊　＊

世達律師事務所發布於二〇一二年的報告幾乎不值得引用。報告在批評亞努科維奇越權的同時，卻抹去專制罪行的指控，反向指責季莫申科「侮辱」主審法官，「發表無意義的辯論」。亞努科維奇的努力在美國法庭上得到支持，他鞏固權力的舉措繼續推進。對亞努科維奇和莫斯科來說，向世達提供的數百萬資金是值得的。世達已被新興獨裁政權納入囊中，收到數百萬美元，這樣的調查結果並不令人意外。[17]

不過，更能說明問題的是世達和克雷格在報告發布前所做的事情，以及他們如何幫助馬納福修改報告。[18]世達和克雷格並沒有扮演所謂「獨立」分析師的角色，世達和克雷格是馬納福和亞努科維奇的有效代理人，是惡性政權的幫兇，也是外國遊說集團新陣線的縮影。[19]

就在與亞努科維奇政權簽署協議兩個月後，也就是報告完成前幾個月，世達與馬納福合作，開始尋找公關公司幫助公布調查結果。世達充當了馬納福和公關專家的聯絡人，協調報告的語言和公關包裝，儘管他們公開聲稱該報告將在某種程度上保持「獨立」。[20]世達不僅與馬納福在紐約坐下來討論公關推廣計畫，還讓內部團隊參與其中，策劃「媒體簡報」，將調查結果傳遞給美國媒體。[21]

克雷格本人似乎在公關方面發揮了主導作用。[22]他不僅直接向馬納福發送電子郵件，詢問該報告的「溝通策略」，還與馬納福一起協調與美國記者的電話會議。克雷格心目中的關鍵作家是《紐約時報》國家安全記者大衛．桑格（David Sanger）。他認為，桑格是將報告引入美國媒體生態系統的關鍵管道，可報告會盡可能削弱亞努科維奇的批評者。正如世達所見，如果他們能讓《紐約時報》反複支持亞努科維奇的調查結果，世達的任務就完成了。[23]

隨著報告即將發表，「洗白運動」開始緊鑼密鼓進行。烏克蘭內部指定克雷格作為桑格和

《紐約時報》的主要聯絡人。根據內部電子郵件，克雷格不僅帶頭與桑格聯絡，還告訴桑格「更樂意與你談論」報告的調查結果，並概述了為什麼亞努科維奇應該被免除獨裁指控。克雷格與另一家遊說公司協調，直接透過電子郵件向桑格發送報告副本，甚至提出「今晚親自把這份副本報告送到你家」。根據克雷格後來的起訴書，他確實這麼做了。[24]

第二天，《紐約時報》發表對此報告的分析。儘管世達發現亞努科維奇的起訴犯了錯誤，但該公司「似乎強烈支持」亞努科維奇，主張有證據支持亞努科維奇監禁政敵，「查無證據」表明這是政治迫害。世達的結論是，即使是美國法院也會裁定監禁可持續下去。[25]

這是一場公關的勝利。世達已經找到全球最知名的媒體來大肆宣傳調查結果，有效洗清亞努科維奇的罪行。這篇文章甚至引用了克雷格的話，世達的任務「是查看記錄中的證據，並確定審判是否公平」，與公關宣傳完全無關，也未沒花費數百萬美元與馬納福合作。世達只是站在無黨派和非政治的立場上說話，至於整件事對亞努科維奇和馬納福有利，純屬巧合。「你的工作是一切的關鍵，」馬納福寫信給克雷格。「基輔人民非常高興。你就是『那個人』（THE MAN）。」[26]

* * * * *

不過，值得注意的是，馬納福並非只依賴世達的幫助，他得到其他熟悉人脈的幫助。馬納福努力是創建一個被稱為「哈布斯堡集團」（Habsburg Group）的組織，這個組織由前歐洲國家元首組成，主要任務是推銷亞努科維奇。波蘭前總統亞歷山大·克瓦希涅夫斯基（Aleksander Kwasniewski）、義大利前總理羅馬諾·普羅迪（Romano Prodi）、奧地利前總理阿爾弗雷德·古森鮑爾（Alfred Gusenbauer）等「過氣的歐洲政治家」，都將成為親亞努科維奇集團的一部分。馬納福組織一切，建立有利於亞努科維奇的形象。27

他們還得到另一對外國代理人的幫助，這再次說明美國外國遊說產業的跨黨派性。文·韋伯（Vin Weber）是參與傳播馬納福「哈布斯堡集團」訊息的遊說人員，他是前共和黨國會議員，此後成為「水星公共事務」（Mercury Public Affairs）的遊說機構首席合夥人。另一位是托尼·波德斯塔（Tony Podesta），民主黨主要籌款人，也是民主黨競選組織者約翰·波德斯塔（John Podesta）的兄弟，他是華府重要的國外遊說人員之一。兩家公司與世達、親亞努科維奇人士一起協調，發起聯合活動，幫助「哈布斯堡集團」向毫無戒心的人傳播訊息。

另一個代表亞努科維奇工作的組織美國顧問公司麥肯錫公司（McKinsey & Company）。該公司不為馬納福工作，而是與馬納福並行，幫助「修復亞努科維奇受損的形象」，並致力於「重振亞努科維奇的政治生涯。」麥肯錫公司從未透露過它從亞努科維奇賺了多少錢，亞努科維奇政府只是該公司與密切合作中令人厭惡的政權之一。28

遊說人員、律師事務所、前國家元首和前立法者，不論共和黨和民主黨都一樣。馬納福為幫助亞努科維奇建立一群邪惡人才。馬納福還依賴另一個人，他不僅提供了大部分資金，也再次印證「親西方寡頭」是有害的矛盾概念。

多年來，烏克蘭寡頭維克多・平丘克（Victor Pinchuk）一直將自己定位為該國腐敗大亨中名義上最「親西方」的一位。平丘克不僅經常主持西方決策者前往烏克蘭的會議，也利用自己雄厚的財力建立與西方的聯繫，尤其是在美國的聯繫。例如，平丘克向當時的候選人川普支付了「六位數」的費用，讓自己在二〇一五年的會議上發言。此前，他還向克林頓基金會捐贈了數百萬美元，這是由美國政界大老比爾・柯林頓和希拉蕊・柯林頓夫婦管理的私人基金會。[29]平丘克曾經將自己的私人飛機借給了柯林頓夫婦，甚至前往洛杉磯「參加柯林頓先生眾星雲集的六十五歲生日慶祝活動」。[30]平丘克也向布魯金斯研究院、大西洋理事會等美國智庫捐贈了大量資金，甚至加入大西洋理事會的顧問委員會。我們將在本書的最後部分重新審視基金會和智庫的外國遊說角色。

所有交易都洗刷了平丘克的聲譽，讓他從骯髒、不誠實的寡頭，變成了所謂的親西方人物。一位分析師表示，平丘克已經成為「全球文化和政治精英的常客」，他利用捐款創造了「閃閃發光的、面向西方的聲譽」。[31]《富比士》的一篇分析甚至將他稱為「民主寡頭」。[32]

然而，正如聯邦文件和法庭證詞後來揭露的那樣，所有的一切都是幌子，只是要為平丘克掩護，不僅支持亞努科維奇，也支持馬納福，並鞏固克里姆林宮在烏克蘭的影響力。世達幫亞努科維奇賺的數百萬美元，全都來自平丘克的捐贈。

平丘克在整個事件扮演秘密角色，且否認秘密交易。例如克雷格同意在平丘克家裡「吃早餐時達成協議」，[33]克雷格後來作證說，平丘克向世達支付了「四百六十萬美元費用中的大部分」，[34]後來進一步證實「多數帳單是由平丘克暗中支付」。[35]聯邦文件同樣顯示，世達「的工作費用主要由維克多．平丘克支付。」[36]

儘管有大量關於平丘克付款的證據，但這位寡頭一直否認與馬納福有瓜葛。但這些付款在基輔是一個公開的秘密，根據《紐約時報》報導，平丘克顯然是在「為世達律師事務所買單」。[37]克雷格和馬納福之間的電子郵件不只證實這件事，它們還討論平丘克希望在報告中的角色保持匿名，馬納福也通過離岸公司付款，隱藏寡頭的蹤跡。[38]

乍看之下，整個交易網路可能顯得過於複雜。但歸根究柢，卻出奇簡單。馬納福召集一批美國白領，發起了一項旨在粉飾亞努科維奇的公關計畫，幫助他消滅政敵。接著有一家白鞋律師事務所加入，充當所謂的中立觀察者，並撰寫一份報告，抹去亞努科維奇的罪行。隨後，共和黨人和民主黨人紛提供協助。在這一切的背後，一位寡頭擔任出資者，透過匿名的離岸帳戶轉移數百萬美元，使這些金流無法被追蹤。馬納福是事件的核心，精心策劃跨國計畫，幫助委託人掠奪一個國家、監禁政治對手，並儘可能長期掌權，同時擴大克里姆林宮在烏克蘭的影響力。

而這一切本來會成功，如果不是頑強的烏克蘭抗議者始終不肯放棄。

* * * * *

當世達的報告在二〇一二年底發布時，馬納福和亞努科維奇似乎已經成功了。這一點幾乎不需要強調，當時《外國代理人登記法》的文件紀錄中都沒揭露他們讓季莫申科入獄的策略，以及讓亞努科維奇走上與其他後蘇聯獨裁者相同的道路，其中許多人一直連任幾十年。

然後，幾個月後，亞努科維奇再次做過頭，點燃了革命的引線，並在歐洲心臟地帶引發一場持續至今的戰爭導火線。

二〇一三年，亞努科維奇宣布退出即將與歐盟達成的貿易協定。此舉可能導致烏克蘭遠離西方，向莫斯科靠攏，毀掉烏克蘭多年來在歐洲的進展。抗議者開始聚集在基輔市中心，高舉烏克蘭和歐盟旗幟。一個月又一個月過去，抗議者持續聚集，要求亞努科維奇恢復貿易協議。數千人湧入，國際媒體也陸續抵達，鎂光燈再次聚焦基輔。

亞努科維奇意識到局勢正在脫離他的掌控。於是他出動了鎮暴部隊，打碎抗議者的頭顱，但卻無法驅散人群。很快，親俄暴徒滲透到抗議活動中，對那些只想與歐盟建立密切聯繫的人進行血腥屠殺。每一次襲擊過後，抗議活動都加速蔓延。很快地，抗議者開始反擊。

二〇一四年二月，僵局打破。亞努科維奇在屋頂安排狙擊手，朝手無寸鐵的抗議者開火。數十人死亡。突然之間，馬納福的所有工作和努力都白費了。

整個國家突然對亞努科維奇的暴行感到憤怒，烏克蘭人再次推翻獨裁者。一夜之間，亞努科維奇逃離基輔，把包括裸體肖像和金麵包在內的大部分財物，都拋棄在豪宅裡，逕自飛往俄羅斯，聲稱自己沒有做錯任何事。俄羅斯官方媒體大肆宣傳，稱抗議者是美國的間諜，整個革命是中央情報局精心策劃的政變，而烏克蘭人和俄羅斯人實際上是一個民族。俄羅斯軍隊立即在烏克蘭南部搜捕，破壞該國穩定。莫斯科發起一場假「公投」，聲稱對克里米亞擁有主權，並開始武裝烏克蘭東部的分離主義代理人，竊取更多土地。

突然之間，多年來第一次，戰爭在歐洲的心臟地帶爆發。坦克再次橫掃歐洲平原，將歐洲大陸帶入自希特勒和墨索里尼時代後未曾有過的動盪。這是一場戰爭的開始，多年後，這場戰爭奪走了數十萬人的生命，讓世界走向核戰邊緣。這一切都歸咎於亞努科維奇為了保住權力而不擇手段，以及所有幫助他的人，尤其是那些美國人。

＊　＊　＊　＊

亞努科維奇並不是唯一因命運的突然變化而畏縮的人。隨著獨裁者逃亡，政權秘密陸續曝光，包括誰幫助他確保統治、得到多少錢。他的美國盟友也迅速反應，試圖與亞努科維奇保持距離。克雷格手忙腳亂地突然聲稱，他一年前煞費苦心所發表的《紐約時報》文章，其實「嚴重不準確」，而且世達在季莫申科的起訴中發現「明顯違法的行為」。克雷格表示，世達的報告「很大程度上同情」亞努科維奇的想法，顯然是個錯誤的。[39]

同時，我們也找不到任何有關馬納福在流血事件期間、亞努科維奇飛往俄羅斯期間的任何相關報導，多年來一直在亞努科維奇身旁耳語的「那個人」馬納福缺席了。

亞努科維奇當然不需要馬納福的批准就可以向手無寸鐵的抗議者開槍。但在獨裁者鎮壓前的幾個月裡，我們知道馬納福已從單純的「遊說人員」轉變為亞努科維奇的「重要顧問」，享有「隨時出入」的特權，只要他願意，可隨時與亞努科維奇會面，並提供建議。[40]建議包括選舉操作、地緣政治議題、亞努科維奇與莫斯科及華府的關係等等。最瞭解馬納福的人指出，建議還涉及如何驅散基輔抗議者，以及如何利用流血事件為亞努科維奇謀取利益。

二〇一六年，馬納福的女兒安德里亞（Andrea）和傑西卡（Jessica）傳了一系列簡訊，被一個「駭客行動主義團體」駭客入侵並公布，兩姐妹討論咖啡訂單、日常八卦，也提到她們父親缺乏道德，以及他對母親施虐。[41]正如其中一位所寫，他們的父親「沒有道德或法律準則」。[42]

這樣的描述並不令人驚訝。在數千條簡訊中，姊妹們開始談論烏克蘭的革命，以及父親扮演的角色。

「你知道他在烏克蘭殺了人嗎？」二〇一五年三月，安德里亞給妹妹發的簡訊中說：「這是故意的。」

傑西卡難以置信：「什麼？」姊姊繼續說。「還記得那些死亡事件是什麼時候發生的嗎？大約一年前，暴動什麼的。你知道這是誰的計策讓那些人被屠殺嗎？」[43]

據馬納福的女兒說，只有一個人必須對此事負最終責任，那人絕對不是亞努科維奇，是在亞努科維奇耳邊竊竊私語，引導政權、國家和歐洲走向災難的美國人。

也就是他們的父親馬納福。

安德里亞最後說：「別欺騙自己了，我們賺的是沾滿鮮血的黑心錢！」

第十二章　非營利組織

從小偷那裡偷東西，上帝笑了。

——馬龍．詹姆斯（Marlon James）1

二〇一〇年代初，外國遊說網絡不斷擴大，美國在壓力下陷入困境。馬納福在烏克蘭的活動深具規模，後來的調查透露出更多細節，他並非單獨行動，美國各大律師事務所、共和黨和民主黨的遊說人員、前美國官員、政治顧問和競選經理，都牽涉其中，一起協助首位兩度被趕下台的烏克蘭寡頭統治者洗白聲譽。可見華府的外國遊說網絡已發展得多麼廣泛、多麼跨越黨派。

然而，無論馬納福的網路再如何廣泛，也仍未涵蓋外國遊說產業的全部內容。到了二〇一〇年代初期，有更多行業開始加入外國代理人行列，協助外國暴君影響美國政策。

有趣的是，這些新加入的行業有些不同，他們聲稱致力改善社會、提供機會、促進團結。從表面上看，這個行業根本算不上是「行業」，它也號稱不以盈利為目的。

當亞努科維奇匆匆逃離烏克蘭時，「非營利組織」盡可能在極少的監管和審查下，漸漸發展成為獨裁者遊說美國官員的跳板。過去非營利組織以慈善捐款為主要資金來源，但現在則充當洗白名聲、拉攏立法者、獨裁者直通華府的白手套。

二十世紀中葉，進行稅收監管改革，提供慈善事業團體發展機會，導致非營利組織大量出現。[2]由於這些組織通常以基金會形式成立，不以營利為目的，因此獲得免稅資格，捐款大筆流入，捐贈項目包括對抗癌症、解決流浪漢問題、支持憲法第一或第二修正案等，相關捐贈都可列為免稅項目。

即使在稅率下降和財富不平等加劇的情況下，億萬富翁也可以利用捐款化身「慈善家」，為自己喜歡的事業挹注資金，聲稱自己是無私的捐助者，進行節稅、躲避納稅義務。透過這樣做，可以轉移財富、重塑聲譽。與洛克斐勒家族幾十年前的經歷類似，美國億萬富翁開始在藝術教育、醫學研究、公民振興等領域大量捐贈，提升公眾形象。企業也開始仿效，建立自己的慈善機構，並試圖掩蓋環保或勞權的不當行為。

在美國，最引人注目的大規模捐贈，通常是用來轉移人們對企業犯罪的注意力，這種行為被稱為「捐助漂白」（donor-washing）。薩克勒家族（Sackler family）經營的普渡製藥公司（Purdue Pharma company）對美國鴉片類藥物致死人數的激增負有責任，多年來他們透過一系列對非營利組織的策略性捐贈，削弱外界批評，並將批評者的注意力轉移到慈善事業上。二〇一八年出版了一本批評億萬富翁慈善事業的捐贈用途，作者阿南德·吉里達拉達斯（Anand Giridharadas）表示：「薩克勒家族與普渡製藥公司在美洲大陸上製造人類災難，並利用策略性慈善事業洗滌罪惡。」[3]

薩克勒家族並不是唯一的例子，因為大規模捐贈是一種簡單且受到歡迎的洗白名聲機制。非營利組織往往很少徹底調查資金來源，或意識到自己正幫捐助者躲避批評或逃避繳稅。

二十一世紀初，非營利組織的總收入激增，每年已達到數百億美元。億萬富翁除了聘請非營利組織和捐贈顧問團隊，也普遍雇用律師和稅務顧問團隊，企業也依次跟進。

美國已有近二百萬個非營利團體，其中一些成為外國遊說的絕佳模式，而且它們都與美國總統密切相關。

* * * * *

「柯林頓基金會」於二〇〇一年成立，顯示出柯林頓總統的退休模式很不一樣。以往的總統，從喬治·華盛頓到德懷特·艾森豪（Dwight Eisenhower），再到喬治·布希，通常卸任即隱退。而以比爾·柯林頓和希拉蕊·柯林頓命名的「柯林頓基金會」，卻讓柯林頓夫婦在公眾視野和政治舞台上持續占有一席之地。柯林頓基金會宣稱融合了模糊的中間路線與企業化概念。柯林頓表示，他「建立柯林頓基金會的信念很簡單：每個人都應該有成功的機會，每個人都有責任採取行動，當我們共同努力時，我們都會做得更好。」[4]近四分之一世紀過去了，基金會仍充斥著陳腔濫調，年度報告聲稱該組織的重點是「以人為本」、「擴展機會」和「攜手行動」。[5]

當然，很少人會反對這種泛用性的目標。但值得注意的是，該組織在世界各地積極展運作，從擴大醫療服務範圍，到幫助小農。二十年間得到數十億美元捐款，柯林頓基金會已成為金融巨頭，也是全球最著名的非營利組織。

但同時，一種清晰的「模式」出現了。捐款的多寡與該組織的成就或目標並無直接關係。相反，捐款顯然與柯林頓夫婦和白宮的距離密切相關。也就是說，每當希拉蕊走近白宮時，柯林頓基金會的捐款就會激增，每當她的總統之路消失時，柯林頓基金會的捐款就會急劇下降。

二〇〇〇年代末，在參議員歐巴馬橫掃初選、獲得提名之前，希拉蕊被認為會是民主黨候選人，柯林頓基金會每年收入近一億五千萬美元，某些時候甚至達到一億八千四百一十萬美元。幾年後，基金會的捐款金額銳減了七十％以上，捐款總額僅剩五千一百五十萬美元。但不久後，希拉蕊再次宣布競選總統，柯林頓基金會的捐款也再次飆升，二〇一五年飆升至一億七千二百六十萬美元。然後，川普讓大家跌破眼鏡當選總統，柯林頓基金會的捐款金額再次暴跌。[6]

如今，隨著希拉蕊入主白宮的機會渺茫，柯林頓基金會的捐款和禮物已變成涓涓細流。二〇二一年，金額降至一千六百萬美元，比以前足足減少了八十％。[7]

令人困惑的是，從基金會實際的成就，並不足以解釋巨大的捐款波動，因為期間並無內部醜聞，也沒有領導層更替。柯林頓基金會波動的捐贈率幾近怪異。一般，非營利組織更傾向於穩定、可預測的成長，而非像遊隼捕獵般忽高忽低。

柯林頓基金會可能確實致力於「以更快、更好、以更低的成本解決問題」，但許多捐助者，尤其是外國政權，顯然對此不感興趣。另外，捐款模式出現陡峭的攀升和迅速的下降，都取決於希拉蕊進軍總統的可能性，這便點出了一個問題：「捐助者究竟是對一位前總統的慈善工作感興趣，還是對巴結一位未來的總統感興趣？」[8]

不幸的是，基金會最大捐助者的身分揭示了一個明確且令人沮喪的答案。正如反腐敗專家莎拉．查耶斯（Sarah Chayes）所說，柯林頓基金會並沒有成為致力於「以人為本」的機構，而是成為了「兜售國際影響力的掩護者」。[9]

＊　＊　＊　＊

柯林頓基金會並沒有將捐款限於民主盟國，也沒有拒絕與地球最令人厭惡的政權捐款，而是一次又一次歡迎各種盜賊統治者的財富。像馬納福欣然接受的那種「沾滿鮮血的黑心錢」，經常透過柯林頓基金會運作，打開了無數大門。

柯林頓基金會的巨額捐助者，就像是世界上最應受譴責的政權名冊。包括以禁止女性駕駛、將異議記者分屍殺害等事蹟聞名的沙烏地阿拉伯政府，就向柯林頓基金會提供一千萬至二千五百萬美元。一位與沙烏地政界關係密切的商人，以及一個名為「沙烏地阿拉伯之友」的組織，也分別捐贈五百萬至一千萬美元；科威特獨裁政權也捐贈了同等數額的資金。阿拉伯聯合大公國前獨裁者出身的扎耶德家族（Zayed family），額外捐贈一百至五百萬美元，其中一百至五百萬美元直接來自阿拉伯聯合大公國政府。卡達和阿曼的獨裁政權捐贈數百萬美元，阿爾及利亞的殘暴政權也捐款。[10]

這還不是全部。多個寡頭作為相關政府的代理人，向柯林頓基金會提供了數以百萬計的資金。前一章提到的平丘克單獨向柯林頓基金會捐贈了一千萬至二千五百萬美元。聲名狼藉的哈薩克寡頭凱內斯·拉基舍夫（Kenes Rakishev）也捐贈大量資金。由被視為普丁核心圈一員的俄羅斯寡頭維克托·維克塞爾伯格（Viktor Vekselberg）監管的一家公司也捐款；幾年後，維克托·維克塞爾伯格因援助克里姆林宮而受到美國的直接制裁。奈及利亞億萬富翁吉爾伯特·查古里（Gilbert Chagoury）曾因洗錢被定罪，但也提供了一百萬至五百萬美元的資金。[11] 幾年後，查古里被美國司法部指控試圖非法資助美國選舉。[12]

外國獨裁政權和寡頭一次又 次向柯林頓基金會挹注數千萬美元。不幸的是，基金會從未透露上述人物和政權捐贈的總金額，而僅是提供一個捐款範圍，這也是平丘克的捐贈金額為何會落在一千萬美元到二千五百萬美元「之間」。然而，把這些數字加總起來，柯林頓基金會很可能在短短幾年內就接受獨裁者和寡頭接超過一億美元資金。這一切都明顯與希拉蕊·柯林頓可能成為總統相關。[13]

值得一提的是，柯林頓基金會公開表對外國捐款的擔憂。二〇〇九年歐巴馬任命希拉蕊為國務卿後，基金會宣布暫停接受外國政府的捐款。但即使如此，還是留下了一個寬鬆的漏洞，而外國政權們很樂於鑽這個漏洞。《慈善新聞文摘》（*Philanthropy News Digest*）寫道，儘管「柯林頓基金會同意不接受來自外國政府的捐款，但它仍接受了與外國政府有聯繫的私人捐助者高達數百萬美元的捐款」。這些捐款「未經國務院審查，違反柯林頓夫婦與歐巴馬政府之間的協議」。儘管有所謂的禁令，但來自「與外國政府有聯繫的個人、基金會和公司」的數千萬美元仍然湧入柯林頓基金會。[14]

每當希拉蕊入主白宮機會出現時，捐款就會激增；與獨裁者和寡頭相關的資金明顯未被關注。希拉蕊擔任國務卿期間，基金會所鑽的漏洞愈來愈明顯。從二〇〇〇年代末到二〇一〇年代中期，柯林頓基金會或許成為外國政權、寡頭和暴君試圖接觸和影響候任總統的最簡單途徑，同時還可在過程中洗白自己的聲譽。

反腐敗監察機構政府監督計畫的總法律顧問斯科特．艾米（Scott Amey）表示：「多年來，柯林頓基金會引發了道德上的擔憂，並模糊了基金會、私人機構和國務院之間的界限。當希拉蕊擔任高級官員和總統候選人時，資金大量湧入基金會。基金會的捐贈者獲得國務卿的『特殊接觸』，這並不令人驚訝，而希拉蕊在二〇一六年選舉失敗後，基金會的資金收入下降也並不意外，看起來他們是在討好未來將成為總統的人。」[15]

查耶斯寫道：「柯林頓基金會自豪地將商業、引人注目的人道主義、形象提升和個人致富融為一體，並以不堪入目的財務和人事運作而聞名。」「在捐助者和受益者中，腐敗和濫用職權的發展中國家政客與西方企業高管正在尋求甜心交易，兩個集團的成員都希望討好柯林頓家族。」查耶斯總結道，柯林頓基金會是「美國版由腐敗統治家族經營的『慈善機構』，相似於從宏都拉斯、烏茲別克的腐敗統治家族。」16

儘管與其他獨裁者的「慈善機構」有相似之處，柯林頓基金會依然處於一種獨特的地位，成為外國勢力獲得美國權力最高層關係的獨特實驗。沒有哪個美國非營利組織可與柯林頓基金會相提並論，歐巴馬基金會的捐助者中就沒有任何外國政權或外國寡頭。

但到了二〇一〇年代初期，除了柯林頓基金會之外，還有有一個外國政權直接操縱美國的非營利組織，並導致了美國國會有史以來最嚴重的外國遊說醜聞。

* * * * *

二〇一三年五月，當亞努科維奇政權出現裂痕、柯林頓基金會從獨裁者吸走數千萬美元時，我正站在休士頓新開的「亞塞拜然之家」廚房裡。這個位於小平房內的中心，致力於向美國人介紹亞塞拜然的歷史、文化和影響。亞塞拜然是前俄羅斯殖民地，位於高加索地區，緊鄰俄羅斯、伊朗和裏海。毫不奇怪，眾議院沒有討論亞塞拜然長達數十年的獨裁統治，也沒有討論該政權監禁記者、LGBTQ活動人士或少數民族，而是將這個國家描繪成一片繁榮與富裕的土地，並以龐大天然氣儲量支撐國家運作。17

我來這裡，是以記者的身分向休斯頓觀眾介紹這個中心的文化活動，包括製作傳統亞塞拜然菜餚的課程，當時該中心的經營者是一位黑髮中年婦女。

主人端著亞塞拜然餃子到我身邊，當餃子的蒸氣盤旋到天花板時，她說，幾週後亞塞拜然將迎接歷年最大規模的國會代表團到訪，也是高加索地區有史以來規模最大的一次。近十幾名美國眾議院議員將前往亞塞拜然會見該國總統，瞭解這個年輕國家所取得的所有民主進步。

當我把餃子放進嘴裡時，主人問我是否願意去亞塞拜然旅行？錢不是問題，所有的費用都由他們支付，包括旅行、住宿和餐飲費用。我可以隨心所欲地寫下旅行的內容，尤其是我在亞塞拜然看到的所有奇觀。這樣不是很好嗎？

我伸手去拿另一個餃子。邀請我的主人又加了一條附加條件，他們很樂意承擔我所有的旅行費用，「只要你不寫關於我們國家的負面文章。」她說，有些人只想寫亞塞拜然的「壞事」，例如，該國長達數十年的高壓獨裁統治、幾乎所有批評者都被壓制和監禁、針對性少數群體和少數族裔的暴力行為。當然，如果她和她的同事為我支付所有費用，我不批評這個國家才公平，對吧？

我的眼睛睜得更大了，吃一半的餃子突然卡在喉嚨裡了。這是一種低調的交換條件：如果我接受這個提議，參加該地區有史以來最大規模的國會出訪活動，唯一的要求是正面宣傳亞塞拜然的專制政權。無論如何，沒有人會發現這項安排。那會有什麼問題呢？

我低下頭，咕噥了幾句感謝這個提議，但堅持說我必須拒絕。我立刻又吞了一個餃子，抓起包包就往門口走去。[18]

＊　＊　＊　＊

二〇一三年，美國國會代表團抵達亞塞拜然首都巴庫，展現驚人的跨黨派組合。包括強硬保守派，例如俄克拉荷馬州代表（後來成為川普任命的官員）吉姆．布里登斯汀（Jim Bridenstine），也有中間偏左的決策者，例如紐約州代表伊維特．克拉克（Yvette Clarke）。總而言之，這是該地區有史以來最大的「美國政治明星集結」。[19]所有官員都在那裡瞭解亞塞拜然的能源供應、亞塞拜然所謂的民主進程。

但後來國會對這次旅行的調查表明，美國官員似乎對豐盛的晚餐、奢侈的禮物和持續到深夜的派對更感興趣。他們並未深入瞭解亞塞拜然長達數十年的獨裁統治、如何建立世界上最徹底的盜賊政權、亞塞拜然的專制總統被反貪腐組織評為「年度最貪腐人物」，[20]美國官員收到他們的官方薪資難以負擔的禮物。[21]美國官員沒有要求與被監禁的記者和反對派成員會面，而是享受了價值數千美元的水晶茶具、絲巾、珠寶和地毯。[22]他們甚至收到了描述統治政權奇蹟和輝煌的ＤＶＤ。[23]更糟糕的是，美國官員們並沒有公開批評亞塞拜然政府殘暴對待少數民族，尤其是對亞美尼亞人，而是公開稱讚亞塞拜然是值得支持的穩定、堅定美國夥伴。[24]

當然，這在某種程度上是正常的。二〇一三年的並不是第一個訪問獨裁政權的國會代表團，也不是第一次出現國會代表團對可憐政權過少批評的情況。然而，有一個關鍵的區別，多數國會代表團是由美國納稅人或官方政府資助，但這次亞塞拜然之旅的資金卻來自兩個美國非營利組織，在後來的調查發現，這兩個組織只不過是亞塞拜然政權的白手套。

在國會代表團出發之前，一位名叫凱末爾．奧克蘇茲（Kemal Oksuz）的美國公民在休士頓註冊了兩個非營利組織，其中一個名字相當特別：「美國和歐亞土耳其藍委員會」（The Turquoise Council of Americans and Eurasians），他開設兩個相關銀行帳戶。亞塞拜然國家天然氣公司是該政權的主要非法財源，隨後將近百萬美元現金注入新非營利組織的銀行帳戶。從那時起，奧克蘇茲就代表非營利組織聯繫國會辦公室，提出資助前往亞塞拜然的旅行，這一切都是為了改善美國與亞塞拜然的關係，但他從未透露非營利組織的財源是直接來自該政權本身。[25]

利用美國非營利組織作為掩護來隱藏與政權相關的財富不應該那麼容易。為了接受第三方組織的旅行資金時，國會議員必須先向眾議院道德委員會提出批准申請，委員會有權拒絕請求。然而，該委員會只能強制提供某些財務資訊，無法追蹤來自美國境外的資金，或任何「受憲法保護免遭自證其罪」的資金。[26]在本質上，眾議院道德委員會只能依賴旅行贊助者的善意揭露，然後抱持著一個單純的信念，即資助旅行的人永遠不會向國會官員撒謊，說他們誰可能在秘密資助這些中介人。

奧克蘇茲和美國非營利組織告訴眾議院道德委員會，他們是這次亞塞拜然之行的「唯一贊助者」，「無論是直接或間接」，他們都沒有「任何其他來源的資金。」[27]他們沒有透露亞塞拜然天然氣公司提供數十萬美元，也沒有透露亞塞拜然的腐敗政權是組織和資助這次旅行的主角，更沒有透露這次旅行的全部目的是利用非營利組織來洗白亞塞拜然的獨裁者。

沒有證據顯示眾議院道德委員會對此進行了深入的調查。委員會很快就簽了表格，並批准這次旅行。競選法律中心的政策主管梅雷迪思·麥吉希（Meredith McGehee）後來告訴我：「這不是一個簡單的『哎呀』就能說得過去的錯誤，這是需要大量努力才能實現的計畫。」[28]

這並非非營利組織第一次參與國會旅行資助計畫。二〇一一年，親以色列遊說團的非營利組織「美國以色列公共事務委員會」（AIPAC），資助數十名美國議員訪問以色列。[29]在同年的另一次訪問中，立法者透過與多個遊說組織有密切聯繫的非營利組織，訪問了南非和波札那。[30]二〇〇九年，在一家由遊說人員擔任主席的非營利組織贊助下，美國官員訪問列支敦士登和德國，[31]這次旅行正如美國歷史上最聲名狼藉的遊說人員傑克·阿布拉莫夫（Jack Abramoff）告訴我的那樣：「利用非營利組織模糊國會旅行透明度的做法並不新鮮。」[32]

但二〇一三年的亞塞拜然這次旅行與眾不同。亞塞拜然取得了驚人的成功，不僅資金被隱瞞，美國立法者似乎非常樂意讚揚亞塞拜然，並在回國後推行親亞塞拜然的相關政策。許多眾議院議員立即開始為亞塞拜然的利益辯護，呼籲美國要與亞塞拜然獨裁政權建立更密切的聯繫。有些人甚至開始呼籲免除該國的某些制裁，為亞塞拜然政府及其天然氣公司鋪設更多非法財富的輸入管道。[33]在華府許多人眼中，亞塞拜然不再是黑手黨政權，而是突然成為值得支持和信賴的伙伴。亞塞拜然的專制統治者實在是賺到了。[34]

＊＊＊＊＊

然而，隨著時間推移，國會出訪亞塞拜然之行的細節，開始引發質疑。很快，「美國國會道德辦公室」（U.S.'s Office of Congressional Ethics）開始調查這次考察行程的資金來源。美國國會道德辦公室成立於二〇〇八年，是國會獨立、非黨派的道德監督機構，旨在關注道德缺陷議題，儘管他們通常只關心國內醜聞，但它對於這次訪問讓國會道德辦公室產生疑問。非營利組織從哪裡獲得大量的財富？是誰為航班、酒店和讚揚亞塞拜然獨裁者的DVD買單？為什麼由參加這次旅行的議員同僚組成的眾議院道德委員會，對此事沒有要求提供更多的資訊？

幾個月過去了，國會道德辦公室開始調查。它邀請奧克蘇茲和其他旅行組織者進行面談，要求他們提供財富來源的更多資訊。儘管國會道德辦公室無法強制提供證詞，但過度自信的證人還是出現了。他們無意間洩漏自己的財務秘密，直接指出亞塞拜然政權是最終的資助者。正如一位非營利組織代表的回答：「呃……老實說，看起來……好像是的。我的意思是，也許我們沒有直接接受它，但我們確實收了。我還能說什麼呢？」[35]

突然間，這次旅行背後的資金變得清晰，毫不奇怪的是，這些情報不是來自眾議院道德委員會，而是來自獨立的國會道德辦公室，道德委員會對這次旅行資金的秘密不感興趣。一位道德專家告訴我：「眾議院道德委員會通常像一隻小狗，而不是監督者。但國會道德辦公室才是監督的成功案例。」[36]儘管多名參加此次旅行的國會議員拒絕與國會道德辦公室會面，國會道德辦公室還是一點一滴，在一個又一個的目擊者的見證下，拼湊出更大的圖景。

然後，在開始調查兩個月後，眾議院道德委員會突然介入，要求國會道德辦公室停止調查，這樣的舉動也出人意料。[37]據推測，這是因為眾議院道德委員會也對此事啟動自己的調查。最令人震驚的是，眾議院道德委員會以前從未真正嘗試過這樣的舉動。

根據一些反腐敗團體連名發表的信函，這樣的舉動是「史無前例的」，並且將有效地允許眾議院道德委員會終止任何調查，且將為這種「異常命令」打開危險的先例。正如信中指出，眾議院道德委員會主席、賓夕法尼亞州眾議員查理．登特（Charlie Dent）親自收受奧克蘇茲數千美元款項，而奧克蘇茲正是登特委員會本應調查的對象。[38]此外，國會道德委員會中唯一參加旅行的成員克拉克（Clarke），甚至沒有遵循事先批准旅行的規定。

眾議院道德委員會毫無預警地將目光轉向國會道德辦公室，這個華府少數的道德成功案例。而國會道德辦公室幾乎沒有招架之力，因為國會內外沒有人會給予幫助。眾議院道德委員會扼殺了國會道德辦公室的調查，並有效地扼殺了國會道德辦公室調查的能力。一位道德專家告訴我：「外國政府試圖向美國國會撒謊並欺騙美國公眾。而眾議院道德委員會試圖違反國會規則，並掩蓋國會道德辦公室報告。」[39]

後來，眾議院道德委員會還真的免除了國會議員的不當行為。他們表示，他們對秘密資助感到「措手不及」，一名代表聲稱他對亞塞拜然的惡作劇感到「憤怒」。[40]此外，委員會未對奧克蘇茲或相關非營利組織採取任何具體措施，而是將調查轉交給司法部處理。此外，儘管反貪腐界提出要求，但它也明確拒絕公布國會道德辦公室的調查結果。[41]

厚顏無恥的外國遊說計畫未付出任何代價。美國不僅滿足亞塞拜然政權的能源和國家安全需求，即便二〇二二年亞塞拜然對鄰國民主國家亞美尼亞發動多次武裝襲擊，亞塞拜然政府依然持續資助未揭露的遊說行動。整個行動的主謀奧克蘇茲，也幾乎沒有遭到任何懲罰，他最終承認誤導國會調查人員，但從未因自己的罪行而入獄。[42]

同時，我們有充分的理由認為，此類利用美國非營利組織的計畫仍無聲無息地進行著。《今日美國》的一項調查發現，許多土耳其團體也循著類似做法，聲稱自己是非營利組織，暗中充當第三方的幌子，只為了粉飾土耳其政府的作為。其中一些親土耳其的非營利組織甚至未向美國政府註冊非營利組織的資格，他們認為自己永遠不會面臨任何處罰。[43]

不幸的是，由於眾議院道德委員會不願意調查此類資金來源，以及它對少數幾個有興趣調查的機構採取行動，非營利外國遊說詐騙行為的範圍當然無從知曉。一位道德專家告訴我：「我懷疑這種用於支付國會旅行中介費用的洗錢活動經常發生，令人不安。」[44]或正如另一位所說：「道德委員會允許成員隱藏在其所謂的批准程序後面，以便自己可以享受特殊利益集團支付的異國假期。」[45]

* * * * *

到了二〇一〇年代中期，因為漏洞存在、捐款隱匿的簡單性、立法者不願意調查同僚等因素，美國的非營利組織顯然已經與公關專家、律師事務所一樣，都成為美國「外國遊說複合體」的一部分。

但有一件事尚不清楚，就是馬納福的未來，甚至是他的行蹤。根據《政治》的報導，到二〇一五年，馬納福已成為「隱形人」。[46]他的前同事在電子郵件中甚至公開疑惑問道：「保羅．馬納福到底在哪裡？」[47]

據馬納福本人稱，亞努科維奇垮台後的一年他都在旅行。他在回憶錄中簡潔地寫道：「二〇一五年我在國外很忙」。[48]但大多數證據表明，馬納福其實回到了美國，刻意保持比以往更低調的態度。馬納福曾經在華府和國外扮演過成功的造王者，但他的角色及生活，似乎已支離破碎。

部分原因與他在烏克蘭和俄羅斯寡頭的合作有關。其中一位寡頭，普丁的盟友的奧列格．德里帕斯卡，曾涉嫌賄賂官員，並下令謀殺商業競爭對手、此時將目光轉向馬納福，聲稱這位美國人從一項失敗的投資中騙走了他數百萬美元。德里帕斯卡的律師在美國法庭上開始窺探馬納福的財務狀況。[49]

大約在同一時間，馬納福的家人得知他與一名年輕女子有染。這個消息讓馬納福的個人生活支離破碎。馬納福的女兒發簡訊說：「他有太多的黑暗過去，他不能公開離婚。」她直接指出馬納福在烏克蘭做過「法律上有問題」的支付行為。[50]除此之外，馬納福提供情婦了一套每月租金近一萬美元的曼哈頓公寓。[51]

亞努科維奇的垮台、德里帕斯卡的訴訟、突然爆發的婚外情，使得馬納福的家庭分崩離析，以上種種，似乎徹底擊垮了馬納福。馬納福的女兒在二〇一五年六月發簡訊提到，他「正處於嚴重的情緒崩潰之中，每天都在哭。」「我拒絕讓他毀掉我的生活。也不想聽到他的道歉，或告訴他實在是已經傷害我無數次。」52

在馬納福於共和黨高層中崛起幾十年後，在他第一次開始為軍閥、寡頭和獨裁者洗白幾十年後，他的影響力已然陷入困境。正當馬納福蜷縮在精神科診所裡，沒有客戶，又成為憤怒的俄羅斯寡頭的攻擊目標時，他的故事似乎已經走到了盡頭。

然而，在馬納福進入亞利桑那州精神病院一週後，一位來自紐約的房地產開發商走下金色自動扶梯，宣布他打算競選總統。這位開發商曾經是馬納福的客戶，發起了美國歷史上最奇特的競選；這位電視真人秀明星，承諾將永遠改變美國政治及外國遊說產業的面貌。

於是，馬納福有了一個主意。

第四部

叛亂

希望那些賣國賊永遠無法回到家園，願他們的骸骨被遺棄在大地上，孤獨且被遺忘！

——北軍士兵比倫・斯特朗（Byron Strong）路易斯安那，一八六五年四月[1]

第十三章 一桶黃金

這個國家不僅叛亂四起，也冒出了一堆統治者。

——拉爾夫．瓦爾多．愛默生（Ralph Waldo Emerson）[1]

多年後，美國經歷內戰後第一次非和平的政權交接時，所有人都清楚地看到了外國遊說威脅不斷上升而被忽視的跡象。隨著川普緊握權力，並將叛亂者派到華府對抗立法者時，外國代理人不受控制的擔憂成真。隨著川普成為第一位呼籲「終止」美國憲法的美國總統時，外國遊說法規、起訴和改革等議題已經到達白熱化。[2]

當然監管外國代理人的代價高昂，更嚴格的外國遊說規範可能可以阻止川普的崛起，或避免出現美國首位呼籲監禁政治對手、拒絕承認選舉失敗的美國總統。如果立法者和決策者在二〇一六年之前就更關注外國遊說所帶來的威脅，美國可能不會出現有史以來最不穩定、最具破壞性的總統，或許也可以避免出現首位尋求外國援助以獲得勝選的總統、避免出現歷經多次彈劾並試圖推翻民主選舉結果的總統。

但事實並非如此。因為到了二〇一六年，外國遊說幾乎不再是華府關注的焦點。

不過，也並非完全沒人關注這些話題。正如我們在前面幾章提到的，許多學者和記者針對這個主題，試圖描繪和解讀這些現象。到了二〇一〇年代初，其他調查人員和組織也加入了行列，他們意外發現外國遊說的範圍竟非常廣泛。

一個名為「政府監督計畫」的組織在一九八〇年代初成立，旨在防治金融詐欺和濫用行為，但二〇一四年時，他們決定聚焦在《外國代理人登記法》這個主題，並發布調查報告。報告中發現，《外國代理人登記法》的成效不彰，近一半已註冊的外國遊說公司並未按時繳交申報文件，也未遵守揭露與外國客戶聯繫的法律要求。[3]

政府監督計畫發現，《外國代理人登記法》多年來沒有進行審計工作，並指出「司法部未嚴格執行《外國代理人登記法》」，保存在司法部辦公室的記錄雜亂不堪。」[4]

同年，另一個致力於提高政府透明度的「陽光基金會」（Sunlight Foundation）發表報告，同樣指出《外國代理人登記法》所保存的案卷「品質極差」，研究人員必須「親自剪貼」申報文件，才能發現蛛絲馬跡。該組織也建議司法部改進《外國代理人登記法》系統，儘管他們多次嘗試聯繫相關官員，從未得到任何回應。顯然主管機關無心整頓《外國代理人登記法》的弊端。[5]

即使資訊如此之少，政府監督計畫和陽光基金會仍揭露了外國遊說者如何代表他們的獨裁者客戶操縱美國政策制定。政府監督計畫發現一個案例：李文斯頓集團努力確保批評埃及獨裁者穆巴拉克的國會決議永遠不會被公布。他們發現李文斯頓集團的報告是在《外國代理人登記法》要求的截止日期後才提交，這種違規行為自然不會受到懲罰。在另一個案件中，美國遊說者保護利比亞暴君穆阿邁爾．格達費，使其免於向遭謀殺者的家人支付賠償金。正如政府監督計畫總結的那樣，這些外國代理人每年都會資助「數百萬美元的政治捐款」給他們所遊說的國會官員。[6]

公民社會似乎終於意識到外國遊說和外國影響網絡不斷擴大的現實。前面提到的其他學術和新聞調查結果，引起美國官員注意，特別是那些負責監督《外國代理人登記法》的官員。

而出人意料的是，當這些團體開始公開批評美國遊說執法不力後，聯邦政府就展開自己的研究，這是冷戰結束後，美國官員首次對外國遊說法規進行檢討。

該報告由司法部督察總署（Justice's Office of the Inspector General）於二〇一六年九月發布，內容支持「《外國代理人登記法》徹底失敗」的論點。儘管《外國代理人登記法》規定遊說者必須「備案」，但外國代理人和外國獨裁者卻視若無睹。而且近三分之二的申請早已逾期，延遲天數「從四天到二百五十一天不等」，且幾乎未受到任何處罰，甚至「在歷史上，幾乎沒有發生過因違反《外國代理人登記法》而遭到起訴的案例。」[7]

在資訊數位化後，在《外國代理人登記法》資料庫有少量文件可供線上查閱。只要登入

《外國代理人登記法》網站，任何人都可以瀏覽印度遊說活動、白俄羅斯影響力活動、墨西哥資助公關出版物文件等資料。[8]督察總署的報告也指出，負責監督《外國代理人登記法》的人員數量幾乎被削減一半，而且逐年縮減。即使監管機構確實發現了一些錯誤或漏報，也無法強制要求外國代理人提供記錄或證詞。

由於資源匱乏、解決手段不足，《外國代理人登記法》的執行成效每況愈下，導致美國人對外國代理人一無所知，也不清楚外國代理人對美國政策的影響有多大。[9]

當然，對於外國代理人的工作不透明，無疑是天賜禮物。他們可以在華府橫行、尋找獨裁者客戶，對於收入動輒數十億美元的外國代理人來說，這個尋找的過程就是像是「在傳說中的彩虹盡頭發現一桶黃金，而原本埋藏黃金的妖精卻化身變成了獨裁者」。[10]

隨著二〇一〇年代中期的這些新報告的出現，改革終於露出了一線曙光，人們更加關注外國遊說、《外國代理人登記法》，美國政策與民主終於出現轉機了。

當一個浪子回到華府參與最後一個政治項目，並讓一位總統上台後，一切都將不再一樣。

* * * * *

在二〇一六年之前，馬納福和川普已認識幾十年。初識時，馬納福還專注於與國內客戶合作。期間兩人幾乎沒有聯繫，不過他們同時將目光轉向國外——馬納福在他的大樓裡拉攏海外獨裁客戶，而川普則在他的大樓裡討好來自亞塞拜然和哈薩克的盜賊統治者暨投資者，甚至還吸引了馬來西亞、多明尼加共和國等地的腐敗商人。

儘管如此，這並不意味著兩人在這幾十年間完全沒有交集。馬納福的長期合作夥伴羅傑．史東曾與川普共事多年，在川普偶爾涉足政治時擔任非正式顧問。無獨有偶，二〇〇六年，馬納福在紐約川普大樓的四十三樓置產，總計花費三百七十萬美元，這裡可將曼哈頓西區的美景盡收眼底，[11]而且馬納福還透過一家空殼公司隱藏了這筆交易。[12]此外，海地獨裁者、多個俄羅斯組織型犯罪頭目，也共享川普這座房地產帝國。[13]有時候，馬納福還會在電梯附近撞見川普，兩人話題從房地產到地緣政治無所不談。

到了二〇一〇年代中期，他們的道路與命運明顯出現分歧。在馬納福的世界崩塌時，川普把經濟民粹主義與種族主義陰謀論結合起來，在二〇一六年共和黨總統初選中取得進展。馬納福躲在亞利桑那州的一家診所裡，目睹川普在前所未有的總統初選中橫衝直撞。川普剛競選時搖搖欲墜、雜亂無章，一路講了一些奇異信仰和驚人的謊言，最終選上總統，並樹立群眾對他的個人崇拜。

二〇一六年初，這場搖搖欲墜的競選活動差一點崩潰。二月，川普在愛荷華州黨團會議上僅獲得第二名。川普抱怨他的選票被偷走，但他忽略了一個事實，即他的對手參議員泰德．克魯茲（Ted Cruz）透過更有效率的組織運作勝過他，如果川普再不作出任何改變，克魯茲將繼續贏得選舉。

當川普繼續抱怨克魯茲所謂的偷竊選票時，馬納福趕緊聯繫了一位老朋友湯姆．巴拉克

（Tom Barrack），他是體態輕盈的禿頭億萬富翁，多年前在私募股權市場上積累財富。馬納福認識巴拉克已有幾十年，他知道巴拉克在幕後為川普提供經濟和外交政策建議，而且他可能會在川普耳邊低聲討論辦理競選活動的最佳人選。

二〇一六年二月，馬納福前往比佛利山莊，與巴拉克一起喝咖啡，並大談闊論。[14] 馬納福深知巴拉克擔任川普的顧問，深切瞭解川普的初選競選活動正面臨崩塌的風險。馬巴兩人很快就敲定一項安排，如果馬納福能起草一份戰略備忘錄，巴拉克就會把它放在川普面前，並盡所能地讓馬納福加入競選團隊。

馬納福很爽快地就答應這個安排。馬納福在一封簡短的三頁信中，概述了他的計畫。備忘錄的大部分內容直截了當，近乎空洞。馬納福寫道：「我可以運用我的專業能力和競選經驗，全力投入川普團隊的全國競選活動。」[15] 值得注意的是，馬納福在備忘錄中指出「自從我在一九九八年註銷遊說人員身分以來，就不再是華府的一員了」，這一說法就輕輕帶過他已不是外國代理人。[16] 而且，他也在備忘錄提及他不需要任何報酬。[17]

巴拉克立即將備忘錄送給川普，並在推薦信中將馬納福描述為「經驗豐富且足智多謀的管理者」，可充當川普的「殺手鐧」。[18] 史東也極力推薦馬納福，告訴川普必須盡速「讓馬納福加入，他對選務聊若指掌」。[19]

川普很快就答應了。他在川普大樓會見馬納福。川普還問馬納福，為什麼他不需要任何報酬。馬納福表示如果他拒絕收受川普任何的報酬，他「會更加尊重我，把我當作自己人。我需要成為核心成員，而不是競選團隊的一員。」這個答案顯然讓川普安心了，川普接著表示「我想，如果你能負擔得起這棟大樓的一個地方，那你就不需要我的錢了。」[20]

雖然馬納福從未公開比較川普和亞努科維奇，但他不可能忽視兩人之間的相似之處，舉凡細條紋西裝和華而不實的品味，粗俗的政治和凌亂的競選活動，盜賊統治者的陰謀和對獨裁的偏好，兩人的相似之處顯而易見，就只差讓川普像亞努科維奇一樣，讓馬納福加入團隊，由馬納福幫助他登上權力的巔峰。

馬納福的電話終於響了，川普在電話的另一頭說：「我們需要你，我們需要你的協助。你什麼時候能夠開始？」[21]

＊　＊　＊　＊　＊

關於二〇一六年美國總統競選的討論早已不勝枚舉，這是美國歷史上最離奇和出人意料的選舉，也是這個國家有史以來最離奇、最出乎意料的總統任期。

我們還是值得再次回顧馬納福在川普獲勝中所扮演的角色，無論是在黨內初選，還是在總統大選。有必要回顧外國遊說世界如何與川普競選、川普執政，乃至川普卸任後的影響交織在一起，並思考這一切將如何影響外國遊說產業的未來發展。

二〇一六年三月，馬納福加入川普競選團隊後，就立即展開行動。首先，馬納福拉攏那些對川普當選仍持保留態度的共和黨人脈，儘管距離共和黨全國代表大會只剩幾個月的時間，他仍盡全力確保川普會獲得提名。

馬納福加入後，競選事務蒸蒸日上，他成為「競選團隊先前所欠缺的資深政治人物」。[22]馬納福鞏固自己在團隊中的地位後，馬上引導競選團隊向七月的共和黨全國代表大會邁進，一路穩步爭取代表票。川普的競選活動開始似乎真的有勝算了。

一路走來，馬納福幫助川普精煉他的競選訊息，強化他的分裂式言論，這些都是推動川普入主白宮的關鍵。與亞努科維奇類似，川普開始強調文化上的不滿，特別是懷念昔日的美好時光，這更能引起共鳴。川普也如同亞努科維奇一般，開始公開呼籲監禁他的政治對手。更令人矚目的是，川普的言論與俄羅斯的立場驚人地相似，舉凡支持俄羅斯在克里米亞的行動或是支持普丁，都透露出一種含蓄但明顯的親俄傾向。

正如馬納福當年為亞努科維奇所做的那樣，他對這位候選人進行了改造，將川普塑造成比任何人預期中更具吸引力的形象。到了七月的共和黨全國代表大會上，這一切努力終於得到了回報。川普果然獲得提名，接過共和黨的旗幟，並誓言要讓美國再次「偉大」。

對馬納福來說，這是他的「光輝時刻」。[23]馬納福重返美國政治的中心，速度比他想像的快得多，也奇怪得多。距離亞努科維奇垮台已有兩年，重返政壇已有一年，馬納福再次處於共和黨軌道的中心，並再次以前所未有的方式幫助川普加冕。

當川普獲得共和黨提名時，早已獲得比傳統共和黨還多的盟友幫助，而這些盟友正是馬納福協助聯繫的。突然間，一股新勢力闖入美國大選的紛爭：一個由駭客和反美活動人士組成的聯盟，致力於散播關於川普對手最不光彩、最令人尷尬和最具破壞性的資訊。如果馬納福能夠幫助這些駭客及盟友傳播他們發掘的醜聞，那就更好了。

＊＊＊＊＊

俄羅斯駭客並非美國人，竊取民主黨和希拉蕊競選團隊內部資訊，幾乎不會受到起訴或任何形式的監禁，他們不只與其他俄羅斯人或維基解密（WikiLeaks）等組織合作，也獲得外部協助。儘管馬納福公開否認，但他顯然參與了部分駭客活動，同時策劃了川普競選團隊利用這些洩露的資訊來獲取政治利益。

馬納福先前對駭客攻擊的瞭解是透過羅傑・史東，這位後來因恐嚇證人和妨礙調查等罪名被判刑的陰謀家。正如馬納福的前副手里克・蓋茲後來的證詞中提到，在維基解密於二〇一六年七月公布第一批被盜的民主黨全國委員會電子郵件後，史東立即打電話給馬納福，告訴他：「有更多資訊隨後將被發布出來，」。據蓋茲稱，馬納福「認為那真的太好了」，並告訴蓋茲將「關注未來的資料釋出」，要與史東保持聯繫。馬納福「將向其他人通報競選活動的最新情況，包括川普。」[24]

此後不久，這些電子郵件嚴重打擊希拉蕊的競選，但卻還不足以讓川普成為最受歡迎的人。史東又聯繫了馬納福，說：「我有一個想法可以拯救川普。」他請馬納福打電話給他。[25]雖然史東和馬納福都沒有透露隨後通話的內容，但他們談話的主題並不難猜到。同一天，史東說他會見了維基解密創辦人朱利安．阿桑奇（Julian Assange），而他正是傳播被盜電子郵件的關鍵人物。一天後，史東公開預測維基解密將發布「毀滅性」的消息，當時又有一批被洩露的電子郵件成為新聞頭條，進一步打擊希拉蕊，並使川普離白宮更加接近。[26]

馬納福和史東否認知情、或與俄羅斯駭客和維基解密代理人有任何協調合作。但他們的否認幾乎沒有可信度，因為兩人最終都因欺詐和對調查人員公然撒謊等罪行遭到定罪，也有大量證據證明他們事先瞭解駭客行為。

此外，馬納福希望藉由川普競選活動，和總統任期中受益的潛在外國勢力直接合作。馬納福在整個競選期間與俄羅斯保持聯繫，且留下許多書面記錄。

＊＊＊＊＊

出生於一九七〇年的康斯坦丁．基利姆尼克（Konstantin Kilimnik），是一位身材矮小、性格陰鬱的俄羅斯人，他與馬納福相識多年。雖然基利姆尼克曾在美國資助的莫斯科國際共和研究所（International Republican Institute）工作過一段時間，但他與克里姆林宮及其代理人的聯繫要密切得多，也更加引人注目。他不僅承認自己在「俄羅斯間諜訓練場」學習英語，而且還為艾哈邁托夫和德里帕斯卡等寡頭工作，幫助他們擴大財富，並在烏克蘭等地鞏固親俄的利益。[27]

二〇〇〇年代中期，馬納福將基利姆尼克帶入他的烏克蘭團隊，基利姆尼克成為馬納福在親亞努科維奇競選期間最值得信賴的副手。即便在亞努科維奇下台後，馬納福仍與基利姆尼克保持聯繫，甚至在馬納福再次投入美國政治、開始主導川普競選活動之後，這段關係依舊持續。

在二〇一六年初被任命為川普競選團隊成員後，馬納福立即聯繫了當時在烏克蘭和俄羅斯之間往返的基利姆尼克。不過，馬納福的通信核心圍繞在一個問題上，即如何消除馬納福積欠德里帕斯卡的債務，德里帕斯卡當時仍在追查馬納福的資產。馬納福寫信給基利姆尼克並發送新聞剪報，宣布他在川普競選團隊中的新地位，「我們如何利用這個機會搞定一切？德里帕斯卡是否知情？」[28]

基利姆尼克做出積極回應，向馬納福保證德里帕斯卡知道他的新角色。當然，兩人可以透過某種方式利用馬納福的新職位讓德里帕斯卡高興。正如基利姆尼克所寫：「我們將恢復與德里帕斯卡最初的關係。」[29]

馬納福似乎在詢問如何利用他在川普競選中的新角色，來消除他對普丁關鍵盟友的債務，而這位盟友此時就是克里姆林宮的代理人。但還有一個更複雜的問題，基利姆尼克並不是一個簡單的中間人或傳遞者，他是馬納福的前雇員，也是一名「俄羅斯情報官員」，已經為莫斯科工作多年。[30]

二〇一六年五月初，他們重新取得聯繫後幾週，基利姆尼克與馬納福在紐約會面，一起參加他們在競選活動中的一次會議。馬納福「詳細介紹了川普贏得選舉的道路」，指出哪些州最為關鍵。[31]然後，馬納福傳遞了有關川普競選團隊的競選策略和民調數據。馬納福一頁一頁地詳述川普入主白宮的未來道路。作家羅布・瓦爾德克（Rob Waldeck）指出，馬納福「完全預期到基利姆尼克會將這一消息傳遞給」俄羅斯的聯繫人。[32]

回想起來，馬納福的舉動簡直就是一場醜聞。美國史上第一次，總統競選經理將內部競選資料和策略傳遞給外國情報機構。更令人擔憂的是，調查人員無法深入瞭解馬納福和基利姆尼克的談話，因為兩人使用了「複雜的通訊安全措施」，[33]包括「加密、一次性手機和『資料夾』，將電子郵件寫成草稿放入共享帳戶」。[34]而且馬納福和基利姆尼克之間的訊息被定期清除，其中一些訊息甚至是「每天都被刪除」。[35]這是間諜手段，而且這一切都完全超出了傳統競選經理的範圍。

馬納福從未費心解釋為什麼他會將最敏感的民調數據和競選策略交給俄羅斯情報人員。然而，二〇二一年，美國財政部卻為他回答了這個問題。基利姆尼克是一位「知名的俄羅斯特工」，一直代表克里姆林宮從事「實施影響力行動」，並「向俄羅斯情報部門提供有關民意調查和競選策略的敏感訊息」。[36]

事情還不僅於此，馬納福再次在美國接待了俄羅斯情報機構。[37]在紐約哈瓦那大廳舉行的一次黑暗、煙霧繚繞的會議中，《紐約時報》的吉姆・魯騰伯格（Jim Rutenberg）寫道：「這是一個完美的舞台，適合那些鬼鬼祟祟的人物策動秘密計畫而搭建的舞台」，這些人討論的內容遠遠超出了簡單的民意調查數據或競選言論。[38]當他們坐在天鵝絨窗簾和皮革襯裡的椅子旁，他們談論了烏克蘭的未來，這個他們曾經都工作過的國家，正在慢慢地走向全球地緣政治的中心。

正如基利姆尼克所闡述，一項新的「和平計畫」已經開始在莫斯科周圍流傳，該計畫可以為所謂的烏克蘭「問題」提供解決方案。[39]這個想法相對簡單。新計畫「將在烏克蘭東部建立一個半自治區」，該地區已經被親俄勢力摧毀。然後，亞努科維奇將「領導」烏克蘭這些新地區，再次「統一烏克蘭」。[40]這個計畫實際上將創建一個全新的政體，在烏克蘭東部頓巴斯地區建立一個俄羅斯支持的飛地，由亞努科維奇領導，隨後他將利用這一職位在基輔重新掌權。

儘管，亞努科維奇可能再一次在基輔掌權的想法是荒謬的，即便是拿破崙也沒有第三次復辟。但對於將這一切轉達給馬納福的基利姆尼克來說，只需前進一步就能實現這一目標。基利姆尼克後來告訴馬納福：「目前這個計畫只差川普稍微『眨眼』，或輕輕推一下，並說出：『他希望烏克蘭實現和平，並讓頓巴斯回歸烏克蘭。』」[41]馬納福同意這個計畫需要「川普的同意才能成功」。[42]

基利姆尼克預期每個人都會獲得勝利。亞努科維奇將結束流亡並重新掌權，克里姆林宮將再次派人到基輔。基利姆尼克說，川普將「在就職後幾個月內在烏克蘭實現和平」。[43]而馬納福則處於這一切的中心。一個穿梭於莫斯科、基輔和華府之間的人，縫合那個時代的地緣政治；一個跨越海洋、穿梭於權力殿堂，並在歐洲的心臟地帶恢復和平的造王者。

這個計畫幾乎註定不會成功，馬納福後來否認他支持這項計畫。鑑於他後來向調查人員和大陪審團撒了謊，就像他否認事先知道被駭的電子郵件內容一樣，他的否認並不可信。此外，馬納福再次與基利姆尼克聯繫，談論「和平計畫」。然後一次又一次，馬納福和基利姆尼克直接談論如何為烏克蘭帶來莫斯科支持的「和平」，以及川普可以做些什麼來實現這一目標。他們一致談論馬納福如何成為整個過程中的「特使」，以及他如何成為整個行動的核心人物。[44]

然而，在川普對這項計畫「眨眼示意」之前，烏克蘭記者在亞努科維奇的大量文件中偶然發現了一個他們認識的名字。正如這些文件所描述的那樣，這個人秘密地挪用了從烏克蘭人那裡掠奪的數百萬美元，揮霍奢華，並向烏克蘭和美國當局隱瞞了這一切。這個人現在正在領導著一場前所未有的美國總統競選活動。

* * * * *

二〇一六年八月十四日，在馬納福接待基利姆尼克，就烏克蘭「和平計畫」進行首次對話後不到兩週，《紐約時報》刊登了來自基輔的頭條新聞：烏克蘭的秘密帳本列出川普競選負責人的現金收款。[45]烏克蘭記者和研究人員在仔細研究亞努科維奇的記錄後發現了一個新文件夾，其中將馬納福列為從亞努科維奇獲得數百萬美元賬外付款的受惠者。

馬納福的名字在這本帳簿中出現了二十多次，帳簿詳細說明了這位遊說人員如何收到近一千三百萬美元的「未公開現金付款」。這份所謂的「黑帳本」揭示出，亞努科維奇如何為馬納福的遊說和諮詢工作提供資金，並利用隱藏的離岸網絡來完成。烏克蘭首屈一指的反貪腐研究人員謝爾蓋・列先科（Serhiy Leshchenko）表示：「這是從烏克蘭公民那裡偷來的錢，然後支付給馬納福，因為他與我們的前腐敗總統合作。」[46]馬納福擔任亞努科維奇的競選參謀，透過空殼公司和離岸網路，賺了數百萬美元，其中大部分分被他巧妙地隱匿，以規避烏克蘭和美國當局的監管。

這一爆炸性消息迅速在美國引起了轟動，儘管當時選舉活動中的事情繁多。馬納福還是迅速否認了這些指控，聲稱有關非法付款的說法「十分可笑」，是有人對他發起了「蓄意、有預謀的攻擊，顯示出高度的精密性」。[47]馬納福後來將這些洩密事件歸咎於金融家喬治・索羅斯（George Soros）等人。[48]但他的否認並未奏效。空殼公司、具體支付細節逐漸浮現，以及馬納福狡猾地不願直接回答。在這過程中，馬納福犯下了川普競選活動中的大忌：他搶走了候選人的風頭。

三天後，川普改組競選團隊領導層，將馬納福降職。兩天後，馬納福看到了不祥之兆，遞交了辭呈。[49]

一切都結束了。就在他開始重建自己的事業時，就在他開始探尋一條通往白宮的道路時，就在他開始策劃在烏克蘭重獲榮耀的方法時，就在他又回到了這一切的中心時，一切都再次崩潰了。

馬納福逐漸退出競選活動，讓川普獨自衝刺選戰最後階段。更多的電子郵件駭客攻擊接踵而至，圍繞著川普和希拉蕊的外交糾葛將會出現，隨著不可預見的變數層出不窮，許多美國人根本無法應對。但馬納福卻已不再置身其中。相反，他回到家，眼睜睜看著烏克蘭對他不利的案件慢慢推進，他發現無論是在烏克蘭還是在美國，要逃避任何潛在指控的最佳機會，關鍵都在川普取得勝利，無論可能性有多麼渺茫。

然後，那年十一月，川普獲勝。馬納福鬆了一口氣。因為，在他的想像中，隨著川普入主白宮，就不會有人突然關注外國遊說犯罪，也不會有人深究外國政權如何影響立法者，或外國代理人本身如何開始主導美國國內政治等議題。當然，隨著川普入主橢圓形辦公室，外國代理人勢必能在華府橫行無阻，擴大他們的手段與網絡，並吸納來自世界各地的客戶。馬納福可能會隨時解凍，甚至可能成為指導川普外交政策的「特使」。

對吧？

第十四章 財務黑洞

在人道主義的原則下，毀滅人類是行不通的。

——亞歷克西・德・托克維爾（Alexis de Tocqueville）1

二〇一六年總統大選前，我還是一名研究生，正專注於研究後蘇聯獨裁政權操縱美國觀眾的冷門課題。我坐在紐約哥倫比亞大學一個擁擠的房間裡，聆聽一場關於亞塞拜然對西方「重要性」的討論會。該討論會由三位講者組成，共同討論為什麼亞塞拜然應該成為美國能源供應國，而美國應該提供安全保障。此時亞塞拜然國營石油公司SOCAR才剛引發美國國會史上最大的外國遊說醜聞。

其中一位發言者是哥倫比亞大學的教職員，另一位發言者是SOCAR公司的代表。桌子中央坐著一位高大威嚴的女人，名叫布倫達・謝弗（Brenda Shaffer）。謝弗是喬治城大學教授，被公認是美國最著名的亞塞拜然問題專家，她最近在《紐約時報》[2]和《華盛頓郵報》[3]上發表了有關該國的評論文章，也在美國國會就該國的重要性作證。謝弗很快就加入大西洋理事會（Atlantic Council）智庫，成為該組織亞塞拜然事務的內部專家。[4]

那天哥倫比亞大學的觀眾還不知道，乃至她的編輯、國會議員也都不知道一個關鍵事實，謝弗還扮演著另一個角色。但自由歐洲電台／自由電台（Radio Free Europe/Radio Liberty）的記者發現，謝弗曾擔任亞塞拜然國營石油公司的「總裁顧問」，這間公司是亞塞拜然大部分非法財富的來源。[5]也就是說，當謝弗就美國與亞塞拜然關係撰寫文章、作證並提出建議時，當她熱情洋溢地談論該國的政權時，表面上看來是以中立、客觀的立場在討論亞塞拜然，然而她從未揭露自己與該獨裁政權及財政命脈之間的利益關係。

此事曝光後不久，《紐約時報》和《華盛頓郵報》罕見同時發布更正聲明，承認謝弗從未向他們揭露過與亞塞拜然政府的關係。正如《紐約時報》編輯所寫，謝弗簽署了一份合約，承諾如存在潛在利益衝突，需主動公開，然而她並未履行這項義務。據知，這是美國兩家最重要的報紙第一次必須同時針對同一個人進行更正。那天在哥倫比亞大學的會場，我決定向謝弗提問，直指這場爭議，以及她如何看待自己這項「歷史性的不光彩紀錄」。

我問：「謝弗教授，我想向您提一個問題。你的名字最近出現在新聞中。你是SOCAR總裁的『策略顧問』、『策略事務顧問』，但你在《紐約時報》上發表的專欄文章，並未揭露這一點，導致該報不得不更正您的文章。我想請問，您是否願意對此做出回應？此外，當您在國會作證時，議員們是否知曉您與SOCAR的關係？」

謝弗立刻皺起眉頭，盯著我的眼睛，轉移話題。她冷笑著說：「如果我現在問你，你妻子叫什麼名字？你在哪所學校上學？誰為你提供獎學金？你在哪裡工作？你如何支付餐費？你的膽固醇數值是多少？這些問題的答案都不會讓你感到羞愧吧？」

因此我又重複一遍我的問題，再次要求她正面回應。謝弗再次發作。她回答：「再說一遍，就像我說的，我不會問你的膽固醇數值、誰支付你的獎學金、你在這裡怎麼繳學費。」討論會主持人試圖插話：「我認為我們不需要……」謝弗打斷了他的話，專注於我的財務狀況，開始提高音量。「你在這裡的學費是誰付的？」[6]

最終，主持人終於讓討論會回到正題，試圖恢復正常討論。但儘管面對直接質疑，謝弗從未提及她在亞塞拜然天然氣公司中的角色，也沒有提及為什麼她沒有向編輯、美國立法者，甚至至那天在哥倫比亞大學的觀眾透露這層關係。直到今天，她從未直接談論過她為亞塞拜然的天然氣公司工作的秘密角色。[7]順帶一提，我至今仍然不知道我的膽固醇數值。

儘管如此，謝弗對她代表盜賊獨裁政權所做的工作這確實揭示了一件事。憑藉與喬治城大學和大西洋理事會的聯繫，使她成為一個典型案例，展現了美國大學和美國智庫如何成為此類未公開的外國遊說活動的「載體」，而這個領域幾乎從未受到關注，更談不上被嚴格審查，直到川普政府決定介入調查，才開始揭露這些領域內未被披露的外國資金究竟已經腐蝕到了何種程度。

＊＊＊＊＊

當然，有點諷刺的是，美國官員在很大程度上忽視了外國資金和外國遊說逐漸蔓延到大學和智庫領域，直到川普政府開始關注這兩個行業。對於那些正擔心川普曾經並且仍舊容易受到外國影響的人來說，無須擔心。在本書後續章節，我們會仔細研究外國政權操縱川普及其核心圈的所有方式，對美國決策機構發動前所未有的攻勢。

但無論多麼令人驚訝，就這件事來說，川普政府值得肯定。多年來，歷屆政府，美國官員忽視了大學和智庫逐漸成為外國影響力和外國遊說活動的中心。就像之前的律師事務所和公關諮詢公司一樣，大學和智庫提供專業知識，且與華府官員有深厚聯繫。但和非營利組織、基金會一樣，大學和智庫在涉及外國資助者時都缺乏透明度，往往只揭露他們願意公開的資訊，而這被揭露的資訊往往微不足道。與美國所有其他外國遊說管道一樣，大學和智庫數十年時間無視基本的外國遊說透明度要求，篤信不會有調查人員找上門，也沒有監管機構會檢查他們是否守法。

幾十年來，連記者也對美國大學和智庫如何轉變不感到興趣。各大媒體對此話題的調查數量光一隻手就能數出來，至少在二〇一六年之前是如此。

但這一切都將隨著川普政府的上台而改變。儘管圍繞川普本人的外國遊說調查一團亂，但他的政府正調查大學和智庫如何變成外國代理人，成為外國政權的助手，在相關利益議題上發揮特別的作用。諷刺的是，正因為美國史上最多外國遊說爭議的川普政府，美國人才能好好了解大學和智庫如何加入外國遊說活動，並且為獨裁政權打開大門。

＊　＊　＊　＊　＊

我們先來看看大學。從一九八六年頒布法律開始，所有美國大學每年都必須揭露兩次超過二十五萬美元的外國捐贈和合約。[8]與其他非營利組織一樣，接受此類外國財務禮物並沒有受到禁止。相反，就像《外國代理人登記法》中的外國遊說合約一樣，這些安排應該向美國官員詳細說明和揭露。聯邦政府所要求的只是一點點透明度。[9]

但幾十年來，沒有任何政府單位願意認真執行這些揭露要求、檢查大學的備案是否準確。與《外國代理人登記法》一樣，基本的透明度要求「經常被忽視」。[10]這些規定都寫在書本上，但沒有人看，實際上就毫無價值。

二〇一〇年代末，參議院常設調查小組委員會進行一項跨黨派調查，關注中國對美國高等教育的影響力，結果發現美國大學「經常」避免揭露與北京有關的資金來源。在接受中國教育部大量資助的美國高等教育機構中，絕大多數（近四分之三）「未能依要求進行報告」。這些價值數百萬美元的金流資訊實際上是一個「財務黑洞」。[11]中國的此類資助「可能附加損害學術自由的條件」，例如對中國天安門廣場屠殺或對西藏殖民統治等事件進行審查與壓制。[12]

二〇一〇年代末，美國政界對中國影響力運作的擔憂日益加劇，數字證實了這一點。然而，參議院的調查結果引發了第二波更廣泛的調查，揭露更多有關美國大學未公開的外國資金，以及中國並非孤例。在美國教育部的監督下，後續調查不僅發現中國的資助進一步擴大了多少，還發現了一個又一個的獨裁政權如何遵循類似的模式，資助一些美國著名大學，並將它們變成支持獨裁政權的遊說中心。在沒有受到媒體太多關注的情況下，川普政府無疑成為最成功的政府，它審視了北京及獨裁政權如何將美國大學轉變為接觸美國受眾的首選工具，並為他們開啟了無數大門。

調查人員對十幾所主要大學進行調查，發現這些機構「此前未報告的外國資金」高達六十五億美元。似乎美國每一所主要大學都隱藏資金流動、無視聯邦透明度法規。哈佛、耶魯、史丹福、喬治城，一所又一所主要的大學未能履行基本要求。教育部的報告發現，「美國最大、最富有、最先進的高等教育機構，透過各種相關中介，包括基金會、外國營運單位等，獲得了數十億美元資產」。所有這一切都是在大學「積極尋求和接受外國資金」的情況下進行的。[13]

耶魯大學沒有報告近四億美元的外國捐贈和合約，並承認他們連續多年未提交有關資金的報告。報告中寫道：「很難理解：耶魯大學怎麼可能不報告任何外國捐贈或合約」，特別是耶魯大學「擁有高資歷的管理人員，隨時可以接觸到最優秀的會計師和律師」。[14]哈佛大學「對外國捐款和合約的控制不足」，史丹福大學則將外國捐贈者匿名處理，導致調查人員無法追蹤來自中國的數千萬美元資金。同時，康乃爾大學竟無法解釋高達七億六千萬億美元的外國資金來源。如報告所述，康乃爾大學官員「選擇了『目瞪口呆』這個詞來解釋這一報告疏失，但沒有提供任何解釋。」[15]

雖然接受這些資金並不違法，但大學是象徵言論自由和進步價值的堡壘，卻忽視所有的報告要求，並在接受來自全球最可惡、最高壓政權的資金時，選擇忽略資金透明度的問題。

調查發現，接受來自世界各地盜賊統治者的「骯髒」資金，已成為學校的一種「習慣」。美國大學最受歡迎的外國融資來源不是開放的民主政府，而是波斯灣、莫斯科和北京等地方。正如美國官員所發現的那樣，來自獨裁政權的資金在二〇〇〇年代末和二〇一〇年代初「大幅增加」。但即使瞭解這些獨裁捐款的原始來源詳細資訊也很困難。正如報告的結論，「大學在大量漏報的同時，還匿名處理已揭露的大部分資金，這一切都是為了隱藏外國來源。」來自中國、沙烏地阿拉伯、俄羅斯、卡達等地的匿名捐款總額超過十億美元，而且這還只是接受調查的十幾所學校的金額。[16]

＊　＊　＊　＊

透過這些調查，我們瞭解與美國大學有關係的國外獨裁政權。例如，麻省理工學院與至少一所克里姆林宮控制的研究所建立聯繫，毫不猶豫與俄羅斯高官簽署合約。[17]受到制裁的俄羅斯寡頭維克托．維克塞爾伯格是普丁最親密的盟友之一，他將繼續擔任麻省理工學院董事會成員，直到二〇一九年，即克里姆林宮首次入侵烏克蘭數年後。[18]卡達將十四億美元的資金流入了不止一所美國大學，並在美國設立名為「卡達國際基金會」（Qatar Foundation

International）的非營利組織掩蓋資金來源。[19]

由於這些調查結果最近才發表，我們才剛開始瞭解巨額捐款對大學、研究人員、學生、美國政策的影響。但多虧教育部網站的新資料庫，公眾至少可以看到哪些大學、哪些校友，已向獨裁財富敞開大門。例如，波士頓大學和約翰霍普金斯大學接受阿拉伯聯合大公國獨裁政權數千萬美元；波特蘭州立大學和西維吉尼亞大學，從沙烏地阿拉伯獲得數百萬美元。烏干達、土耳其和越南政權，也向大學投入大量資金，對新合作夥伴撒錢。[20]

但人們很少關注新資料庫的內容，很少有人關注它揭示了大學是怎樣充當獨裁財富的收銀台。由於高等教育與政策制定領域重疊，卸任官員經常在學術界循環流動，美國大學正培育著下一代美國官員，難怪外國政權會對打開大學之門感興趣。

外國政權特別喜歡利用捐款來提高聲譽、平息批評。以卡達為例，兩所美國大學與卡達資助的組織合作，「該組織以壓制卡達反對聲浪聞名」。[21] 該組織也說服西北大學阻止一名出櫃的同性戀藝術家在校園內發表演講。參議院調查人員發現，中國利用資金「改變美國和全球對中國經濟與安全威脅的看法」，儘管北京殘酷對待西藏、威脅台灣、對穆斯林少數民族實施種族滅絕。正如一名學校官員告訴調查人員的，他們「絕不會希望學校舉辦有關西藏或台灣的活動。」[22]

大規模捐款給美國大學可達到粉飾政權和壓制批評的雙重效果。二〇一四年，在香港房地產業獲利數十億美元的美籍華人陳啟宗（Ronnie Chan）宣布向哈佛大學捐贈三億五千萬美元，這是哈佛大學成校近四百年收到的最大捐款。哈佛大學校長德魯．福斯特（Drew Faust）所說，這是「非凡的捐贈」，[23]另一位官員描述這筆捐贈具「特別意義」。[24]

這筆資金顯然未遵循哈佛大學收受捐款的傳統途徑。陳啟宗未一次性付清，而是利用麻薩諸塞州的非營利組織分幾年捐贈，以便在剩餘資金到位前，持續對哈佛官員保持影響力。[25]非營利組織的資金源自於一系列包含摩納哥在內的離岸公司，在這些公司與「天堂文件」（Paradise Papers）可發現其他離岸公司竟使用相同地址，可說是全球史上最大的離岸財富流動事件之一。[26]

因為捐款是採用離岸帳戶和分期付款，這份「非凡捐贈」的結構很奇特，我們也不知道哈佛大學是否對資金做了調查。哈佛大學在篩選捐款時仍很不透明，即使在接受像傑弗瑞．愛潑斯坦（Jeffrey Epstein）和生產鴉片類藥物的薩克勒家族等人物的數百萬美元捐款後，不透明問題依然存在。[27]

陳啟宗與北京官員的關係眾所周知，他依靠北京持續持有在香港的房地產，哈佛應對陳啟宗的捐款更謹慎。[28]熟悉陳啟宗的人士告訴我：「陳啟宗是中國共產黨死忠支持者，明顯靠著中國的協助做生意。」[29]陳啟宗對亞洲協會組織的管理可清晰呈現他與中國的關係。二〇一七年，該組織公開壓制香港著名民主活動人士黃之鋒（Joshua Wong），並禁止他在活動上發言。[30]雖然陳啟宗公開指責工作人員驅逐黃之鋒，但其實驅逐行動是由陳啟宗親自領導。[31]顯然，「將黃之鋒事件歸咎於工作人員的新聞稿，是由陳啟宗主使。」[32]

據熟悉陳啟宗的消息人士透露，陳啟宗進一步利用對哈佛大學的捐款來壓制哈佛官員、前美國官員、未來的美國官員。

一位不願透露姓名的人士告訴我，捐款宣布後，陳啟宗與當時負責哈佛大學甘迺迪學院的尼古拉斯·伯恩斯（Nicholas Burns）進行交談。伯恩斯公認是美國頂尖中國問題學者，他在二〇二三年時擔任美國駐北京大使。

據熟悉他們互動的人士透露，陳啟宗對伯恩斯的專業知識不感興趣，他只想利用用捐款接觸伯恩斯，並提供他亞洲協會團體的職位，但前提是伯恩斯必須停止批評北京。知情人士表示：「我非常震驚。陳啟宗走過去對伯恩斯說，如果伯恩斯批評北京，他就會要求亞洲協會解雇他。」[33]伯恩斯拒絕陳啟宗的提議，但他和陳啟宗都沒有針對這些問題做出回應。

透過這一筆捐款，我們也可以看出為什麼外國政權會向美國大學一次又一次捐款。通過離岸公司隱藏資金來源，獲得對大學的影響力，接觸決策者和學生，消除來自大學的批評，加上可能獲得專利研究和技術，使得像陳啟宗這樣的捐贈顯得不足為奇。美國監管機構失責，讓美國大學變成外國資金的理想目的地。這些資金範圍、規模、影響，以及它如何允許外國政權保持沉默、操控和遊說，必須等到數年後才能解密。[34]

* * * * *

謝弗和哈佛大學的例子顯示，成為外國遊說和權勢交易的「載體」不僅有美國學者和大學，另一個俗稱「智庫」的產業近年也成為獨裁資金顛覆美國政策的首選目標。

智庫名義上也是非營利組織，致力研究各種政策議題，包含住房政策、財富不均等國內事務，以及草擬外交政策、舉辦會議和活動、討論美國如何對哪些外國政府推行哪些政策。像大西洋理事會、外交關係協會這樣的智庫，不只專精外國政策，也關注美國外交政策。許多美國最大的智庫，包括布魯金斯研究院、美國進步中心等，也都設有專門研究機構。如果立法者不是外國政策專家，且時間和資源有限，就會將政策擬議工作外包給智庫，並依賴智庫提供最有效的建議。[35]

理論上，這是合理的安排，但智庫與大學、外國遊說機構不同，智庫從未被要求揭露外國資金來源。智庫與美國外交政策制定機構緊密相連，官員不僅依賴智庫的建議，還經常在智庫與政府部門間輪調，智庫因而成為外國資金和外國遊說活動的首選目標，而且還可在無需做揭露的情況下運作。

研究人員發現，流向美國智庫的外國資金，在過去幾年呈現爆炸性成長。美國最著名智庫從外國政權獲取數億美元，甚至更多，但這些都沒有在《外國代理人登記法》等文件中揭露。這些資金大部分來自盜賊獨裁政權，他們讓人民陷入貧困、監禁反對派人士和記者，並設法繼續掌權。

阿拉伯聯合大公國是向美國智庫捐款最多的國家，金額高達數百萬美元，而這些資金都沒有被要求向美國監管機構、美國民眾或這些智庫所管轄的美國立法者揭露。[36]

透過這些捐款，阿拉伯聯合大公國政權成為美國主要智庫的最大外國捐助者。阿拉伯聯合大公國不僅為像阿斯彭研究所（Aspen Institute）這樣聲稱「致力於實現自由、公正、公平的社會」的智庫提供了大部分外國資金，[37]它還是大西洋理事會等機構的最大外國捐助者。大西洋理事會接受獨裁政權至少四百萬美元，且這筆錢顯然有附加條件。正如一位研究人員所發現，「大西洋理事會與阿拉伯聯合大公國的關係，讓阿拉伯聯合大公國有機會在智庫報告發布前，影響報告內容」。也就是，獨裁政權可以編輯大西洋理事會所謂的獨立分析。根據外洩的電子郵件顯示，大西洋理事會官員直接聯繫阿拉伯聯合大公國贊助人，提出修改報告的建議，包括「以美國知名前軍官大衛・裴卓斯（David Petraeus）的名義發表分析」。[38]

大西洋理事會無疑是美國外交政策領域最具影響力的智庫，阿拉伯聯合大公國並非唯一向大西洋理事會提供資金的外國政府。大西洋理事會高達二十%的預算來自這類外國捐款，儘管它宣稱致力創造一個「更自由」的世界，[39]但大部分資金卻來自一些最令人窒息、盜賊統治的獨裁國家，例如巴林、沙烏地阿拉伯、科威特、亞塞拜然等。[40]

一位專注於智庫外國資助的研究人員告訴我：「在所有大型智庫中，大西洋理事會似乎是參與度最高、運作最像妓院的一個，且自己根本不在乎。他們通過從外國主權國家那裡獲取巨額資金，並為外國主權國家制定計畫來運作：大西洋理事會簡直像個蕩婦，太荒謬了，竟然連自己都不在乎。」[41]另一個與大西洋理事會有聯繫的人物是烏克蘭寡頭維克多・平丘克，儘管他與保羅・馬納福有關聯，但不知何故，仍留在大西洋理事會的國際顧問委員會中。[42]

其他智庫也同樣樂意接受來自阿拉伯聯合大公國的資助，也樂於將後蘇聯寡頭納入董事會；例如外交關係委員會將俄羅斯最富有的寡頭弗拉基米爾．波塔寧（Vladimir Potanin）保留在董事會中，直至二〇二二年初。阿拉伯聯合大公國獨裁政權也成為美國進步中心的最大捐助者，美國進步中心是一個名義上偏自由派的智庫，與民主黨關係密切。在阿拉伯聯合大公國捐贈了數百萬美元之後，美國進步中心的一名工作人員開始幫助該國官員「組織阿拉伯聯合大公國贊助的訪問」，並直接向該國官員提供如何遊說美方對口官員的建議。[43]

近年來很難找到哪個知名智庫未充分利用這些外國資金，尤其是盜賊統治的資金。例如，成立於一九一六年的布魯金斯學會，也許是美國最著名、歷史最悠久的智庫，它被視為中立、無黨派，擁有美國著名學者和前官員，但也是美國接受最多外國資金的智庫。

布魯金斯學會也是美國從卡達殘暴政權獲得資金的最大受益者，金額至少達一千四百八十萬美元。據我們所知，布魯金斯學會是卡達唯一提供資金的智庫。[44]

這一切並不難理解。多年來，布魯金斯學會等智庫官員聲稱，他們的工作主要集中在研究和政策上，而不是倡導外國政府資助的工作。美國智庫經常在迴避公眾注意的情況下聽命於外國贊助人。一位外國外交官說：「為大智庫提供資金，可獲得接觸美國政客的機會，華府的一些智庫公開表示，他們只能為提供資金的外國政府服務。」[45]

＊　＊　＊　＊　＊

二〇一四年，《紐約時報》對美國智庫如何開始聽從外國獨裁政權的命令進行首次深入的媒體調查。但調查人員幾乎無法掌握此類資金的流向。正如《紐約時報》的結論，「美國智庫的外國融資範圍很難確定。」[46]

不過，記者們仍設法揭露一些細節，尤其是布魯金斯學會與卡達獨裁政權建立的關係。在卡達資金流入後，布魯金斯學會開始採取明顯支持卡達的立場。布魯金斯的多個分支機構提到，在涉及卡達的研究中，存在「自我審查」的氛圍，甚至描述該學會是「批評卡達政府的禁區」。[47]

二〇二二年發表的一項智庫學術資助的調查研究發現，這種自我審查「很常見」，很大程度上是因為擔心與捐助者發生衝突。一位受訪者表示：「很多智庫專家都擺出一副擁有完全學術自由的樣子，但事實絕非如此。」另一位補充說：「歸根究柢，你是為資助者工作；我們所做的不是研究，而是一種宣傳。」[48]隨著卡達資金淹沒布魯金斯學會等機構，這種自我審查本來就是可以預見的。

然而，布魯金斯學會開始兜售的不僅是卡達的觀點。聯邦調查局對曾擔任布魯金斯學會主席多年的約翰．艾倫（John Allen）發出搜查令。[49]

如搜查令所述，曾負責美國和北約駐阿富汗軍隊的退役四星將軍艾倫，實際上是卡達政權的聯絡人。在與卡達官員多次會面中，艾倫直接就如何傳達訊息和遊說工作向卡達獨裁政權提出建議，甚至包括使用所謂的「黑色」訊息行動，而且「這些行動通常是隱秘、非法的。」[50]

這不僅與卡達對布魯金斯學會的資助有關。作為艾倫為卡達工作的回報，他向卡達政府求取數萬美元「演講費」，並討論如何建立「更全面的長期關係安排」。在布魯金斯學會接受卡達資金時，艾倫甚至「代表他曾擔任董事會成員的一家公司，與卡達政府達成價值數百萬美元的商業交易。」[51]

同時，艾倫也在華府變成卡達利益的最效外國代理人。他參加白宮官員的一系列高層會議，以便在美國政府最高層推動親卡達政策。由於艾倫從未揭露他與卡達間的協議，因此沒有美國官員知道他別有用心。

但艾倫開始被調查後，情況不知何故變得更糟。當官員傳喚艾倫問訊時，艾倫未能交出他與卡達的財務安排的所有文件，包括「犯罪證據」。[52]在審訊過程中，艾倫進一步陳述與外國獨裁政權的「虛假聯繫紀錄」。最終，艾倫的發言人否認指控，美國政府的正式調查於二〇二三年因不明原因被終止。[53]

* * * * *

布魯金斯學會讓大家驚訝地看清，即使是美國最著名的智庫也會屈服於獨裁資金，這些政權因此能接觸美國決策者。《紐約時報》指出，獨裁政權已學會如何透過智庫捐款來「兜售影響力」，進而利用智庫在華府的人脈。[54]由於智庫官員聲稱他們沒有從事遊說活動，因此從未揭露捐款，或代表外國贊助者所做的事情。

華府似乎完全無視外國政權、智庫和前官員之間的腐敗旋轉門關係。對於那些離開政府職位的人來說，在智庫任職是容易且利潤豐厚的職位。新位置為這些人提供繼續影響美國政策並留在公眾視野的機會，他們只需要找到某人或某個外國政權資助他們的智庫。一位專門研究外國遊說法的律師表示：「坦白說，我對支付金錢、發表論文、決策者和政客交互影響的關係感到驚訝。」[55]

諷刺的是，還好有川普政府介入「揭露資訊」。[56]國務卿邁克・蓬佩奧（Mike Pompeo）在二〇二〇年宣布，國務院將要求與美國外交官互動的智庫，「必須在網站上顯著揭露從外國政府獲得的資金，包括國有公司、國有子公司」，並補充說明國務院工作人員要「留意是否已揭露」。[57]

此舉非強制性，而是簡單的請求，但這是明顯的信號。正如蓬佩奧所說，「目的很簡單，促進自由和公開的對話，不受獨裁政權陰謀的污染。」[58]這是前所未見、直接針對外國獨裁者利用美國智庫進行遊說的「陰暗面」採取行動；是美國史上第一次，官員直接承認為智庫及大學提供資金的政權缺乏透明度，並開始警告，這股外國資金洪流對美國政策和民主造成影響。

* * * * *

蓬佩奧的強硬言辭，以及對美國大學無視揭露要求的獨立調查，本應值得慶祝和讚揚，這甚至可能使川普政府成為美國最具前瞻性、最積極推動外國影響力透明化的政府。

檢察官終於開始嘗試執行幾十年來被忽視的《外國代理人登記法》。這部法律實施近一個世紀，白宮政府開始追捕在暗處運作的外國代理人。

但這些舉措並非憑空而來。它們不是因為美國官員突然意識到未受管制的外國遊說活動可能構成某種理論上的威脅，或是法律條文真的值得執行。他們當然不是因為總統認識到不受約束的外國遊說活動可能對美國民主造成損害。

因為在總統身邊的官員，大都圍繞著比以往都要多得多的外國代理人和外國代理人。而這些隱伏的外國代理人都在爭奪總統的注意力，儘管國務院、司法部和教育部竭盡全力揭露外國遊說的新途徑，但川普政府卻將更多的外國遊說活動直接引入白宮。

第十五章
你死定了

如果我們能讓所有俄國億萬富豪都有搬到這裡來，那該有多好？

——邁克・布隆伯格（Michael Bloomberg），二〇一三年九月[1]

川普就職幾個月後的一個清晨，馬納福躺在維吉尼亞州亞歷山大市的公寓裡，聽到臥室外傳來低沉噪音。時間還早，早上六點左右，太陽還留在地平線後面。他看不太清楚，但緩緩從床上爬起來。然後他又聽到了另一種聲音，這次更清晰，也更靠近。

那個聲音洪亮地說：「聯邦調查局，舉起雙手！我們進來了！而且我們已經拿出槍了！」[2]

馬納福穿上浴袍，朝著聲音傳來的方向走去，打開臥室的門。在他客廳的走廊，他從未想過的十幾名聯邦探員，穿著防彈衣，攜帶手槍，為了找他而來。

馬納福陷入了困惑和擔憂，在他起床之前，探員們「以某種方式打開了公寓的大門」。馬納福站在那裡，盯著突然遍布他公寓的聯邦調查局探員，努力想找些話來平靜自己翻湧的情緒。馬納福勉強說道：「冷靜點，我們會配合。」

探員們花了幾個小時仔細搜查馬納福的物品，電腦、硬碟、櫥櫃、相機。搜查了廚房、臥室，徹底翻遍所有可以翻的地方，整整十二個小時。他們把一個又一個箱子拖出來，記下他們拿走的每一件東西。

馬納福穿著浴袍，在客廳目睹這一切。這是一次「靈魂出竅」的經歷，聯邦探員們對他所有的物品進行了篩選和分類。馬納福後來氣呼呼地說：「他們什麼都看看，包括我的內衣」。馬納福可能沒有意識到，一個歷史性的時刻正在那個朦朧的維吉尼亞早晨上演。[3]

美國史上第一次，聯邦探員闖入美國總統競選經理的家。而且，他們這樣做並非是為了名義上的普通犯罪，馬納福從未被指控謀殺、搶劫或襲擊，而是因為檢察官有理由相信，多年來馬納福秘密擔任外國代理人，並未向聯邦當局報告工作或付款狀況。隨著來自其他地方的證詞和證據大量增加，檢察官開始懷疑馬納福利用秘密外國遊說工作，以神不知鬼不覺的方式影響美國大選，協助一位更令人擔憂的總統上台。

＊　＊　＊　＊

川普和以前的總統都不一樣，支持者認為川普的非政治性、以商業為導向顯得獨特，一般人則認為川普在擔任總統之前和期間打破法律的規範。川普在美國歷史上所以獨特，源於他在二〇一六年的競選活動中尋求外國援助。

在二〇一六年投票之前就很明顯，川普公開尋求克里姆林宮內外的支持，這些勢力非常樂意在總統競選期間對美國發動一系列干預和影響，並在川普當選後持續發揮影響力。事實上，克里姆林宮二〇一六年的選舉干預行動，是因為美國人也充當了同謀，才造就美國史上最成功的外國影響行動。

若想詳細列舉俄羅斯在二〇一〇年代的影響力和遊說活動，將會占用本書的大量篇幅。穆勒報告是迄今關於該主題最全面的文件，它長達四百五十頁。[4]

雖然罄竹難書，但我們仍有必要提及俄羅斯干預行動的整體輪廓。穆勒報告值得被關注的原因有幾個，即使是經過刪減的版本，它依然深入洞察俄羅斯煽動二〇一六年美國大選的許多不同因素，尤其是圍繞希拉蕊競選活動和相關民主黨全國委員會電子郵件的駭客行動，這些活動盤據美國新聞版面長達數月之久。該報告還提到俄羅斯宣傳機構，包括但不限於俄羅斯媒體「今日俄羅斯」（RT）和虛假社交媒體帳戶是如何散播被竊取的資料。[5]

儘管如此，穆勒報告仍不一定全面，未能調查俄羅斯如何培養美國福音派信徒，[6]或全國步槍協會（National Rifle Association）這類組織。[7]另一個還有盲點或錯誤的暗示，這不一定是穆勒和他的調查團隊的錯，因為如果你從頭到尾閱讀穆勒報告，可能會認為克里姆林宮勢力中是圍繞二〇一六年大選所發起的唯一外國遊說活動。

事實上，在川普競選期間和總統任期內，其他獨裁政權也發起了自己的非法遊說活動，它們與克里姆林宮的努力一樣有效，甚至更加陰險。

諷刺的是，他們使用了克里姆林宮沒有運用過的模式——美國的外國遊說「新興載體」：美國億萬富翁。

一九三八年《外國代理人登記法》通過時，美國人一手就能數出全國的億萬富翁，但到川普當選時，美國億萬富翁們已像真菌一樣蔓延，在全球化、離岸服務、金融保密和稅率崩潰的綜合作用下，以愈來愈快的速度積累了愈來愈多的財富。

其中之一當然是川普，他成為首位當選總統的億萬富翁。但許多其他美國億萬富翁似乎也渴望盡其所能幫助川普入主白宮，並在過程中鞏固自己的財富。這些億萬富翁愈來愈脫離民主治理和國家認同，並樂於充當自由的外國代理人，聽從外國捐助者的命令，幫助川普站在捐助者那一邊。

這種億萬富翁外國代理人崛起的一個關鍵案例，就是我們在第十三章中看到的私募股權金融家湯姆．巴拉克。在川普競選期間，巴拉克建議川普聘請馬納福。巴拉克已經是川普的重要經濟與外交政策顧問，提供川普貿易政策、國家安全的各方面指導。在公開場合，巴拉克偽裝成單純的川普支持者。

巴拉克並非單打獨鬥，實際上，正如美國官員在二〇二一年所指控的那樣，巴拉克是在阿拉伯聯合大公國獨裁政權的要求下悄悄運作。[8]正如聯邦當局所詳述，巴拉克花了數年時間直接與阿拉伯聯合大公國官員聯絡，然後在川普耳邊低聲解釋為什麼總統應該推行親阿聯的政策。他的聯絡人也不是初級、無名的阿聯官員。調查人員明確指出，巴拉克的接觸對象不是別人，正是阿拉伯聯合大公國的實際獨裁者。檢察官宣稱，巴拉克為阿拉伯聯合大公國暴君所做的工作「觸及了我們民主的核心」。[9]

巴拉克代表阿拉伯聯合大公國做出全方位的努力，[10]他為毫無戒心的美國觀眾撰寫親阿聯專欄文章，並出現在多個電視採訪中，以推動親阿聯政策。但他最大的影響來自川普的核心圈，以及川普的白宮內部。正如四十六頁的起訴書所詳述的那樣，巴拉克編輯川普的演講，讚揚阿拉伯聯合大公國的獨裁統治，並遊說制定更多親阿聯政策和人事決策。[11]川普當選後，巴拉克在白宮不知情的情況下，秘密把白宮內部討論轉交給阿拉伯聯合大公國政權。巴拉克甚至從阿聯官員那裡收集了一份所謂的「願望清單」，列出了他們希望川普政府實施的政策決定，並建立一個「安全消息傳遞」管道，以便在不被發現的情況下交流。[12]

巴拉克推行親阿聯政策並沒有明確的經濟動機。檢察官從未詳細說明他從這種安排中直接賺了多少錢。然而，儘管巴拉克從未向總統或公眾透露他與阿聯官員的秘密聯絡，但他對川普進行遊說的同時，他的私募股權公司恰好從阿拉伯聯合大公國及其親密盟友沙烏地阿拉伯賺取了驚人的十五億美元。[13]

在總統和公眾都被蒙在鼓裡的情況下，川普的主要外交政策和經濟顧問正在外國獨裁政權的要求下秘密工作，悄悄改變白宮政策，這是美國歷史上的第一次。這位代理人的公司獲利超過十億美元。

阿拉伯聯合大公國「喜歡」巴拉克所從事的工作。[14]他們又在白宮找到另一個秘密盟友，並知道還有人像巴拉克這樣的億萬富翁總是將利潤置於愛國主義之上。

＊＊＊＊＊

巴拉克的成功只是故事的一半，他並不是川普身邊唯一被證明是外國代理人的美國億萬富翁。另外一位是與川普一起崛起的億萬富翁——賭場大亨史蒂夫·韋恩（Steve Wynn）。身價約三十億美元的韋恩，在二〇一〇年代末迅速竄升至共和黨機構的高層，並於二〇一七年初被任命為共和黨全國委員會的財務主席，負責監督全國各地共和黨人的選舉資金。[15]但正如司法部後來透露的那樣，韋恩還有另一項任務，即與中國遊說人員密切合作，試圖說服川普實施親北京政策，特別是針對反對中國共產黨的異議人士。就像美國官員所揭露的那樣，韋恩直接與中國官員制定策略，討論如何有效說服川普針對當時躲藏在美國的異議人士施壓，北京對韋恩的工作「非常滿意」。[16]

在二〇一七年，韋恩多次遊說川普向異議人士施壓，利用與川普「看似計畫外的會面」來遊說北京的利益。司法部表示，韋恩曾在義大利海岸附近的遊艇上打電話跟川普討論此事，並在過程中拉攏川普的幕僚長和國家安全委員會高級官員。月復一月，韋恩當然沒有揭露他與中國官員的關係，試圖說服川普針對反北京的異議人士，包括撤銷該異議人士的美國簽證。[17]

韋恩與另一位名叫埃利奧特·布羅伊迪（Elliott Broidy）的美國人保持著密切聯繫。布羅伊迪擔任共和黨全國委員會財務副主席，他本應成為韋恩組織共和黨財務的得力助手，但布羅伊迪還有另一個身分，就是協助韋恩推動親北京工作。布羅伊迪利用類似秘密管道溝通，「試圖遊說美國政府最高層，同時隱瞞他所服務的外國利益集團」。[18]當韋恩把注意力集中在川普身上時，布羅伊迪「直接向川普高級官員提出請求」，其中也包括川普的幕僚長。[19]

韋恩和布羅伊迪密切合作，經常互發簡訊，策劃如何針對異議人士。正如布羅伊迪所寫，對於中國來說，他們的成功「非常重要」。[20]布羅伊迪有擔任秘密外國代理人的習慣，大約在同一時間，他與馬來西亞官員聯繫，私下遊說川普政府放棄對馬來西亞總理納吉布・拉扎（Najib Razak）的洗錢調查。[21]

與巴拉克一樣，韋恩似乎從未接受過來自北京的任何直接付款。韋恩並不需要這筆錢。正如美國官員在調查韋恩的文件中詳細介紹的那樣，北京從二〇一六年開始打壓韋恩在中國的賭場，威脅到它很大一部分收入來源。幾個月後，韋恩的親北京工作開始了。若要說交換條件，韋恩似乎按照北京的要求，以換取中國政府放鬆對賭場失壓。韋恩後來花時間與中國官員通電話，討論兩件事：他為中國所做的工作，以及他在中國財產的命運。[22]

＊　＊　＊　＊

如果只有像巴拉克和韋恩這樣的億萬富翁，外國遊說和川普白宮的交集就已經是美國歷史上從未見過的了。即使僅限於像馬納福這樣的人物，川普總統任內也已經比之前任何其他政府都面臨著更大規模的外國遊說問題。

但外國遊說聯繫並沒有止於馬納福、巴拉克或韋恩。他們不限於競選負責人、親密顧問，甚至是圍繞總統的億萬富翁。前幾屆政府基本上避免了任何外國遊說醜聞的影響，而川普政府卻充斥著隱秘的外國代理人，這是前幾屆政府所未曾見過的，而且是美國的開國元勳所無法想像的。

看看川普選擇誰作為他最親密的國家安全顧問。川普任命退役中將邁克・佛林（Michael Flynn）擔任川普國家安全顧問是一個有爭議的決定，佛林不僅曾出現在莫斯科，出席俄羅斯宣傳機構今日俄羅斯舉辦的頒獎活動，還與軍方高層鬧翻，美軍高層中的許多人愈來愈擔心佛林的精神狀況。[23]

然而，佛林也開始兼職為外國政權當遊說人員。美國官員後來發現，佛林不僅接受克里姆林宮數萬美元，出席今日俄羅斯的頒獎典禮，而且他的顧問公司還簽署了一項秘密幫助土耳其政權的協議，從中賺了數十萬美元。當然，佛林沒有依照《外國代理人登記法》揭露過此類工作，儘管檢察官表示：「與土耳其共和國的業務關係，正是《外國代理人登記法》所要確保揭露的資訊類型」。[24]

再看看川普任命誰擔任代理國家情報總監。在理查・格倫內爾（Richard Grenell）被選中之前，他還有一個角色，就是代表外國勢力進行秘密遊說。[25]

二〇一六年，格倫內爾在加入政府前，撰寫了一系列專欄文章，洗白摩爾多瓦寡頭弗拉基米爾・普拉霍特紐克（Vladimir Plahotniuc）的聲譽，後者是該地區最腐敗人物。格倫內爾表示，普拉霍特紐克被不公平地污衊為「不誠實的親俄走狗」，任何有關他從洗錢活動中受益的指控都是不真實的。不久之後，美國因普拉霍特紐克「參與重大腐敗行為」，而對他進行制裁。[26]這篇文章非常奇怪，格倫內爾與摩爾多瓦沒有明確的聯繫，他沒有該國的相關專業知識。但非營利媒體《ProPublica》的調查人員發現，格倫內爾在讚揚普拉霍特紐克的同時，「沒有透露他正領取報酬」。換句話說，川普選為國家情報總監的人粉飾了現今最腐敗的寡頭，卻從未揭露這項行動的任何報酬。[27]

再看看川普聘請的私人律師，二〇二〇年大選結束後，川普的律師魯迪・朱利安尼（Rudy Giuliani）幾乎成為全國笑柄，他的髮膏沿著臉頰淌流下來，同時兜售陰謀論和徹頭徹尾的謊言。但在幫助川普試圖推翻美國民主選舉之前，朱利安尼利用自己在白宮的地位為外國利益遊說，並且從未向總統或公眾透露他為誰工作。[28]

和佛林一樣，朱利安尼直接為土耳其的利益遊說，包括推動川普撤銷對一名違反美國對伊朗制裁的土耳其知名黃金交易商的聯邦指控。[29]朱利安尼也遊說司法部官員對一名接受美國調查的委內瑞拉富商「寬容一點」。[30]最值得注意的是，朱利安尼幫助了一位名叫德米特羅・菲爾塔什的烏克蘭寡頭，菲爾塔什曾與馬納福合作，後來被美國官員以賄賂相關指控起訴。朱利安尼協助菲爾塔什散布所謂的「黑料」，抹黑當時的候選人喬・拜登，幫助川普連任，進一步幫助菲爾塔什撤銷指控。[31]

這一切都加速了川普推翻選舉結果的企圖，並衝擊美國維繫民主的努力。

＊ ＊ ＊ ＊ ＊

這些醜聞中的任何一樁都會讓川普政府在美國對外遊說史上留名。如果我們退一步觀看，就能感受到川普政府對外國遊說的開放程度，以及遊說是多麼成功、前所未見。

那些與未公開的外國遊說活動有明確聯繫的人，包括川普的競選總幹事、外交政策和經濟顧問、國家安全顧問、國家情報總監、私人律師，以及共和黨全國委員會的財務主管和副主管、川普的競選副經理、就職委員會籌款人。

但事情並沒有就此結束，因為所有這些活動都與一個事實同時存在，即美國史上頭一遭，外國政權可以自由光顧現任美國總統的企業，並且利用這些企業作為遊說其自身利益的跳板。

我們仍然對外國政權、統治家族或其寡頭代理人在川普擔任總統期間如何光顧他的企業，以及如何顛覆美國的政策知之甚少。大部分原因在於結構性問題。由於川普的大部分生意仍集中於美國房地產行業，這個產業匿名現象猖獗，因此我們對川普政權如何在擔任總統期間利用匿名空殼公司、匿名購買房地產等方式，為他提供資金，並獲得接觸總統的機會，瞭解甚少。二〇一七年，川普房地產四分之三的銷售都流向了匿名買家，所以我們無從知道購買者是誰、他們可能與哪些政權有聯繫。32

有新聞指出，川普的酒店不僅是洗錢的場所。川普的一系列房產購買不僅已經與獨裁者及其盟友聯繫在一起，從俄羅斯組織犯罪頭目，[33]到印尼盜賊統治者，[34]再到非洲獨裁者的家庭，國會調查人員還發現，川普的酒店在他擔任總統期間成為所有希望影響他的政府的人的一盞閃爍的燈塔。[35]即使從我們所知甚少的資訊來看，很明顯，世界各地的獨裁國家在川普的總統任期內紛紛湧入他的酒店，在他的房產上花費數百萬美元，同時試圖影響這位美國總統。

在川普擔任總統期間，在他的酒店揮霍的一些人是外界熟悉的人物，例如馬來西亞的盜賊統治者納吉布·拉扎，他幫助從該國的主權財富基金掠奪了數十億美元（我們已經在前面的段落見過他）。拉扎在川普位於華府的酒店「揮霍無度」，整個馬來西亞代表團也是如此，所有這些都是為了幫助他們贏得川普的好感，並試圖解除對拉扎大規模貪污行為的調查。[36]

在長達四十頁的馬來西亞支出明細中，光是咖啡就花了近一萬美元！還有數千美元用於私人教練和客房服務等費用。短短幾天內，馬來西亞代表團在川普的飯店就花費了數十萬美元！這些細節直到川普卸任、國會委員會獲得文件後，美國民眾才得以知道。[37]

但從馬來西亞人的角度來看，這筆錢花得值得。儘管當時納吉布·拉扎面臨著巨額洗錢的指控，但川普還是向他開放了白宮，並直接感謝他「在美國所做的所有投資」。[38]不久之後，馬來西亞法院以洗錢和濫用權力罪判處拉扎十年以上有期徒刑。[39]

相較於川普在白宮期間湧入川普房產的所有外國財富，馬來西亞的支出只是九牛一毛。據《紐約時報》報導，僅在川普就任總統的第一年，沙烏地阿拉伯、阿拉伯聯合大公國和卡達等獨裁國家的官員都在川普的華府酒店花費了大量資金，而來自中國、科威特和土耳其等地的資金也絡繹不絕。[40]例如，奈及利亞的阿提庫・阿布巴卡爾（Atiku Abubakar）是迄今為止美國最大的跨國洗錢調查的關鍵人物，他也被發現出現在川普位於華府的酒店，與其他被該酒店吸引而來的貪腐外國官員一同享受。[41]

儘管所有可疑的財富都花在現任美國總統的生意上，但這些盜賊統治者顯然沒有觸法。相反，他們衝破了美國歷史上史無前例的破口，向總統的企業投入了巨額現金，卻沒有透露他們花了什麼，或者為誰而花，或者他們希望從中獲得什麼，又或者他們如何從中獲益。由於川普在亞塞拜然、巴拿馬、哈薩克各地建造和規劃的房地產都充斥著腐敗的指控，沒有理由相信，川普的華府酒店是這些獨裁政權唯一光顧的房地產。

酒店似乎預示著一個潛在的「未來」，外國政權直接將資金流入現任美國總統的金庫，並直接購買白宮的影響力，美國民眾卻毫不知情。由於隨後的調查和發現，我們只能短暫瞥見這個「模型」，但這個模型揭示了另一個現實，即川普是一位被隱密外國代理人包圍的總統，這一現實不令人驚訝。

＊　＊　＊　＊

這些爆炸性的揭露，無論放在任何其他時期，都足以成為總統的醜聞。然而，當顧問和被任命的官員、從高級官員到億萬富翁、從酒店到交易，所有這些都與克里姆林宮更廣泛的干預活動連結一起時，一切就讓人幾乎難以接受。

如果說二〇一六年及之後這場海嘯般的外國遊說和外國干涉活動還有一線希望的話，那就是聯邦政府近一個世紀以來首次真正做出了回應。儘管這個回應來得不夠快，投入的資源也不夠。但自從艾維·李潛入柏林，就影響美國政客和觀眾向納粹政權提供建議以來，美國政府第一次開始認真對待不受約束的外國遊說網絡。隨著川普入主白宮，外國遊說的危險突然變成了現實。

當時俄羅斯干預行動的秘密開始被洩漏開來。二〇一七年二月，佛林被發現謊報他與俄羅斯官員的談話，成為第一塊倒下的骨牌，他辭去川普政府的職務。不久之後，隨著有關俄羅斯利用駭客和社群媒體機器人影響美國選民的細節曝光，美國司法部任命羅伯特·穆勒負責調查俄羅斯干預行動。穆勒和他的團隊很快就發現，俄羅斯的干預行動遠不止於臉書假帳號，而是直接與馬納福等人物直接相關。

當穆勒在二〇一七年調查俄羅斯的行動時，馬納福開始保持低調。二〇一六年八月辭去川普競選職務後，他與川普保持距離，但並沒有在競選剩下的時間裡，以及川普總統任期的最初幾個月中無所事事，甚至沒有對自己的決定感到後悔。相反，他持續投入，進一步引發一連串與川普政府有關的外國遊說醜聞，所有那些外國遊說途徑一再與川普政府交織在一起。

馬納福和穿梭於美國、俄羅斯和烏克蘭之間的俄羅斯特工基利姆尼克保持密切聯繫。兩人不僅僅討論莫斯科如何實施「和平計畫」，以及如何讓俄羅斯重新掌控基輔。他們更進一步開始制定一條新路線，這也將有助於事態朝著有利於莫斯科的方向發展，此舉也引發美國百年來首次彈劾總統的危機。

馬納福再次與基利姆尼克一起工作，他開始向華府各地的聯繫人聲稱，俄羅斯干涉活動及駭客活動，實際上並不是俄羅斯的錯，而是烏克蘭。正如他的前副手里克・蓋茲告訴調查人員的那樣，馬納福「堅稱」烏克蘭應對此負責，而俄羅斯受到不公平的誹謗。[42]馬納福當然沒有證據。但正如他所說，所謂的烏克蘭駭客攻擊與另一場同樣來自烏克蘭的反川普運動有關。他說自己從亞努科維奇收到秘密付款的「黑帳本」，也是「希拉蕊的烏克蘭盟友編造的，目的是抹黑馬納福，藉此削弱川普」。[43]

對於熟悉馬納福過去行為的人來說，這些說法顯然很荒謬，但對川普這樣的總統來說，事實並不重要。馬納福的陰謀論最終在川普二〇一九年的第一次彈劾中引爆。此前川普威脅，如果基輔不調查馬納福最初提出的主張，他將停止美國的軍事援助。這一切削弱美國與烏克蘭的關係。由於馬納福的介入，美國再次為俄羅斯在烏克蘭的利益敞開了大門。

* * * * *

到了二〇一七年夏天，即使馬納福試圖將責任歸咎於烏克蘭當局，穆勒和他的檢察官團隊也意識到，俄羅斯二〇一六年干涉行動的許多線索仍與馬納福有關。他們也意識到有一個被塵封已久、幾乎被遺忘的法規可以用來對付他，即《外國代理人登記法》。

穆勒和他的團隊仔細閱讀了這部已有數十年歷史的法規後發現，馬納福公然無視最低限度的外國遊說規範。馬納福未曾提供任何《外國代理人登記法》相關文件，未曾詳細說明自己代表亞努科維奇所進行的工作，也沒有詳細說明他招募其他美國人一起合作。馬納福在烏克蘭期間賺了大約六千萬美元，他在與亞努科維奇合作期間將這筆錢悄悄轉移和隱藏。

換句話說，檢方有足夠的證據對他提起訴訟。

二〇一七年夏天，聯邦探員獲得對馬納福住處進行「無預警」突襲搜查的授權，結果發現這位遊說人員睡眼惺忪地躺在床上。[44] 調查人員收集證實馬納福所有工作的文件和證詞，他所有的非法外國遊說、他竭盡全力掩蓋自己的財務狀況、他長期以來與俄羅斯特工日益令人擔憂的接觸。穆勒的團隊公布了他們的發現。正如檢察官指控的那樣，馬納福故意不註冊為外國代理人，無視外國遊說規定，並在此過程中加強了烏克蘭親俄人士的力量。他在烏克蘭的工作「產生數千萬美元的收入」，[45] 這些資金年復一年地透過「數十個」不同的空殼公司、帳戶和其他金融工具進行洗錢和隱藏，範圍遍及賽普勒斯、塞席爾，乃至美國本土。[46]

這些指控包羅萬象，從銀行詐欺、稅務欺詐，到密謀反叛美國。與本書最相關的是，檢察官指控馬納福「明知故犯，且蓄意」充當「外國委託人的代理人」，他無視《外國代理人登記法》，而這一切都是為了烏克蘭的親俄獨裁者。[47]

對馬納福來說，這些指控是一個笑話，尤其是與《外國代理人登記法》相關的指控。但當他面對法官聲稱自己無罪時，法官卻無動於衷。隨著審判日期愈來愈近，馬納福意識到陪審團也可能不相信他，他的形象愈發邋遢，處境愈發危險。與幾年前，他在亞利桑那州的一家診所跌入人生低谷時相似，馬納福再次發現自己正從深淵中仰望。唯一的區別是，馬納福這位前政壇操盤手、總統智囊，如今正面臨監禁的命運。由於他已經七十多歲了，任何定罪都有可能等同被判處終身監禁。

事實上，馬納福罪有應得。二〇一八年，在大量的犯罪證據指證下，馬納福承認沒有登記自己的外國遊說工作，並且企圖干預證人作證。透過這項認罪，馬納福避免了長達數十年的牢獄之災。但主審法官仍判他七年半有期徒刑。馬納福此前已因單獨的詐欺重罪指控被判刑，兩罪將合併執行。[48]

法官表示，他的非法遊說活動「影響了我們的政策制定」，並補充說，與馬納福有關的「謊言數量和欺詐數量怎麼誇大都不為過」。在法官看來，很明顯馬納福「完全不存在」絲毫悔意。法官告訴他：「說『我很抱歉，我被抓住了』，並不是一個打動人心、請求寬大處理的方式。」[49]

聽到裁決後，馬納福呆滯地抬頭望向法庭，沉默不語。我們無法確定當時他心裡在想什麼。也許他想到了自己剛變成第一位因充當外國代理人而入獄的總統競選經理。或許他在想自己比艾維．李還要慘，儘管艾維．李做了支持納粹政權的工作，但他從未被定罪。也許他在想自己是為何變得破碎衰老、前途盡毀，如今可能要死在監獄裡。

或許他的大腦一片空白。「我感到恐懼，」馬納福後來寫道。「我感覺麻木，我想嘔吐。」他的一位朋友總結了這一刻，以及馬納福所面臨的情況。馬納福說：「我的一個朋友直截了當地告訴我：『你死定了！』」

「我意識到他說的是對的：我完蛋了！」[50]

＊　＊　＊　＊

當馬納福用他自己的口吻說出「完蛋」時，穆勒和他的檢察官仍舊對川普競選團隊周圍犯罪行為進行調查，絲毫沒有打算就此罷手。他們緊握《外國代理人登記法》這個打擊犯罪的利器，對付馬納福的共謀者，以及川普核心圈內未曾揭露自身與外國遊說有關的人。正如馬納福為現代美國人首開先例，讓他們能夠為外國獨裁政權進行包裝，並且向毫無戒心的觀眾宣傳一樣，他也同樣為這些人的垮台開創先例。在川普執政期間，這種模式一再上演。

例如，佛林的垮台並沒有隨著他的辭職而停止。二〇一七年，讓川普名譽掃地的國家安全顧問公開承認他對聯邦調查局撒了謊、做出虛假陳述。作為導致佛林被判入獄的認罪協議之一部分，佛林承認，自己在從事外國遊說工作上，「做出了重大虛假陳述，並有遺漏」，其中包括謊報他與土耳其政府的關係，尤其是隱瞞了土耳其官員「對其所有遊說行為進行監督和指導」的事實。[51]

其他人也和佛林一樣，承認犯下類似的《外國代理人登記法》相關罪行。布羅伊迪公開承認，他在擔任共和黨全國委員會財務副主席時，也為馬來西亞和中國的利益服務。[52]檢察官還起訴了馬納福在烏克蘭網絡中的許多人物，包括川普的副競選經理蓋茲、川普的就職典禮募款人塞繆爾·帕滕（Samuel Patten），兩人都透露，他們曾秘密與親俄羅斯利益團體合作。[53]

然而，檢察官並不僅僅針對川普周圍的人。二〇一九年，作為和解條件的一部分，世達律師事務所發布了一份新報告，詳細介紹自己與馬納福的所有幕後決策和交易。世達如何起草支持亞努科維奇的報告、如何制定推出策略並提供支持、如何策劃發布並將該報告推送給美國媒體、如何幫助亞努科維奇的團隊找出讓他保持權力的最佳方式，這一切都是為了幫助烏克蘭的親俄勢力鞏固權力。[54]世達承認他們在烏克蘭的工作誤導了美國官員。最終，該公司同意向聯邦政府支付四百六十萬美元和解金，這是美國有史以來最大的與外國遊說相關的和解金。[55]此後不久，世達律師事務所額外支付了一千一百萬美元，以避免亞努科維奇昔日對手尤利婭·季莫申科對他們進行訴訟。正如季莫申科所說，世達與烏克蘭親俄利益團體的合作是一份「極為骯髒的合約」。[56]

那些與川普關係最密切的人像巴拉克，很快就因其代表阿拉伯聯合大公國獨裁政權的工作而被起訴。[57]或像韋恩這樣的人，司法部後來起訴他，迫使他註冊為中國的外國代理人。[58]又如朱利安尼這樣的人，他不僅因替外國政權工作而受到調查，甚至還因試圖顛覆美國民主而面臨另一項獨立調查。[59]

一而再，再而三，這些被川普邀請入主白宮的外國代理人開始倒台。這些外國代理人的網絡、他們為外國政府所做的努力和收入、為外國政府試圖操縱美國政策所做的工作陸續曝光，首度讓美國人看到和審視。這些調查、揭露、後果，是美國前所未見的對外國遊說活動的打擊行動。

這可說是一場完美的風暴，也是一場史無前例的干預行動，不僅引發了穆勒及其團隊監督的一項令人驚人的調查，還揭露了一系列非法的外國遊說活動，讓這位帶來更多秘密外交活動的總統感到不安。外國遊說捲入川普競選和川普總統任期的骯髒泥沼中，《外國代理人登記法》像是重新回到了自艾維．李、納粹政權和第二次世界大戰爆發以來未曾見過的重要地位。

華府各地外國代理人提交的文件突然激增，他們突然意識到需要在潛在的起訴之前採取行動。一項分析發現，二〇一六年至二〇一七年間，令人難以置信，首次《外國代理人登記法》申請猛增五十%，揭露的有關外國遊說網絡的資訊比美國人所見過的要多得多。[60]隨著穆勒團隊的一名檢察官布蘭登．范．格拉克（Brandon Van Grack）被任命為負責執行《外國代理人登記法》新部門的領導人，執行外國遊說法顯然已成為美國官員的「優先事項」。[61]

不只是司法部官員突然意識到《外國代理人登記法》的重要性。在政治方面，民主黨主要人物也開始公開質疑外國遊說的必要性。當時參加民主黨總統初選的參議員伊麗莎白．華倫（Elizabeth Warren）承諾徹底禁止美國人「接受外國政府、外國個人和外國公司的資金，來影響美國公共政策」。[62]時為總統候選人喬．拜登儘管不被認為是激進分子，但也效仿了這個做法。拜登在二〇二〇年宣布，他認為「沒有理由允許外國政府遊說美國國會或行政部門」。他承諾，如果贏得二〇二〇年大選，他的政府將徹底「禁止外國政府的遊說活動」。[63]

在忽視外國遊說法規近一個世紀之後，這些評論和承諾直接指向外國遊說機構，這些對話和政策處方是自一八六〇年代以來美國政治家未曾見過的。而隨著新的起訴案件、新的關注點和重新啟動的調查，這些外國遊說團體突然面臨比以往任何時候都要大的壓力，而且看起來也更加不穩定。

然而，其中仍有一個變數。儘管川普時代對外國遊說活動的關注出現了前所未有的爆炸式增長，儘管像馬納福這樣的人物因外國遊說罪行而入獄，但仍然有一個人可以扭轉這一切進展，而此人恰好是這一切的核心人物——川普。

第十六章 美國深陷危機

一波稍平，一波又起。

——維特默・史東（Witmer Stone）[1]

在宣判前幾週，馬納福的身體開始崩潰。審判、調查、面對外國遊說罪行、可能在監獄裡服刑數年，再加上他女兒的簡訊被駭客洩露出來，這一切，暴露了他涉嫌家庭暴力，這一切超越了簡單的法律問題。他的身體看似「崩潰」，他的腿開始腫脹成維也納香腸，導致無法行走，只能依靠輪椅在牢房和聽證會之間移動。[2]

馬納福被轉移到賓州的一所監獄。他不能走路，但可以沉思。他仍然拒絕表現出任何懊悔；他對在烏克蘭的工作毫無悔意。和川普一樣，馬納福也聲稱自己是「私刑」的受害者。馬納福痛苦地抱怨自己遭到「近乎戰俘式的單獨監禁」，他聲稱自己是因信仰和工作而受到「迫害」。正如他在後來的回憶錄中所聲稱的那樣，他成為一名「政治犯」，他之所以入獄，並不是犯下任何罪行，而只是因為他幫川普入主白宮。馬納福抱怨道：「我做了什麼才淪落到這裡？沒有提交《外國代理人登記法》表格。」馬納福這句話巧妙地忽略了他還因為銀行詐騙、逃稅和證人干擾等罪行而被判刑。[3]

馬納福無法行走，無法工作，眼睜睜地看著自己的未來和遺產同時崩潰。在他被判刑一年後，隨著新冠病毒在美國監獄中肆虐，當局宣布馬納福因身體突然變得虛弱、衰老，在疫情中面臨風險，可改軟禁在家，以服完剩餘的刑期。這避免了暴露於冠狀病毒的風險，但不是靈丹妙藥。馬納福哀嘆道：「這場磨難，毀了我的人生。」[4]馬納福從未分享過，他對自己摧毀烏克蘭人、安哥拉人、菲律賓人、剛果人、奈及利亞人民的生活有什麼看法。

在二〇二〇年的最後幾週，他接到了一通電話。在華府，馬納福的另一位客戶正不計代價破壞民主，以保住權力。川普宣布了新一輪的赦免，赦免的名單上，有一個名字格外引人注目——保羅．馬納福。[5]

我們不清楚川普在赦免馬納福時有什麼考量，因為當時川普正密謀推翻二〇二〇年總統選舉的結果。就在馬納福被赦免兩週後，川普煽動民眾對美國國會大廈發動襲擊。馬納福曾密謀協助前客戶川普掌權，在他被揭發後，川普特赦他，消除他的犯罪記錄，並釋放了他。正如《大西洋月刊》的標題所言，這是「盜賊統治者的勝利」。[6]

＊ ＊ ＊ ＊ ＊

「盜賊統治者的勝利」。馬納福成為外國遊說犯罪中最明確的案例，這一先例現在因川普的赦免而被推翻。而且，即使在馬納福入獄之後，有關馬納福犯罪活動以及他在打開外國干涉美國大門的過程中發揮的核心作用仍繼續被揭發出來。

在馬納福獲得特赦之前幾個月，共和黨控制的參議院情報委員會揭露了馬納福在二〇一六年競選期間及之後工作的更多細節。在近千頁對俄羅斯干預的最終調查的報告中，顯示令人眼花繚亂的細節。委員會特別關注馬納福與基利姆尼克的聯手，共和黨領導的委員會將直接認定他是「俄羅斯情報官員」。[7]

馬納福此前曾代表親普丁的俄羅斯寡頭「實行影響行動」，在此過程中賺取數千萬美元，並「參與」「抹黑對俄羅斯干預的調查」；他與基利姆尼克建立「密切而持久的關係」，在二〇一六年競選期間達到了頂峰，對美國構成了「嚴重的反情報威脅」，特別是當基利姆尼克開始「利用他與馬納福的關係來獲取影響力」時，達到了頂峰。[8]

馬納福為克里姆林宮的干預行動打開了大門，將一名俄羅斯情報官員直接引入川普的競選活動，這一切都是馬納福為俄羅斯寡頭和烏克蘭親俄政客遊說工作的直接產物。當調查人員試圖理清這些惡性聯繫時，馬納福設法迷惑他們，盡量將調查人員引至錯誤的方向。

共和黨主導的報告也發現，馬納福和基利姆尼克的關係仍然充滿疑問，部分原因在於兩人的溝通方式。他們使用加密聊天系統和編輯電子郵件草稿等方式，而不是來回發送電子郵件，兩人「消除了許多通信的書面記錄」。即使在被起訴後，馬納福仍然隱藏與基利姆尼克的通訊，使用「預付卡電話」（也就是所謂的「王八機」）來聯繫，這是不希望其通訊被當局追蹤的人特別喜愛的工具。[9]

馬納福在他與俄羅斯特工的聯繫上向調查人員「撒了太多謊」，以至於幾乎不可能釐清他們關係的根源。[10]委員會報告說：「馬納福混淆基利姆尼克的真相，對委員會的調查尤其有害，因為它阻擋對一系列互動和溝通的直接瞭解，而這些互動和溝通代表了川普競選高級官員與俄羅斯情報部門之間最直接的聯繫。」換句話說：馬納福的謊言為調查蒙上了一層陰影，以至於俄羅斯干預行動的真正核心和最終範圍可能永遠不會為人所知。[11]

馬納福深知這種誤導的代價，他願意撒謊，儘管這讓他與穆勒團隊的認罪協議破裂。馬納福也因此在監獄裡待了更多時間，並花了更多的時間看著自己的身體「崩潰」。

最後，二〇二〇年十二月下旬，川普宣布赦免馬納福。馬納福的記錄被清除，他的定罪被撤銷。這位無論是在穆勒調查、俄羅斯干預行動，還是外國遊說威脅、調查和定罪的新浪潮中位居一切事件核心的人物被釋放了。

＊　＊　＊　＊　＊

從很多方面來看，這份共和黨撰寫的報告只是證實長期以來人們懷疑的事情，這些懷疑以前被隱藏在刪節或含沙射影的背後，被太多的煙霧所掩蓋。馬納福指揮了親俄羅斯的行動，並在此過程中與俄羅斯情報官員合謀，而他隨後對這些關係撒謊，以至於他最終破壞了可能的認罪協議，而被判處無期徒刑。

從這個角度來看，川普對馬納福的赦免也是對「調查俄羅斯干預」做出致命一擊。川普的特赦抵消了他自己的政府在打擊外國遊說方面的所有進展，那些犯下與外國遊說相關罪行的人，可以依靠總統來赦免罪行，此舉也導致美國限制外國遊說所取得的成果被打回原形。

大約在同一時間，川普宣布他也將赦免外國遊說的另一個關鍵人物——佛林。儘管佛林從克里姆林宮收受了數萬美元，儘管佛林和他的公司因代表土耳其利益賺取了數十萬美元，但佛林繼續將自己包裹在愛國主義的外衣下。更重要的是，他繼續支持川普日益偏激的說法：選票遭到竊取、國際陰謀集團、需要宣布戒嚴以恢復川普的總統職位等等。佛林贏得了川普的赦免，毀了美國打擊外國代理人的另一條戰線，川普在推特上寫道，赦免佛林是他「莫大的榮幸」，佛林則以幫助川普推翻美國二〇二〇年的總統選舉結果來作為回報。[12]

當然，最後川普未能改變選舉結果，很快就離開白宮，自己也面臨調查，但一連串的特赦改變了華府的局勢，徹底動搖了新一波打擊外國遊說的努力基礎。

＊　＊　＊　＊　＊

拜登對外國遊說威脅的立場，是美國歷史上最堅定的。在競選過程中，拜登不僅承諾「禁止外國政府遊說」，甚至承諾堵住先前允許獨立公司代表外國政權進行遊說的漏洞。這些承諾標誌著自艾維．李時代以來美國遊說政策的最大轉變，並使拜登成為第一位真正認識到這些威脅本質的總統。

然而，拜登執政多年後，沒有跡象表明政府兌現了競選承諾。更糟的是，幾乎沒有跡象表明政府試圖兌現，甚至是拜登也不記得他曾做出這樣的承諾。

其中一部分可能是結構性的問題，關於國會或政府是否可以真正實施拜登提議的禁令，仍有一系列法律問題待解。畢竟，外國代理人開展工作和競選活動所依賴的「請願權」，仍然受到憲法第一修正案的保護。但部分原因可能是因為拜登和之前的許多總統一樣，與一系列外國代理人一起崛起，而這些代理人在華府的政治圈中盤根錯節。

回想一下馬納福在烏克蘭的網絡，不僅涉及一系列與民主黨的關係，包括波德斯塔集團（Podesta Group），這家是二〇一〇年代末民主黨的主要遊說機構；拜登的兒子亨特．拜登（Hunter Biden）也公開為一位烏克蘭貪腐寡頭的天然氣公司工作。[13]天然氣公司聘用亨特，不是基於天然氣行業的任何專業知識，而是基於他父親的關係，以及他影響父親政策走向的潛在能力。[14]

不幸的是，亨特不是唯一被數百萬美元代價雇用的人，招募美國決策者家庭成員的做法至少可以追溯到吉米．卡特時代，當時利比亞獨裁政權聘請了卡特的兄弟作為遊說人員，而菲律賓的馬可仕獨裁政權則聘請了卡特的兒子作為顧問。[15]美國頂尖反貪腐研究人員莎拉．查耶斯表示：「美國的領導者如何才能讓他們自己及我們相信這是可以接受的？如果我們想幫助國家康復，就必須以最高標準要求我們自己、朋友和盟友，而不僅僅是我們的敵人。」[16]

除了拜登的直系親屬，美國一些支持拜登的人物也早在外國遊說中賺得盆滿缽滿。例如，在二〇二〇年大選期間，最大的親拜登團體「超級政治行動委員會」，由一位名叫拉里・拉斯基（Larry Rasky）的人擔任財務主管，負責籌集資金，協助拜登進入白宮。拉斯基與拜登有深遠的關係，他曾擔任「拜登的長期顧問」，甚至在二〇〇八年總統競選期間擔任拜登的傳播總監。[17]他是一位「傳奇的民主黨營運者」。[18]

然而，拉斯基在二〇一〇年代也加入洗白貪腐獨裁政權形象的行列，大賺一筆。二〇一九年初，拉斯基和他的公關公司拉斯基合夥人（Rasky Partners）與亞塞拜然獨裁政權簽署了一項價值六位數的協議。就在幾年前，這個政權曾是美國國會歷史上最大外國遊說醜聞的中心。如同文件所示，拉斯基向亞塞拜然政權提供「戰略溝通、諮詢和服務」。他的下屬則提供從「媒體監控」到「聯絡有影響力的人士」總總服務。[19]

當我聯繫拉斯基時，他告訴我，他和他的公司在亞塞拜然獨裁政權中的角色並不涉及「充當遊說人員」。[20]但他專門幫助該政權傳達訊息，這種說法毫無意義。可以肯定的是，拉斯基並未犯下任何罪行。正如我們所看到的，收取數十萬美元來幫助鞏固世界上一些最令人髮指的政權並不違法。

事實上，沒有人在拜登政治行動委員會的成立過程中，對拉斯基感到擔憂，這表明道德敗壞仍啃噬著美國的心臟。這也可能有助於解釋為什麼拜登政府放棄了禁止外國代理人的競選承諾，以及為什麼政府似乎愈來愈對外國遊說活動等事務漠不關心。

＊　＊　＊　＊　＊

不幸的是，給人留下這種印象的不僅僅是外國代理人與拜登白宮的距離。拜登政府基本上放棄了進一步調查川普政府揭露數十億美元未報告的外國捐款。。二〇二二年十月，白宮宣布不會對美國大學的外國捐贈進行任何額外調查，並且「計畫關閉仍在進行的調查」。[21]教育部記錄顯示，美國大學的外國捐贈資金報告大幅減少。一篇分析發現，「教育部記錄顯示，二〇二一年部分時間，大學報告的外國捐款僅略高於四百萬美元，而二〇二〇年七月至二〇二一年一月期間，超過十五億美元。」[22]也就是說，拜登政府上台後，外國捐贈給美國大學的資金報告幾乎完全消失。

最初，拜登政府似乎將繼續對智庫施加新壓力，要求揭露外國贊助者。二〇二二年夏天，司法部發布了一份所謂的「諮詢意見」，認為那些使用外國資金撰寫出版物，及「促進外國政府與美國之間合作」的組織，應依《外國代理人登記法》辦理註冊。[23]換句話說，智庫應該為作為外國影響力、外國遊說和外國利益的代理人而註冊，即使它們繼續偽裝成非政治性、獨立機構。

但沒有跡象顯示拜登政府官員已向智庫施壓，也沒有跡象表明政府對這個話題感興趣。[24]

壓力明顯已經消退，智庫繼續不顧後果地依賴外國資金。整個行業似乎完全不關心本身作為外國遊說媒介的角色。

國務院在二〇二三年初向我證實，他們不再要求智庫揭露外國資金狀況。在沒有大張旗鼓、沒有給出任何理由的情況下，拜登政府對智庫擔任外國代理人議題的興趣似乎已經消失。

這種漠視並不令人意外。如果我們要永遠贏得對抗外國代理人的戰爭，可能需要做出一些改變。

＊ ＊ ＊ ＊ ＊

上一章，我們看到了美國檢察官如何迫使世達律師事務所揭露它在馬納福及其寡頭盟友密切合作間所扮演的角色。世達所揭露的資訊就像是對外國遊說活動驚人的一瞥：餐會、通信、策略討論、被利用的漏洞、支付方案、政治後果，根本都在幫助馬納福摧毀烏克蘭的民主。

世達在烏克蘭工作的關鍵人物是格雷戈里·克雷格，他曾擔任歐巴馬的第一位白宮法律顧問。克雷格和馬納福一樣，從未費心在《外國代理人登記法》註冊任何相關工作。正如他在一封電子郵件中愉快地承認的那樣，「我不想根據《外國代理人登記法》註冊為外國代理人。」[25]不出所料，當聯邦官員開始針對世達律師事務所未登記其外國遊說工作進行可能的起訴時，他們將克雷格列為指控的首要人物。

對檢察官來說，克雷格就他在世達參與任務中的角色對美國官員公然撒謊。克雷格不是偶然陷入遊說詭計，意外地成為親克里姆林宮的有效合作者，他是故意這樣做的，他的行為達到《外國代理人登記法》刑事起訴的門檻。

證據看起來確實支持了檢察官的立場，克雷格聲稱自己只是履行律師職責，但實際上他秘密與美國媒體聯繫，幫助傳播支持亞努科維奇的訊息，同時他告訴美國官員他與此事無關。克雷格帶頭與報導世達報告的記者建立聯繫，甚至主動提出如果記者願意的話，他可以「親手遞送」一份書面複本。所有這些都遠遠超出了未註冊為外國代理人的律師可以代表外國客戶所做的事。[26]

克雷格的工作與馬納福沒有什麼不同。他們兩人都致力於鞏固烏克蘭獨裁者的地位，並盡可能傳播世達編纂的親亞努科維奇調查報告。檢察官稱，克雷格的言論包裝是一部「傑作」，充滿了對美國遊說法規的「蔑視」。[27]

但檢察官於二〇一九年在法庭上陳述案情時，陪審團卻不同意這一看法。一部分原因是克雷格涉嫌外國遊說犯罪的訴訟時效已經到期，另一部分原因是陪審員認為克雷格的辯護「非常可信」。陪審員相信克雷格「作為一位傑出的華府律師的聲譽」，因此避免將克雷格與馬納福這樣的骯髒人物等同起來。陪審員認為，克雷格可能偶爾會犯錯，但可以肯定的是，曾擔任歐巴馬白宮法律顧問的人幾乎不能會犯下與馬納福相同的外國遊說罪行。[28]

僅經過五個小時的審議，陪審團就宣判克雷格無罪。馬納福在美國法律界的主要聯繫人逍遙法外。正如陪審員邁克爾·邁耶（Michael G. Meyer）所說：「我無法理解為什麼政府投入如此多的資源來起訴克雷格，此舉反倒是讓美國深陷危機。」邁耶顯然忽略了一個事實，正是這位受人尊敬的人物，將國外的獨裁者變成受人尊敬的政客，這些案件一開始就威脅到民主制度，無論這是發生在美國還是在其他地方。[29]

＊　＊　＊　＊　＊

對美國官員來說，這項判決是個打擊，他們希望克雷格的案件可以是個在相關案件中取得進展的契機，但頑固的陪審團卻不這麼認為。

克雷格逃脫懲罰後不久，檢察官又轉向川普身邊的人，並對巴拉克提出指控。檢察官指控，巴拉克充當了阿拉伯聯合大公國獨裁政權的代表，在川普耳邊指導川普政府推行親阿聯的政策。[30]秘密管道的訊息凸顯了一個事實，巴拉克聲稱阿拉伯聯合大公國是他的「主場」。[31]數千則訊息、電子郵件和文件顯示，巴拉克「向阿拉伯聯合大公國打開了美國政治體系的後門，包括競選活動、媒體、政府。」[32]

在審判過程中，巴拉克幾乎沒有對證據提出異議。但他和他的律師有不同的辯護方式。正如他們所說，巴拉克的努力只是「符合他對該地區的看法，以及他作為商人的工作」。這很可能是事實，正因這種「商業工作」讓巴拉克的公司從阿拉伯聯合大公國和沙烏地阿拉伯賺取約十五億美元。巴拉克更進一步聲稱，他只是想在美國和阿拉伯聯合大公國之間建立一個「寬容之網」。[33]

這次辯護再次成為一場鬧劇。但陪審員們再一次欣然接受。他們宣告巴拉克無罪，讓他獲釋。聽到判決後，巴拉克喜極而泣。

這一判決是司法部利用法院打擊外國遊說網絡最低限度執法努力的一大挫折，但他們並沒有放棄，二〇二二年，檢察官將目標鎖定在川普的億萬富翁盟友韋恩，據稱他利用在共和黨全國委員會的職位，幫北京抓捕藏匿在美國的異議人士。美國司法部對韋恩提起訴訟，試圖迫使他在《外國代理人登記法》註冊，並揭露他代表北京所做的一切。

就像克雷格和巴拉克一樣，政府列出了韋恩運作的所有細節：秘密會議、秘密電話，以及所有哄騙川普聽從北京命令的努力。但就像克雷格和巴拉克一樣，韋恩已將自己出賣給外國勢力。

也與克雷格、巴拉克一樣，法律手段終告失敗了。二〇二二年十月，聯邦法官做出對韋恩有利的裁決，宣布這位億萬富翁不必註冊為外國代理人，也不必揭露他代表中國官員所做的任何工作。[34]

大部分案件都取決於法律條文的細節，主審法官引用訴訟時效的先例，裁定韋恩揭露其親北京努力的義務早在幾年前就已到期，政府不能強迫他這樣做。法官雖然不情願，但補充道，韋恩在為中國獨裁政權工作期間仍應「根據《外國代理人登記法》進行登記」。[35]但法官的手腳已被束縛。而對檢察官來說，因為法律條文而敗訴，也仍舊是敗訴。

聯邦檢察官連續第三次搞砸備受矚目的外國代理人案件；檢察官連續三次遭到公開羞辱，

錯過了許多人心目中必勝的案件，也毀掉了川普時代打壓外國遊說網絡的勢頭。一個月後，聯邦檢察官透露，他們不會對朱利安尼提出與外國遊說相關的指控，儘管他所有記錄在案的工作都是代表委內瑞拉、土耳其和烏克蘭的人物，這可說是虎頭蛇尾。

再加上川普對馬納福和佛林的赦免，川普時代的所有進步，都面臨被毀掉的風險。檢方的失敗來得正是時候。不僅因為它們恰逢拜登政府放鬆對大學和智庫的壓力，還因為到川普卸任時，新政權已經開始帶頭招募新的外國代理人，並將觸角伸向新行業。

＊＊＊＊＊

多年來，麥肯錫被視為全美最負盛名、最受歡迎的顧問公司，憑藉著深厚的政治關係及傑出新員工、成功校友，一直主導著整個顧問領域，與可口可樂和微軟等公司簽訂協議，甚至為比爾及梅琳達．蓋茲基金會（Bill & Melinda Gates Foundation）等組織提供服務。到了二〇一〇年代中期，麥肯錫都保持無與倫比的聲譽。

但大約在同一時間，這家被認為是潔白無瑕的公司也開始尋找美國以外的客戶。與其他地方的遊說人員和律師事務所一樣，麥肯錫沒多久就與一些最可怕的政權產生了交集，並意識到有無窮無盡的錢可賺。

追溯麥肯錫道德腐化的過程可以寫一整本書。事實上，這本書已經存在，沃特．博格達尼奇（Walt Bogdanich）和邁克．福賽斯（Michael Forsythe）在二〇二二年出版的《當麥肯錫進城》（*When McKinsey Comes to Town*），該書詳細介紹麥肯錫對美國鴉片類藥物危機和爭議性移民拘留設施負有責任。本書最值得關注的內容是，麥肯錫終於公開宣稱自己是外國代理人。

正如二〇二〇年提交的文件所揭露的那樣，麥肯錫幾年前就與沙烏地阿拉伯經濟和發展事務委員會簽署了一項協議。這個客戶的名字直接指向背後的資金來源——沙烏地阿拉伯政權。調查結果顯示，麥肯錫在幫助沙烏地阿拉伯盜賊政權「發展多元化經濟」的同時，還賺取了數百萬美元。麥肯錫組織了沙烏地阿拉伯官員與美國「商界領袖和智庫專家」之間的對話。

但麥肯錫幫助沙烏地阿拉伯安排的不僅是開會，其他職責包括調查美國公眾對沙烏地阿拉伯的態度、為沙國官員與美國同行的對話做準備、為沙國官員在美國制定行程。麥肯錫甚至設立了一個單獨的「戰略夥伴關係辦公室」，幫助沙國政權與美國等國家「發展夥伴關係」。36

乍看，麥肯錫與沙烏地阿拉伯的關係是正常的。但麥肯錫已經成為 個政權的參謀，這個政權在國內發動大規模處決，組織斬首行刑，並將婦女視為財產。在華府的外國遊說世界中，這一切已經成為了常態。

但麥肯錫並沒有就此止步。就像《紐約時報》後來報導的那樣，麥肯錫特別向沙國政權指出了三位破壞獨裁政權形象的批評者。在麥肯錫向沙國舉報異議人士後不久，沙國政權就發動新的鎮壓。逮捕批評者及其家人，並以似是而非的罪名將他們關進監獄。麥肯錫否認對獨裁政權的舉動負有責任。麥肯錫聲稱，他們對沙烏地阿拉伯人可能利用該公司的工作，進行此類審查感到「震驚」。沙烏地阿拉伯政權向麥肯錫投入了數百萬美元，麥肯錫隨後指責一系列異議人士玷污了沙烏地阿拉伯的形象，然後將一系列異議人士指認出來。麥肯錫得到了報酬，而持不同政見者則被判入獄。[37]

另一個案例是，麥肯錫在中國新疆地區組織一次員工度假會。當時中國正對維吾爾人進行種族滅絕，中國當局強迫數百萬穆斯林進入二戰以來全球最大的集中營系統。[38]一位報導過麥肯錫的記者說道：「我認為，從商業的本質來看，他們是僱傭兵。他們可為任何出得起錢的人工作。」[39]

這種商業道德得到了華府菁英與企業的認可。正是這種精神，最終將麥肯錫推向外國代理人的角色，並成為獨裁政權的馬前卒。

＊　＊　＊　＊　＊

自二〇一六年以來，由親沙烏地阿拉伯遊說人員和公關公司組成的「軍隊」，僅在美國遊說人員身上就花費了超過一億美元，要找出任何會毀損沙烏地阿拉伯獨裁者王儲穆罕默德·本·薩勒曼（MBS, Mohammed bin Salman）聲譽的人事物。[40]他們成功應對了九一一恐怖襲擊中遇難者家屬的訴訟，「據報導，他們策劃了一場欺騙美國退伍軍人進行反對遊說的活動，九一一受害者家屬可以換取前往華府的旅行。」[41]

在此過程中，沙烏地政權建立了「資金極其充足的遊說和影響力行動」，並開始向麥肯錫等著名公司投入資金。[42]他們也開始雇用美國高級軍官加入自己的陣營，為政權開闢另一個具影響力的領域。自二〇一六年以來，至少有十五名退役美國陸海軍將領領取沙烏地阿拉伯獨裁政權的工資，其中包括擔任歐巴馬國家安全顧問的海軍陸戰隊上將詹姆斯．瓊斯（James L. Jones）。雖然瓊斯告知美國軍方高層，他已與沙烏地政權簽訂合約。[43]

由於不必備案，美國人仍然不知道瓊斯和其他一系列前美國軍官代表沙烏地阿拉伯政權所做的事情，會如何影響美國的政策。我們不知道他們正在進行哪些對話、在推動什麼樣的立場，停止、顛覆或頒布了哪些政策。正如我們在約翰．艾倫和卡達的案例中看到的那樣，前美國軍官與波斯灣獨裁政權建立聯繫並不罕見。

MBS可能主導一名《華盛頓郵報》記者被謀殺的事件，但他忙著說服華府制定一套全新的遊戲規則，而美國即便想執行現有的外國遊說法規，看來也心有餘而力不足。

阿拉伯聯合大公國聘請了數十名前美國軍方官員，其中一些充當了粉飾該政權在華府形象的代理人。最突出的例子是前國防部長吉姆．馬蒂斯（Jim Mattis），他在加入白宮之前曾擔任阿拉伯聯合大公國的「軍事顧問」，並且從未向公眾透露過這種關係。[44]《華盛頓郵報》寫道，馬蒂斯成為阿拉伯聯合大公國軍隊「最著名的美國啦啦隊長」，儘管阿拉伯聯合大公國被指控參與酷刑營和資助俄羅斯傭傭軍等。

馬蒂斯與許多美國高階退役軍官，是否從與外國獨裁政權的合作中賺了大錢，依然是個謎，因為這個話題很少受到關注，這只是一長串前美國官員出賣自己的一環，未被以任何形式揭露過。45

在川普時代，不受限制的外國遊說威脅似乎引起過全國關注，如今這股勢頭即使沒有完全崩潰，也已停滯了。檢察官可能試圖執行外國遊說法規，但他們屢屢敗訴，法院和陪審團一次又一次做出不利的裁決。在這過程中，拜登政府似乎也放鬆了對這些問題的關注。與此同時，新政權和新的外國勢力正在推出他們自己的新的外國遊說劇本。

如果美國想要真正根除這些外國遊說網絡，並揭示它們對美國和國外民主的影響，實際上該怎麼做呢？

第十七章 李氏公關指南

美國人誤以為革命已經完成，而實際上它才剛剛開始。

——諾亞·韋伯斯特（Noah Webster）1

二〇二二年初，就在川普赦免保羅·馬納福罪行一年多之後，卻點燃了「摧毀美國在外國遊說戰線成果」的導火線。馬納福登上了從邁阿密出發，前往杜拜的阿聯酋航班。這是馬納福被赦免後首次出國，也是他逃離烏克蘭後的第一次出國旅行，烏克蘭在他們逃離之後陷入一場分裂的災難。

但在航班起飛之前，美國聯邦政府意識到馬納福的登機文件已被撤銷。二〇一七年他被捕後，官員特意吊銷他的護照，防止他逃離美國。但現在，馬納福卻不知何故，竟然成功通過海關檢查，導致警方陷入混亂。當紅眼航班準備起飛時，警察登上了飛機，找到馬納福，並強迫他下機。[2]

這位前川普競選經理從未討論過他的計畫，也從未討論過此行是否與阿拉伯聯合大公國的對外遊說活動有關，[3]或是否與阿拉伯聯合大公國轉型為國際金融中心、與俄羅斯洗錢網絡密切相關。[4]

自被赦免後，馬納福幾乎未發表任何言論。二〇二二年四月的一份報告指出，他出現在華府，試圖為新客戶提供「一般商業諮詢」。[5]他還出版了一本枯燥且自戀的回憶錄，題為《政治囚徒》（Political Prisoner），這本書跳過他的外國代理人職業生涯，[6]架構是訴說「我很不幸」的監獄日記，可被視為是寫給川普「自以為是的情書」。無論是身體上還是職業上，馬納福都變成了空殼。一位七十多歲老人，精神萎靡，宣稱入獄後自己失憶日益嚴重。

馬納福親眼目睹自己所有的政治遺產被摧毀，只因他的貪婪。事實上，很少有美國人能夠像馬納福那樣與「那麼多已被趕下台的獨裁者」有諸多聯繫。

看看馬納福前客戶的命運就知道了。在菲律賓，馬可仕捲起尾巴逃跑了，政權崩潰，國民歡欣鼓舞。在安哥拉，政府軍最終殺死若納斯．薩文比，舉國歡騰。在奈及利亞和剛果民主共和國，薩尼．阿巴查和莫布杜．塞塞．塞科都受到憎惡，被視為現代盜賊政權發展的關鍵案例。

在美國，馬納福最著名的客戶川普，是十九世紀中葉以後最受鄙視的總統。由於馬納福的努力，川普可以自豪地稱呼自己是第一位兩次遭到彈劾的美國總統、第一位拒絕承認選舉失敗的美國總統、第一位因公司逃稅被判有罪的美國總統、第一位接受國會正式刑事指控的美國總統，以及第一位遭到起訴並拍攝嫌疑犯照片的美國前總統，如果川普再進一步成為第一位卸任後入獄的美國前總統，也不足為奇。這真的是了不起的成就。

在烏克蘭，馬納福見證了他最長遠、最具破壞性、最可惡的影響持續蔓延。沒有馬納福，就不會有二〇一〇年的亞努科維奇當選，最終導致二〇一四年烏克蘭革命和流血事件。如果沒有這場革命，沒有馬納福製造火種，二〇一四年和二〇二二年俄羅斯入侵就不會發生。

若將俄羅斯入侵烏克蘭完全歸咎於馬納福，就有點超過，但追根究柢，普丁是這場災難的主要推手，俄羅斯無法正視或承認前殖民地的主權，也是這場災難的根源。但馬納福確實在其中扮演重要角色，沒有他，亞努科維奇就不可能重新掌權。如果亞努科維奇繼續躲藏在俄羅斯，就不會有戰爭，至少不會造成這場災難。

無論接下來發生什麼事，無論有多少生命消逝，無論涉及多少國家，無論對歐洲和全世界造成多少破壞，都可以追溯到馬納福這位獨一無二的角色。

* * * * *

當然，馬納福的另一個遺產是外國遊說產業本身。隨著馬納福獲得自由，以及美國打壓外國遊說網絡的努力崩潰，該行業不斷進化。

自二〇一六年後，外國遊說產業不斷成長，美國意識到外國遊說網絡已構成威脅。以追蹤外國遊說資金聞名的非營利組織「開放機密」（OpenSecrets），在研究表格中揭示，自二〇一六年後外國的遊說支出已達近四十億美元。[7]其中一些來自民主國家盟友，例如日本和韓國。但在支出最高的國家當中，很大一部分來自地球上最令人反感的獨裁政權。中國位居榜首，二〇一六年後總共支出近三億美元；俄羅斯花了近一億七千萬美元。[8]還有海灣地區的專制國家，如卡達、阿拉伯聯合大公國和沙烏地阿拉伯，支出總額接近五億美元。

而這些只是《外國代理人登記法》資料庫中所揭露的數字，還不包含《遊說揭露法》的外國公司捐款漏洞，也不包括非營利組織、基金會和大學的八、九位數的捐款，不包括隱藏在空殼公司和信託基金等金融工具後面的外國融資網絡。[9]

即使在二〇一六年的風暴之後，外國遊說也不會輕易消失，尤其是川普已入主白宮。一些外國代理人的無恥程度令人震驚，例如，二〇二二年俄羅斯入侵烏克蘭後，親俄的組織仍繼續在華府尋找願意協助他們的遊說人員，像是翰宇國際律師事務所（Squire Patton Boggs）和BGR集團（BGR Group）等知名公司。[10]這些組織及其美國遊說人員利用《遊說揭露法》中的漏洞，成功掩蓋他們與莫斯科的聯繫，推行親俄政策。

即使這些外國遊說網絡被識別出來，即使他們被發現違反了現行法律，也很難確保他們會被繩之以法。這些一切都歸因於未能成功起訴違法的外國代理人，以及充滿惰性的官僚機構、一心赦免外國代理人的總統。外國代理人可能會受到前所未有的審查，很大程度上要歸功於馬納福和川普，但他們再次逃離執法部門掌控，悄悄溜回幕後，威脅要讓世界變成過去那種陷入混亂的狀態。

是否應該直接禁止為外國政權進行遊說？如果《外國代理人登記法》達不到資訊揭露的要求，是否應該完全廢除它？是否該像拜登在競選過程中所呼籲的那樣，徹底禁止外國遊說？

＊　＊　＊　＊

我們知道，《外國代理人登記法》一旦實施，將有利於提高透明度。《外國代理人登記法》可以有一些調整和變化，進一步改善「外國代理人資料庫」、修正《遊說揭露法》的漏洞。官員甚至可以擴大《外國代理人登記法》對民事禁令的使用，允許司法部命令潛在的外國代理人停止工作，直到他們遵守法律；或者官員可以增加對《外國代理人登記法》違規者的民事罰款，這可能會打擊正在為外國勢力效勞並企圖迴避基本透明度要求的美國公司和美國人。增加禁令和罰款可以打擊外國代理人違規，也可以避免《外國代理人登記法》相關的起訴總是以敗訴告終。

立法者已經開始意識到，僅僅執行或更新現有法規不是解決方案。相反，也許是時候兌現我們之前提到的美國立法者承諾了。也許是時候徹底禁止美國人為外國政權進行遊說了。

二〇二二年，兩黨眾議院議員提交了名為《停止幫助對手操縱一切》（Stop Helping Adversaries Manipulate Everything）的法案。[11] 該法案的文字很簡單。如果通過，它將禁止美國人代表最反美的政權及其相關組織進行遊說。最後，美國人不能再自由地為中國政權、俄羅斯公司、委內瑞拉盜賊統治者或伊朗代理人進行遊說。美國歷史上第一次，美國公民無法再無限制地向那些明確試圖利用其服務達到反美和反民主的政權提供「請願權」，並賺取數百萬美元。[12]

《停止幫助對手操縱一切法案》不會將整個外國遊說產業完全非法化。到目前為止，被美國政府正式認定為「外國對手」的政權僅包括北韓、古巴等。但《停止幫助對手操縱一切法案》可以是對獨裁政權的警告。事實證明，《停止幫助對手操縱一切》法案很受歡迎，得到廣泛的支持，從共和黨研究委員會到兩黨赫爾辛基委員會，再到各種支持透明度的民間社會團體，都表示支持。《停止幫助對手操縱一切法案》也迫使美國人面對一些簡單的問題：為什麼美國人代表這些政權進行遊說是合法的？為什麼美國人可以合法地拿錢幫助中國的種族滅絕者、俄羅斯民兵或北韓官員？如果美國人向這些怪物提供「請願權」不是合法的，那麼為什麼美國人應該被允許為那些屠殺調查記者（亞塞拜然）、因社交媒體貼文而監禁女性的政權（沙烏地阿拉伯）這樣做呢？

換句話說，為什麼美國人被允許將他們的憲法權利，包括遊說權，提供給他們能找到的最高出價的外國競標者？

＊　＊　＊　＊　＊

這些問題，正因為過去幾年的發展，已經開始困擾華府。但《停止幫助對手操控一切法案》尚未獲得通過，更不用說擴大到所有仍在雇用美國公司為所欲為的獨裁政權和專制政府身上了。在那之前，沒有理由認為美國人不會繼續向北京、莫斯科或任何令人厭惡的政權出賣自己。

不幸的是，正如我們在本書中所看到的，隨著智庫的崛起、學術界的開放，以及前官員和軍官的卸任後的職業生涯，全新的美國人階層和美國產業已經投入了外國政權的懷抱。除了傳統的外國遊說法規規範的範圍，我們仍然不知道外國政府在這些機構上投入了多少錢，更不用說這一切產生了什麼效果。

但我們已經開始看到解決方案浮出水面，二〇二二年，國會議員又提出了一項法案，在很大程度上釐清新網路的運作範圍，甚至有可能阻止它們進一步擴散。

這項法案被稱為《打擊外國影響法》，其中包含了美國有史以來最大膽的提議。該法案將迫使所有美國非營利組織揭露來自外國政府或外國政黨的重大捐款，並詳細說明來源和金額。智庫、學校、基金會，所有非營利組織處理為外國政權敞開大門時，都必須揭露他們接受了多少資金。[13]相關訊息將由美國財政部公布，使公眾能夠瞭解有哪些政府和哪些組織參與其中，以及這些不受監管的資金究竟在發揮何種作用。

《打擊外國影響法》的功效還不止於此，其中一個條款將堵住外國代理人的外國金流漏洞。正如我們所看到的，這個漏洞對美國選舉和美國政策構成明顯的威脅——外國代理人充當競選活動的外國資金挹注管道。

《打擊外國影響法》雖然尚未通過，但草案中規定美國所有主要政治人物，總統、副總統、總統政府成員、國會官員等，卸任後都禁止擔任外國政權的喉舌。[14]

《停止幫助對手操控一切法案》和《打擊外國影響法》凸顯許多值得關注的問題，包括為什麼智庫和大學被允許取得與外國政權的不透明融資？為什麼外國代理人能夠向美國政客捐款？為什麼美國最著名的政治家和軍官被允許卸任後立即投靠外國政府？為什麼這樣的行為不被視為美國叛徒？

兩項法案都朝修正現有規範和檢討執法失敗的方向繼續推進，且都是在兩黨合作的基礎上凝聚共識。

可以肯定的是，國會仍然對外國遊說活動的泛濫負有部分責任。數十名前議員和國會工作人員在離開公職後，與其他政權勾結，並成為外國代理人，而現任國會議員對於關閉這一管道沒有興趣，眾議院道德委員會阻止相關調查。二〇二三年初，隨著共和黨接管眾議院，共和黨立法者甚至宣布削弱國會道德辦公室的功能。[15]

美國最初的外國遊說醜聞是由國會調查的，當時俄羅斯特工開始賄賂立法者，試圖改變對阿拉斯加購地案的投票。之後國會調查了艾維·李的親納粹政權行為，然後推動並通過《外國代理人登記法》等法案。現在，國會也正在帶頭推動立法，清理相關困境。國會可以說是防止華府淹沒在這股外國遊說洪流中的堤防。

* * * * *

為何私部門不應該被視為外國政權的潛在盟友？所謂私部門，包括公司、顧問公司，以及所有那些從代表外國政權的遊說人員中獲利的人，已經一次又一次地證明自己沒有能力監管自己，也沒有能力讓自己遵守最基本的道德規定。一次又一次，私部門興高采烈地選擇了利潤，甘願充當專制勢力的幫兇。

如果說後冷戰時代有一條清晰的主線，將盜賊政權的興起、民主的倒退、獨裁政權在世界各地的擴張等連成一線，那麼美國私部門一直是這個世界中一個甘願效勞外國勢力的代理人。

回顧馬納福代表亞努科維奇在烏克蘭組成的團隊。美國政治兩翼都有遊說公司和顧問公司為馬納福的洗錢活動提供幫助。其中有前美國官員，他們轉變為私部門參與者，馬納福可以利用他們來遊說他們的前同行。在整個過程的大部分時間裡，世達律師事務所參與其中，似乎對亞努科維奇的統治表示認可，突顯了美國律師事務所在整個過程中的核心地位。這些律師事務所提供他們所謂的專業知識、公信力和分析，實際上卻是在為另一個正在崛起的獨裁者粉飾太平。這也揭示美國法律產業發生了多大的變化，並成為世界各地暴君的僕從。

亞努科維奇之所以下台，是烏克蘭人以民主的力量推翻了他，並啟發了全球性的變革。然而，這些事務所並非個案，他們只是這場交易中最倒楣的一群，恰好因為幫助馬納福而被逮到。這凸顯出有多少美國企業已轉變為現代獨裁政權的關鍵盟友，以及美國人和其他國家很少能依靠私部門進行自我改革。

＊　＊　＊　＊　＊

但也許沒有一個產業比美國公關產業更深入地融入現代獨裁，不論是在華府或其他地方，影響著全球外國遊說的格局。艾維．李創立這個行業一個世紀後，公關公司繼續為世界各地的獨裁者提供服務，將他們從專制者化妝成民主人士，在這個過程中進一步打開大門並鞏固他們的政權。李若看到這一切，想必會感到熟悉，如果參考他當年在義大利和德國等地與獨裁政權合作的記錄，他甚至可能會對此表示贊同。

在寫這本書時，我發現這種轉變至少有一部分直接源於公關產業直接承襲了李的遺產。對於該行業的許多人來說，這一行業已擁有數百萬員工，「每年對全球經濟的影響」估計達數千億美元。李仍然是一位創新先驅，是公關領導者心目中獨一無二的人物。李不僅發明了這個行業，而且還親自撰寫了一本關於這個行業的書，紐約公關博物館在二〇一七年出版了《李氏公關指南》（*Mr. Lee's Publicity Book*）。這本書在二十一世紀與一個世紀前李首次撰寫時「同樣有價值，甚至可能更有價值」。[16]

然而，若要仔細觀察李晚年聲譽掃地的蛛絲馬跡，比如他為墨索里尼效力、散播親蘇聯的言論，甚至投身納粹政權宣傳的中心，你就會對他感到失望。這是李一生中的一個章節，但公關行業的掌舵者似乎忽略了這一點，甚至積極淡化了這一點。正如《李氏公關指南》所說：

「沒有確鑿的證據」表明李「故意為納粹政權工作」，就好像他在德國的全部努力只是一些無辜的誤會。[17]

李被視為一盞指路明燈，是值得效仿的傑出人物。《李氏公關指南》中的一項分析寫道，李先生的「遺產之所以引人注目，是因為他不斷且反覆地關注為自己及其角色建立職業信譽」。[18]二〇一二年，公關博物館的創始人雪萊・斯佩克特（Shelley Spector）就李的「道德準則」單獨撰寫了一篇文章，聲稱「公關人員自職業誕生以來就擔任過許多角色，其中最重要的莫過於成為道德的守護者。」對斯佩克特來說，李「對公關最重要的貢獻」，是他「創造了道德危機管理」。斯佩克特雖然承認李與獨裁者的合作，但僅輕描淡寫地表示「自那以後，有些人開始質疑李在與德國人和蘇聯人合作方面的道德性」，彷彿他為克里姆林宮與納粹政權政府效力的事實仍存有爭議。[19]

這一切，充滿了令人眼花撩亂的公關話術。李經常詆毀調查記者，經常混淆企業犯罪的真相，經常誣衊那些推動透明度或任何公平正義的人。當他在美國的客戶不再需要他時，他就轉向那些準備發動世界上最大規模、最具種族滅絕性戰爭的政權。他的「毒藤」綽號象徵著他對美國政治生態的毒害，也象徵著他的德國客戶法本公司研發的毒氣最終被納粹政權用於集中營大屠殺。

這是整個公關產業至今仍未曾真正檢討的歷史。二〇一〇年，《經濟學人》將李形容為「讓仿真性勝過真實性」之後，[20]美國公關協會首席執行官蓋瑞・麥考密克（Gary

McCormick）勃然大怒，嗤之以鼻地說，該雜誌的「評價與事實相差甚遠」。麥考密克表示，公關業「為公眾帶來了不可估量的福祉」。從本質上來說，這種說法是無法檢驗的。但麥考密克進一步指出，該行業的「嚴格的道德標準」，包括「忠誠」、「獨立」和「公平」等，都是「增強公眾對該行業信任」的一種手段。[21]

這些說法聽起來冠冕堂皇，但這些「道德標準」卻完全找不到對以下問題的明確規範，例如，是否可以為獨裁者工作？是否可以洗白專制政權的形象和聲譽？是否可以追究親獨裁政權的公關公司相關責任？當我向美國公關協會和公關博物館詢問李與獨裁者的合作，或者現代公關公司在幫助現代暴君方面所扮演的角色時，我沒有得到任何回應。[22]

這就是為什麼即使在二〇二〇年代初，世界首屈一指的公關公司仍然與外國獨裁政權步調一致，並幫助他們傳播邪惡影響、殘酷統治和血腥遺產。二〇二二年，全美最大公關公司愛德曼，也是之前與亞努科維奇合作過的公司，同意與沙烏地阿拉伯達成實質協定，沙烏地阿拉伯政府是現存盜賊獨裁政權之一，但對愛德曼以及整個公關產業來說，這些都不重要。[23]

愛德曼將為這個政權做什麼？他們提供的服務包羅萬象，從「規劃和策略」到「媒體關係」到「監控線上對話」。愛德曼表示，它將「與名人建立合作夥伴關係，並尋求可能在整個王國拍攝作品的機會」，甚至與MTV合作，並與主要機構合作，以協助粉飾沙烏地阿拉伯政權的形象。愛德曼將演員樸雅卡・喬普拉（Priyanka Chopra）、演員李連杰（Jet Li）和DJ大衛・庫塔（David Guetta）等名人視為潛在的沙烏地阿拉伯合作者。[24] 愛德曼還發布新聞稿，聲稱沙烏地阿拉伯保持「對賦予婦女權力的堅定承諾」，[25]儘管該政權對女性活動人士進行「鎮壓」，經常監禁女權活動人士。[26]

也許最引人注目的是，愛德曼在其他組織因沙烏地阿拉伯的行為而感到羞愧，並選擇解除合作後，還是與之簽署合約。

公關產業的道德自律幾乎從未起過作用，至少直到穆罕默德．本．薩勒曼親手謀殺了一名《華盛頓郵報》記者。在那次暗殺之後，許多美國公司放棄了沙烏地阿拉伯的客戶。也許在美國歷史上第一次，「羞恥」可以阻止這些公司。[27]

但這名記者遇刺兩年後，愛德曼就開始重建與沙烏地阿拉伯的關係，並與麥肯錫、波士頓諮詢集團（Boston Consulting Group）以及科維斯（Qorvis）等公司一道幫助沙烏地阿拉伯。[28]尚不清楚這是否違反愛德曼的內部「人權政策」，該政策聲稱公司「承諾在我們業務的各個方面維護人權」。[29]到了二〇二三年，這起謀殺案或任何其他與沙烏地政權有關的可怕罪行，就彷彿從未發生過。

但換個角度來看，這不就是愛德曼的目標嗎？正如該公司在為該政權的宣傳中所寫的那樣，他們欣然承認人們仍擔心沙烏地阿拉伯「侵犯人權」。[30]愛德曼將盡力幫助沙烏地阿拉伯挽回聲譽。[31]

用兩個字來說，就是「無恥」。李的遺產至今仍在這個行業中徘徊。

李在其生前從未真正出版過《李氏公關指南》。直到二〇一〇年代，研究人員在翻閱他的檔案時，發現了他的手稿，並決定向公眾發布。這本書被譽為「公民公關指南」。二〇一七年八月出版，時機恰到好處。[32]

當這本書出版時，李的名字和他的遺產，已經比任何時候都更頻繁地出現在新聞中，這一切並不難理解。曾經有一位美國總統，身邊圍滿了外國代理人，將李的工作直接帶進了白宮。美國民眾突然意識到外國遊說和外國影響力運動的深度和危險，這是李的例子的直接影響。

還有馬納福，這個將李的火炬推遞得向更遠的男人，身處一切事端的中心，在此過程中他扭轉了美國和其他地方民主的天平。和李相同，馬納福把他的國內創新帶到了國外，向一群專制人物介紹如果他們雇用他，就能利用的魔法。就像李一樣，馬納福隨後也眼睜睜地看著自己的事業和影響力毀於一旦。

我們不清楚馬納福是否曾經讀過李的書。但如果他讀過，這本書的最後一句話對他來說可能是深有感觸的。李寫道：「要欣賞宣傳者的力量，沒有必要聽他吹噓自己的勝利，敵人的抱怨已經足夠了。他們只談論他的權力，因為直到最近，權力一直是公關人的主要武器。他才剛開始伸張正義。」[33]

美國已經等待了一個世紀，等待「公關人」能夠「運用正義」，放棄為獨裁政權服務。

儘管李和馬納福都失去了一切，但他們的遺產仍然與我們同在，並繼續影響世界各地的暴君及其美國支持者。儘管這些人可能目睹自己的個人財富崩潰，也可能目睹自己的投資和影響力瓦解。但在很多方面，這個世界，有美國公司、美國官員和美國非營利組織、美國顧問和美國遊說人員在全球各地幫助獨裁者和暴君，在每個地方扼殺民主，現在甚至將目標對準了美國本身，這就是李和馬納福創造的世界，繼續不斷地旋轉著。

後記

草叢底下有黃金。

——喬・米爾納（Joe Milner）[1]

一九九九年，兩位研究人員仔細爬梳俄羅斯最近公開的特務機關國家安全委員會的檔案，赫然找到一大發現。在散落各處的備忘錄和供詞中，可以確認蘇聯曾經將一名間諜、一名外國代理人，滲透到美國國會之中。目前還不清楚研究人員是否立即認出這個名字，或猜想它與外國遊說歷史之間有什麼關聯。但是像艾維・李這樣的人物一眼就會認出這位代理人；對於記得本書開頭提到的國會聽證會的人來說，也同樣熟悉這個人，他就是眾議員塞繆爾・狄克斯坦因。

本書一開頭就看到狄克斯坦主持國會聽證會，揭露李為獨裁政權效命，是納粹政權在美國的傳聲筒。狄克斯坦揭發法本公司和納粹政權之間的關係，他或許比起其他任何一位國會議員都讓李倜促不安、讓李承認他替納粹政權工作。狄克斯坦因推動立法倡議，最終催生《外國代理人登記法》。

狄克斯坦因向世界揭露艾維．李替獨裁政權效命之後幾年，自己卻轉向蘇聯，向莫斯科表示自願提供服務。他與被蘇聯吸收的其他美國人不同，他似乎並沒有明顯流露出同情共產主義的心態。蘇聯官員給狄克斯坦因取的代號是「騙子」（Crook），顯示他似乎只對金錢感興趣。蘇聯官員寫道：「『騙子』完全名實相符。他是一個不擇手段，貪圖錢財且非常狡猾的騙子。」

蘇聯人付的錢並沒有白花。狄克斯坦因利用他在國會的影響力，加快蘇聯人獲得美國護照簽證的速度，使蘇聯公民和蘇聯特工在美國旅行變得更加容易。根據蘇聯文件，狄克斯坦因還秘密分享「一九四〇年戰爭預算的資料」、「預算小組委員會會議記錄」、「戰爭部長報告書」等。有一次，狄克斯坦因甚至向他的聯絡人傳遞了一名蘇聯叛逃者的訊息。不久，這名叛逃者被發現橫屍於飯店房間內。

然而，隨著時間的推移，莫斯科厭倦了狄克斯坦因需索無度、節節提高的價碼。蘇聯最終和他停止合作，抱怨他的工作不值他所要求的價碼。狄克斯坦因隨後離開國會，出任紐約州最高法院法官，一直擔任公職，直到一九五四年去世。狄克斯坦因躲過他與蘇聯有任何關係的傳言，也躲過外國代理人身分若是曝光必將面臨的起訴。作家彼得．達菲（Peter Duffy）寫道，一直到蘇聯檔案公開，狄克斯坦因才被揭露為美國「唯一已知，曾秘密擔任外國勢力代理人」的民選聯邦官員。[2]

在二〇二三年底，在本書的手稿已經定稿之後，聯邦檢察官又投下一枚重磅炸彈。在一連串令人震驚的起訴案中，檢察官指控另一位國會議員追隨狄克斯坦因的腳步，成為外國代理人，代表外國獨裁政權活動。而這一次，來自紐澤西州的民主黨籍聯邦參議員鮑勃·梅南德茲（Bob Menendez），將面臨法律的全面制裁。

＊＊＊＊＊

梅南德茲面臨的指控既令人震驚又引人注目，甚至幾近鬧劇。這些犯行涉及許多方面，包含隱藏金條、收受暴徒的相關賄賂，甚至幫助他妻子掩蓋用汽車撞死一名男子的事實。

但與本書最相關的是，梅南德茲在外國政權的要求下從事秘密工作的指控，使得梅南德斯的案件與美國歷史上的其他案件大不相同。檢方首次指控一位現任參議員密謀充當外國代理人，他秘密變身為外國獨裁政權的傳聲筒，讓這個政權掌握美國政府最高層級的政策。

檢察官聲稱，梅南德茲秘密為埃及殘暴政權效勞，為開羅的盜賊統治者提供從間諜到代筆撰稿等各種服務。他背地裡替埃及官員撰寫文章，發送給其他毫無戒心的美國參議員。他秘密傳遞「高度敏感」的訊息，指認美國駐開羅大使館員工的身分，這些員工可能因此淪為該地區最血腥政權鎖定的偵伺目標。他私下發出「美國國會即將表決是否把爭議武器出售給埃及」的簡訊。檢察官指出，這些簡訊至少收到一名埃及官員回傳「豎起大拇指」的表情符號。

梅南德茲一直擔任參議院外交關係委員會主席，是最高層級的參議員，位居國會外交決策單位的頂端，制定國會外交政策的優先事項，指揮國會外交政策的經費配置，指導國會外交政策的決定，與此同時卻又涉嫌「秘密援助埃及政府」。[3]

與狄克斯坦因一樣，梅南德茲並不是因為意識形態成為外國代理人；檢察官指出，一切都是為了換取「數十萬美元的賄賂」。在與此相關的賄賂中，也包括前面提及的金條，或許這就是為什麼梅南德茲後來在谷歌（Google）上搜尋「一公斤黃金值多少錢」的原因。然而，梅南德茲被指控的某些罪行聽起來更加荒謬，更加令人不安。例如，梅南德茲似乎主要是依據他太太納丁・梅南德茲（Nadine Menendez）的要求行事。她本人從開羅的一位聯繫人那裡得到一份「低薪、不用上班的工作」。有一篇報導指出，梅南德茲在從事所有這些工作的同時，也保留了對「數量不明的機密資訊」的取閱權。[4]

由於這篇後記寫在梅南德茲接受審訊之前，因此目前還不清楚否認犯有任何不當行為的梅南德茲，可能交出多少機密給埃及政府。但至少有一件事是明確的，甚至是令人惱火的。在上一章提到的所有有關《外國代理人登記法》的改革，諸如增加民事禁制令和民事罰款、堵住巨大的漏洞等，都已經納入國會擬議的法案當中。立法者一次又一次地試圖通過這些改革。但是到目前為止，他們還沒有成功。可以說，《外國代理人登記法》仍然不動如山，沒有改革。《彭博法令網》（Bloomberg Law）指出，有一位立法者一夫當關，阻擋下有關《外國代理人登記法》的一切改革，這個人就是梅南德茲。[5]

換句話說，一名涉嫌替外國政權擔任代理人的人擁有龐大的權勢，占住參議院外交關係委員會主席職位，他可以且確實一遍又一遍地阻止外國遊說法令的改革。

這實在是一件令人難以置信的事，但這也是幾個世紀前亞歷山大．漢密爾頓等人曾經提出的警告。漢密爾頓曾寫下：「在共和政府中，外國腐敗橫行的例子實在是太多，真是令人羞愧。」[6]多虧了梅南德茲，我們現在看到的也許是美國史上這類腐敗行徑最令人羞愧的案例。也是這幾十年來對外國代理人所造成的威脅置之不理，並且直接導致最終且合乎邏輯的結果。這也揭示了，如果這些外國代理人繼續攀升到華府的最高層，甚至更高的位置，他們可能會為我們帶來的災難性後果。

致謝

首先，我要感謝我的編輯漢娜．歐格拉迪（Hannah O'Grady），她將這本書從混亂而模糊的構想，打磨成如今你手中的傑出作品。漢娜的指導、清晰思路和信心，使我可以面對埋藏在《外國代理人登記法》中的文件、錯綜複雜的訴訟，以及橫跨全球的政治角力，發掘出真正值得講述的故事。沒有她，這本書根本不可能存在。同樣，我也要感謝我的經紀人薩曼莎．希亞（Samantha Shea），是她協助我完成了最初的提案，並推動它走向完成。這本書至少證明了，沒有經紀人的作家就什麼都不是。此外，我還要感謝蘇．沃爾加（Sue Warga），是她替我整理了這些註釋。

我也要感謝那些比我更早開始關注外國遊說活動失控問題的人們。像是本．弗里曼，他在波斯灣遊說網絡、智庫資助，以及盜賊統治者與寡頭的財富如何滲入美國選舉體系等方面無與倫比的研究，為這本書提供了線索。班的作品應該在更廣泛的美國政策圈中獲得更大的關注。肯．西爾弗斯坦也是如此，這位作家的調查深入揭露了外國遊說產業的陰暗面，他不僅是我最初的靈感來源，且至今仍然啟發著我。在整個後冷戰時代，西爾弗斯坦似乎是唯一，甚至可能是美國唯一，清楚認識到不受限制的外國遊說是一種威脅的人。在我看來，他就是一位美國英雄。

這本書的誕生，也離不開許多學者、研究者和記者的努力。諸如塔倫·克里希納庫瑪、梅雷迪思·麥吉希、克萊格·霍爾曼（Craig Holman）、丹尼爾·舒曼（Daniel Schuman）、安娜·馬索利亞（Anna Massoglia）、邁克·埃克爾（Mike Eckel）、泰娜·普雷萊克（Tena Prelec）、亞歷山大·庫利（Alexander Cooley）、約翰·希德紹（John Heathershaw）、湯姆·梅恩（Tom Mayne）、保羅·馬薩羅（Paul Massaro）、內特·西布利（Nate Sibley），他們不僅在這場戰役中發揮了關鍵作用，還在其他領域做出了巨大貢獻。我要特別感謝吉吉·歐康奈（Gigi O'Connell），她的敏銳洞察力讓這本書比原本更加細緻。我還要感謝席琳·布斯塔尼（Celine Boustani）和托爾·哈爾沃森（Thor Halvorssen），他們讓人權基金會（Human Rights Foundation）成為對抗專制政權的領導者。此外，也要感謝普林斯頓大學西利·馬德手稿圖書館（Princeton's Seeley G. Mudd Manuscript Library）的檔案管理員們，他們耐心地指導我，幫助我更順利地整理艾維·李的檔案，讓這個研究過程變得比原本預期的更加可控。

若沒有全國各地朋友的持續支持或持續的「吐槽」，我絕不可能完成這本書。我的老友，凱爾·福爾摩斯（Kyle Holmes）、克萊門特·烏杜克（Clement Uduk）、馬特·弗萊斯克斯（Matt Fleskes）和尼克·里斯基奧托（Nick Rischiotto），陪我一起忍受波特蘭拓荒者隊的種種失誤。如尼克·法爾斯（Nick Farris）、山姆·伍達德（Sam Woodard）和賈斯汀·楊

（Justin Young），特別在皮吉特灣（Puget Sound）等摯友，陪伴我渡過低潮，提供我所需的心理調適。一些我最要好的朋友，丹尼爾．莫倫加登（Daniel Mollengarden）、馬特．尤（Matt Youn）、克里斯．陳（Chris Chen）和克里斯．曾（Chris Tzeng），不僅提升了我的《夢幻橄欖球》技巧，還讓我永遠記住威士忌配酸黃瓜汁（pickleback）的滋味。而像德斯蒙（Desmond）和瑪姬．瑟蒙特（Maggie Sermont）、亞瑟（Arthur）和尼婭．王（Nia Wang）、傑瑞米．布隆伯格（Jeremy Blomberg）、科迪．哈克（Cody Hack）、克里斯塔．維塔格利亞諾（Crystal Vitagliano）等友人，更幫助我提升了音樂的品味。此外，我還要特別感謝喬．德懷爾（Joe Dwyer），他為本書的有聲版本貢獻了無與倫比的嗓音，並感謝艾布．塞古拉（Abe Segura）和娜塔莉．克萊里庫齊奧（Natalie Clericuzio），他們都毫不猶豫地選擇支持西雅圖水手隊，不論何時何地、無論方式如何。

還有那些在紐約及周邊地區的朋友們，他們幫助我度過人生中這個全新且令人驚嘆的美好篇章。像愛美（Amy）和馬克斯（Max）、羅南（Ronan）和佐伊（Zoe），讓我看到美好家庭應有的樣貌；羅伯特（Robert）和瑪爾約琳（Marjolein）、阿米特（Amit）和特雷莎（Therese）、卡南（Kanaan）和布里斯托（Bristol）、尼爾（Neil）和瑪麗亞姆（Mariam）、喬許（Josh）和莫利（Molly），在過去幾年幫助我們保持理智；伊恩（Ian）和梅爾（Mel）、佐伊（Zoey），還有希吉（Ziggy），他們總是不吝帶來歡笑；道克（Doc）和艾拉（Ella），以及維克托（Vector），讓這幾年的生活變得更有趣。還有沃爾什（Walsh）

和娜絲佳（Nastya），他們的精彩旅程才剛剛開始。此外，我還要感謝那些讓布魯克林成為「家」的好鄰居們：傑克（Jackie）和莎拉（Sarah）和莎倫（Sharon）、埃里克（Eric）和KJ、亞歷克斯（Alex）、連恩（Liam）、大衛（David）、底波拉（Deborah）、泰勒（Taylor）。

最重要的是，這本書的完成，離不開我的家人，他們一直支持我，確保我能夠在這一生有所成就。我要感謝爸比與媽咪，感謝他們無條件的支持，以及願意讓我娶他們的女兒，讓我的人生更加圓滿。我要感謝賈雅（Jaya）、雅各布（Jacob）和愛瑞（Ari），以及布（Fu）、尼圖（Nitu）、馬歇爾（Mashall）和整個了不起的沙爾瑪（Sharma）家族成員。同樣，我也要感謝我的父母朱爾斯（Jules）和凱西・米歇爾（Kathy Michel），他們順利而愉快地轉變為祖父母的角色。希望大家都有機會品嘗我母親烘焙的餅乾，也能親眼見到我父親頭朝下滑下樓梯的有趣瞬間！

我的妻子維爾莎・沙爾瑪（Versha Sharma），是我的一切。她帶領《青年時尚》（Teen Vogue）迎向光明未來，並且在這過程中變得更加美麗。看著她成為我們無與倫比、堅韌不拔的女兒德薇・羅絲（Devi Rose）的母親，是我這輩子最美好的事情，儘管這也帶來了無數難以安眠的夜晚。我們的寶貝，無疑是上天賜予我們最甜美的禮物。她的每根手指、每根腳趾，都是我們世界的中心。

然而，我要將這本書獻給我的弟弟，諾爾伍（Norwood）。看到他從瘦高的青少年成長為充滿愛心的叔叔，見證他成為商界的奇才，同時仍然保持他的善良與同理心，讓我感到無比自豪，難以用言語表達。我常說，我的弟弟是我所認識最好的人，只要他快樂，這個世界就會沒事。這一點，在我們步入成年後可以更加確定。他成了我女兒最喜歡的午睡夥伴，他能夠在蒙大拿州與普吉特灣之間游刃有餘地平衡家庭、事業與人生，這一切都讓這句話更加真實。我深深敬仰他，並視他為這本書中許多人物的對立面。我的弟弟，就是這世界仍然充滿良善的證明。

註釋

題詞

1. "American Graphic: Two Views of Crime and Criminals," *Washington Post*, August 12, 1980.
2. Frank Miller and David Mazzucchelli, *Batman: Year One* (Burbank, CA: DC Com ics, 2015).

外國代理人數字密碼

1. This data is from the years 1957-2016. Comptroller General of the United States, "Effectiveness of the Foreign Agents Registration Act of 1938, as Amended, and Its Administration by the Department of Justice," report to the Committee on Foreign Relations, U.S. Senate, B-177551, March 1974; Office of the Inspector General, U.S. Department of Justice, "Audit of the National Security Division's Enforcement and Administration of the Foreign Agents Registration Act," Audit Division 16-24, September 2016.
2. This data is from the years 1974-2014. Comptroller General, "Effectiveness"; Office of the Inspector General, "Audit."
3. Ben Freeman, *The Foreign Policy Auction: Foreign Lobbying in America* (n.p.: CreateSpace, 2012).
4. Joseph J. Schatz and Benjamin Oreskes, "Want to Be a 'Foreign Agent'? Serve in Congress First," *Politico*, October 2, 2016.
5. Open Secrets, "Foreign Lobby Watch," https://www.opensecrets.org/fara?cycle = 2022, accessed 8 September 2023.
6. Ibid.
7. Ibid.
8. Ibid.
9. "Alaska Investigation," *Reports of Committees of the House of Representatives*, 16th Cong., 3rd Sess. (1869), 1-5.
10. The Clinton Foundation tax documents are found on the IRS's Tax Exempt Organizations Search database, at https://apps.irs.gov/app/eos/details/. For a more legible look at Clinton Foundation finances, see ProPublica Nonprofit Explorer, "Bill Hillary & Chelsea Clinton Foundation," https://projects.propublica.org/nonprofits /organizations/311580204.

11. Elizabeth Redden, "Foreign Gift Investigations Expand and Intensify," *Inside Higher Ed*, February 20, 2020.

序言　搞砸生意

1. Orhan Pamuk, *Istanbul: Memories and the City* (New York: Vintage International, 2006).
2. Special Committee on Un- American Activities, House of Representatives, "Investigation of Nazi Propaganda Activities and Investigation of Certain Other Propaganda Activities," Hearings No. 73-DC-4, 73rd Cong., 2nd Sess. (June 5-7, 1934).
3. Ibid.
4. Ibid.
5. Ibid.
6. Ibid.
7. Ibid.
8. David B. Ottaway and Patrick E. Tyler, "Angola Rebel Chief to Receive U.S. Praise, and Possibly Aid," *Washington Post*, January 26, 1986.
9. Franklin Foer, "Paul Manafort, American Hustler," *The Atlantic*, March 2018.
10. Nicholas D. Kristof, "Our Own Terrorist," *New York Times*, March 5, 2002.
11. Ibid.
12. Evan Thomas, "The Slickest Shop in Town," *Time*, March 3, 1986.
13. Phil McCombs, "Salute to Savimbi," *Washington Post*, February 1, 1986.
14. Ottaway and Tyler, "Angola Rebel Chief."
15. McCombs, "Salute to Savimbi."
16. Ottaway and Tyler, "Angola Rebel Chief."
17. Patrick E. Tyler and David B. Ottaway, "The Selling of Jonas Savimbi: Success and a $600,000 Tab," *Washington Post*, February 9, 1986.
18. Sean Braswell, "The Bloody Birth of Corporate PR," OZY, October 24, 2015.
19. Lionel Zetter, *Lobbying: The Art of Political Persuasion*, 3rd ed. (Petersfield, UK: Harriman House, 2014).
20. "Archival Video: 1989: Paul Manafort Admits to Influence Pedaling [sic] in Wake of US Department of Housing and Urban Development Federal Investigation," ABC News, April 11, 2016.
21. U.S. Congress, "Amdt1.4.1: Overview of Free Exercise Clause," Constitution

Annotated, https://constitution.congress.gov/browse/essay/amdt1-4-1/ALDE_00013221 / , accessed 4 March 2023.

第一部　毒藥

1. Everett Dean Martin, *The Behavior of Crowds: A Psychological Study* (New York: Harper, 1920), 235.

第一章　嚴重的後果

1. Svetlana Alexievich, *Secondhand Time: The Last of the Soviets* (New York: Random House, 2017), 6.
2. Peter Grier, "The Lobbyist Through History: Villainy and Virtue," Christian *Science Monitor*, September 28, 2009.
3. Ibid.
4. Tarun Krishnakumar, "Propaganda by Permission: Examining 'Political Activities' Under the Foreign Agents Registration Act," *Journal of Legislation* 47, no. 2 (2021): 46.
5. Robert C. Byrd, *The Senate, 1789-1989, vol. 2, Addresses on the History of the United States Senate*, ed. Wendy Wolff (Washington, DC: U.S. Government Printing Office, 1988), 492.
6. Ibid.
7. Alexander Hamilton, "Federalist No. 21: Other Defects of the Present Confederation" (1787).
8. Thomas V. DiBacco, "150 Years Ago, Russia Bribed Congress to Vote for the Dough to Buy Alaska," *Orlando Sentinel*, November 3, 2017.
9. Ibid.
10. Ronald J. Jensen, *The Alaska Purchase and Russian-American Relations* (Seattle: University of Washington Press, 1975).
11. Ibid.
12. Ibid.
13. Ibid.
14. Ibid.
15. Ibid.
16. Ibid.
17. Tom Kizzia, "William H. Seward, Political Fixer," *AHS Blog*, Alaska Historical Society, March 6, 2013, https://alaskahistoricalsociety.org/

william-h-seward-political-fixer/.

18. Milton O. Gustafson, "Seward's Bargain: The Alaska Purchase from Russia," *Prologue Magazine* 26, no. 4 (Winter 1994): 261-269, https://www.archives.gov /publications/prologue/1994/winter/alaska-check.
19. "Alaska Investigation," *Reports of Committees of the House of Representatives*, 16th Cong., 3rd Sess. (1869), 1-5.
20. Lionel Zetter, *Lobbying: The Art of Political Persuasion*, 3rd ed. (Petersfield, UK: Harriman House, 2014).
21. Emily Edson Briggs, *The Olivia Letters: Being Some History of Washington City for Forty Years as Told by the Letters of a Newspaper Correspondent* (New York: Neale, 1906), 91. See https://www.gutenberg.org/files/58604/58604-h/58604-h.htm.
22. Zetter, *Lobbying*.
23. Cited in Nick Ragone, *The Everything American Government Book* (New York: Simon and Schuster, 2004), 194.
24. Adam Hochschild, *King Leopold's Ghost: A Story of Greed, Terror, and Heroism in Colonial Africa* (New York: Houghton Mifflin, 1999).
25. Ibid.
26. Ibid.
27. Ibid.
28. Ibid.
29. Ibid.
30. Ibid.
31. Ibid.

第二章　真相是什麼

1. This quote has been attributed to, among others, George Orwell, William Randolph Hearst, and Malcolm Muggeridge. There is little evidence linking the quote to any of them. See Dorian Lynskey, "The Ministry of Truth," *PowellsBooks.Blog*, June 5, 2019, https://www.powells.com/post/original-essays/the-ministry-of-truth.
2. "The Ludlow Massacre," *American Experience*, PBS, https://www.pbs.org/wgbh /americanexperience/features/rockefellers-ludlow/, accessed 3 March 2023.
3. Ben Mauk, "The Ludlow Massacre Still Matters," *New Yorker*, April 18, 2014.
4. Austin Harvey, "The Bloody Story of the Ludlow Massacre, When Striking

Coal Miners and Their Families Were Killed by the National Guard," All That's Interest ing, last updated October 14, 2022, https://allthatsinteresting.com/ludlow-massacre.

5. "The Ludlow Massacre."
6. Seamus Finn, "Strikes, Industrial Unrest: All Put in the Shade by the Infamous Ludlow Massacre," *Irish Independent*, May 7, 2009.
7. Mauk, "The Ludlow Massacre Still Matters."
8. "The Ludlow Massacre."
9. Ray Eldon Hiebert, *Courtier to the Crowd: Ivy Lee and the Development of Public Relations in America*, 2nd ed. (New York: PRMuseum Press, 2017).
10. Ibid.
11. Grady's was hardly the only racist voice Lee was exposed to at an early age. Lee's father, James Lee, once contributed to a book called *Anglo-Saxon Supremacy*, or, *Race Contributions to Civilization*. Lee rarely commented on race in the United States, though there is little indication he veered from the white supremacist rhet oric of his childhood. For instance, he once referred to Asian immigration to the United States as "an invasion from the Orient." Ibid.
12. Ibid.
13. Ibid.
14. Ibid.
15. Scott M. Cutlip, "Public Relations Was Lobbying from the Start," letter to the editor, *New York Times*, January 18, 1991
16. Hiebert, *Courtier to the Crowd*.
17. "The First Press Release," NewsMuseum (Lisbon), accessed 3 March 2023.
18. "Business School to Hear Ivy Lee," *Harvard Crimson*, January 29, 1924.
19. Timothy Noah, "Mitt Romney, Crybaby Capitalist," *New Republic*, July 16, 2012.
20. "Rise of the Image Men," *The Economist*, December 16, 2010.
21. Hiebert, *Courtier to the Crowd*.
22. "Rise of the Image Men."
23. Ivy Lee with Burton St. John III, *Mr. Lee's Publicity Book: A Citizen's Guide to Public Relations* (New York: PRMuseum Press, 2017).
24. "Rise of the Image Men."
25. Hiebert, *Courtier to the Crowd*.

26. Ibid.
27. Ibid.
28. Upton Sinclair, *The Brass Check: A Study of American Journalism* (Pasadena, CA: Upton Sinclair, 1920).
29. Sarah Laskow, "Railyards Were Once So Dangerous They Needed Their Own Rail way Surgeons," Atlas Obscura, July 25, 2018.
30. Hiebert, *Courtier to the Crowd.*
31. Ibid.
32. Emily Atkin, "Big Oil's First Publicist Advised Nazi Germany," *Heated*, January 21, 2020.
33. Hiebert, *Courtier to the Crowd.*
34. Quoted in Katherine H. Adams, *Progressive Politics and the Training of America's Persuaders* (Mahwah, NJ: Lawrence Erlbaum, 1999), 136.
35. Ken Silverstein, *Turkmeniscam: How Washington Lobbyists Fought to Flack for a Stalinist Dictatorship* (New York: Random House, 2008).
36. "Rise of the Image Men."
37. "Rise of the Image Men."
38. Hiebert, *Courtier to the Crowd.*
39. Atkin, "Big Oil's First Publicist."
40. " 'Fake News,' Lies and Propaganda: How to Sort Fact from Fiction," University of Michigan Library Research Guides, last updated August 4, 2022, https: // guides . lib .umich.edu/fakenews.
41. "Rise of the Image Men."
42. Quoted in Dick Martin and Donald K. Wright, *Public Relations Ethics: How to Practice PR Without Losing Your Soul* (New York: Business Expert Press, 2016).
43. Hiebert, *Courtier to the Crowd.*
44. Ibid.

第三章　宣傳大師

1. Quoted in Doug J. Swanson, *Cult of Glory: The Bold and Brutal History of the Texas Rangers* (New York: Penguin Books, 2021).
2. Ray Eldon Hiebert, *Courtier to the Crowd: Ivy Lee and the Development of Public Relations in America*, 2nd ed. (New York: PRMuseum Press, 2017).
3. Ivy Lee Archive, Seeley Mudd Manuscript Library, Princeton University,

Box 4, Folder 6.

4. Ibid.

5. Ibid.

6. Hiebert, *Courtier to the Crowd.*

7. "New Yorker Sees Cuno, Stinnes, and Mussolini," New York Times, May 27, 1923; "Foreign News: Ivy Lee a- Visiting," *Time*, June 11, 1923.

8. It's unclear if Lee was familiar with Ernest Hemingway's later meeting with Mus solini, in which the dictator sat "frowning over" a French- English dictionary, try ing to pose as an erudite scholar— without realizing the book was upside down. See Dennis Mack Smith, *Mussolini* (New York: Knopf, 1982).

9. Ivy Lee with Burton St. John III, *Mr. Lee's Publicity Book: A Citizen's Guide to Public Relations* (New York: PRMuseum Press, 2017).

10. Lee, *Mr. Lee's Publicity Book.* 1

1. Ibid.

12. Hiebert, *Courtier to the Crowd.*

13. Ivy Lee Archive, Box 4, Folder 2.

14. Hiebert, *Courtier to the Crowd.*

15. Ivy Lee Archive, Box 4, Folder 1.

16. Hiebert, *Courtier to the Crowd.*

17. Ibid.

18. "Ivy Lee Moved to Aid the Soviet," *New York Times*, March 28, 1926.

19. Ibid.

20. Ibid.

21. Ivy Lee, *Present-Day Russia* (New York: Macmillan, 1928).

22. "Ivy Lee Moved to Aid the Soviet."

23. "Ivy Lee Again Fails to Aid Soviet Cause," *New York Times*, July 26, 1927.

24. Lee, *Present-Day Russia.*

25. Ibid.

26. Ibid.

27. Ibid.

28. Ibid.

29. Ibid.

30. Ibid.

31. Ibid.
32. Ibid.
33. Ibid.
34. Ivy Lee Archive, Box 6, Folder 9.
35. Hiebert, *Courtier to the Crowd.*
36. Frederick L. Schuman, review of *Present-Day Russia*, by Ivy Lee, *American Journal of Sociology* 35, no. 1 (July 1929): 144-145.
37. Hiebert, *Courtier to the Crowd.*
38. Ibid.
39. "Fish Sees Demand for Red Trade Ban," *New York Times*, October 29, 1930.
40. "Tinkham Assails Ivy Lee in House," *New York Times*, February 23, 1929.
41. "Opposes Soviet Goods Ban," *New York Times*, June 16, 1931.
42. Hiebert, *Courtier to the Crowd.*
43. Vagit Alekperov, *Oil of Russia: Past, Present and Future*, trans. Paul B. Gallagher and Thomas D. Hedden (Minneapolis: East View Press, 2011).
44. Hiebert, *Courtier to the Crowd.*

第四章　奄奄一息

1. Frantz Fanon, *The Wretched of the Earth*, trans. Richard Philcox (New York: Grove Press, 2007), 48n1.
2. Antony C. Sutton, *Wall Street and the Rise of Hitler* (1976; repr., Forest Row, UK: Clairview Books, 2010).
3. Ibid.
4. Ibid.
5. Special Committee on Un- American Activities, House of Representatives, "Investi gation of Nazi Propaganda Activities and Investigation of Certain Other Propaganda Activities," Hearings No. 73-DC-4, 73rd Cong., 2nd Sess. (June 5-7, 1934).
6. Ibid.
7. Ibid.
8. Ibid.
9. Ray Eldon Hiebert, *Courtier to the Crowd: Ivy Lee and the Development of Public Relations in America*, 2nd ed. (New York: PRMuseum Press, 2017).
10. Special Committee on Un- American Activities, House of Representatives, "Investigation of Nazi Propaganda Activities."

11. Sutton, *Wall Street and the Rise of Hitler*.
12. Special Committee on Un- American Activities, House of Representatives, "Inves tigation of Nazi Propaganda Activities."
13. Ibid.
14. Ibid.
15. Ivy Lee Archive, Seeley Mudd Manuscript Library, Princeton University, Box 5, Folder 7.
16. Ivy Lee Archive, Box 4, Folder 37.
17. Ibid.
18. Hiebert, *Courtier to the Crowd*.
19. William E. Dodd, *Ambassador Dodd's Diary*, ed. William E. Dodd, Jr., and Martha Dodd (London: Victor Gollancz, 1945).
20. Ibid.
21. Ibid.
22. Ibid.
23. Frank C. Hanighen, "Foreign Political Movements in the United States," *Foreign Affairs*, October 1937.
24. Ibid.
25. Ibid.
26. Tarun Krishnakumar, "Propaganda by Permission: Examining 'Political Activi ties' Under the Foreign Agents Registration Act," *Journal of Legislation* 47, no. 2 (2021): 49.
27. Special Committee on Un- American Activities, House of Representatives, "Inves tigation of Nazi Propaganda Activities."
28. Ibid.
29. Ibid.
30. Ibid.
31. Special Committee on Un- American Activities, House of Representatives, "Inves tigation of Nazi Propaganda Activities."
32. Ibid.
33. Ibid.
34. Ibid.
35. Ibid.
36. Ibid.

37. Ibid.
38. Scott M. Cutlip, *The Unseen Power: Public Relations: A History* (Hillsdale, NJ: Lawrence Erlbaum Associates, 1994), 145.
39. Hiebert, *Courtier to the Crowd.*
40. Ibid.
41. "Ivy Lee, as Adviser to Nazis, Paid $25,000 by Dye Trust," *New York Times*, July 12, 1934.
42. "Races: Father and Son," *Time*, July 23, 1934.
43. Cutlip, *The Unseen Power.*
44. Ivy Lee with Burton St. John III, *Mr. Lee's Publicity Book: A Citizen's Guide to Public Relations* (New York: PRMuseum Press, 2017).
45. "Ivy Lee Home from Reich," *New York Times*, August 31, 1934.
46. Ibid.
47. Ibid.
48. Ibid.
49. "Ivy Lee– Farben Link Recounted at Trial," *New York Times*, October 4, 1947.

第二部　怪物

1. Quoted in Anna Reid, *The Shaman's Coat: A Native History of Siberia* (New York: Walker, 2002), 49.

第五章 秘密握手

1. Frederick Merk, with Lois Bannister Merk, *Manifest Destiny and Mission in Ameri can History: A Reinterpretation* (1963; reprint, Cambridge, MA: Harvard University Press, 1995), 179.
2. Lionel Zetter, *Lobbying: The Art of Political Persuasion*, 3rd ed. (Petersfield, UK: Harriman House, 2014).
3. Robert C. Byrd, *The Senate, 1789-1989, vol. 2, Addresses on the History of the United States Senate*, ed. Wendy Wolff (Washington, DC: U.S. Government Print ing Office), 504.
4. Quoted in Cynthia Brown, "The Foreign Agents Registration Act (FARA): A Legal Overview," Congressional Research Service report R45037, December 4, 2017, 2n11.
5. Author interview with Krishnakumar.

6. "Foreign Propaganda," U.S. House of Representatives Report No. 1381, 75th Cong., 1st Sess., 2.
7. Tarun Krishnakumar, "Propaganda by Permission: Examining 'Political Activities' Under the Foreign Agents Registration Act," *Journal of Legislation* 47, no. 2 (2021): 55.
8. The bill was remarkable in many ways, and not only for its requirements. "Despite the ominous times, the drafters of FARA produced a remarkably sophisticated piece of legislation," one analysis found. "For one thing, the statute was free of the heated language that had characterized the Congressional reports and hearings preceding its passage." Ava Marion Plakins, "Heat Not Light: The Foreign Agents Registration Act After Meese v. Keene," *Fordham International Law Journal* 11, no. 1 (1987): 191.
9. Ibid., 191-192.
10. "Bookniga Officers Get Prison Terms," New York Times, July 15, 1941.
11. Ibid.
12. "Auhagen Convicted as Propaganda Agent; Gets Two Years for Failure to Register," *New York Times*, July 12, 1941.
13. Plakins, "Heat Not Light," 192n56, 192.
14. Plakins, "Heat Not Light," 192n56.
15. "Suspending Statutes of Limitations During War or Emergency," Hearings Before Subcommittee No. 4 of the Committee on the Judiciary, U.S. House of Representa tives, 77th Cong., 1st Sess., November 26, 1941, statement of Adolf A. Berle, Jr., 28.
16. FARA would initially be placed with the DOJ's War Division, before moving to the Internal Security Section of the DOJ's Criminal Division in the 1950s. See Matthew T. Sanderson, "A History of the FARA Unit," Caplin & Drysdale, May 5, 2020, https://www.fara.us/a-history-of- the-fara-unit.
17. Plakins, "Heat Not Light," 194.
18. Foreign Agents Registration Act of 1938, as amended April 29, 1942.
19. Plakins, "Heat Not Light," 194-195.
20. Ibid., 195n73.
21. "Foreign Agents Registration Act Amendments," report no. 143, April 1, 1965, U.S. Senate, 89th Congress, 1st Sess., 2.
22. "Foreign Agents Registration Act Amendments," report no. 143, April 1, 1965, U.S. Senate, 89th Congress, 1st Sess., 4.
23. Ibid.

24. Ibid.
25. Plakins, "Heat Not Light," 195.
26. Krishnakumar, "Propaganda by Permission."
27. Interestingly, the nominal spur for these changes came not from concerns about secret Cold War– related lobbying but from, of all things, sugar quotas. Sparked by a rush to fill U.S. sugar quotas following the Cuban trade embargo, sugar cartels began throwing money at American political campaigns. They were, as one analysis found, "exceptionally organized" and "contributed significant sums of money to political campaigns" across the United States, lobbying American politicians and shifting American policy in the process. See Ben Freeman, *The Foreign Policy Auction: Foreign Lobbying in America* (n.p.: CreateSpace, 2012).
28. Ibid.
29. Quoted in Brown, "The Foreign Agents Registration Act (FARA)," 5. Some registrants take such requirements that all materials must be disclosed quite literally, including an inundation of emails, notes, and other minutiae in their filings. While such filings provide transparency, they effectively drown investigators in details— and make the filings largely worthless.
30. Ibid., 9.
31. Ibid., 10.
32. Ken Silverstein, *Turkmeniscam: How Washington Lobbyists Fought to Flack for a Stalinist Dictatorship* (New York: Random House, 2008).
33. Comptroller General of the United States, "Effectiveness of the Foreign Agents Registration Act of 1938, as Amended, and Its Administration by the Department of Justice," report to the Committee on Foreign Relations, U.S. Senate, B-177551, March 1974.
34. Ibid.
35. Ibid.
36. Ibid.
37. Ibid.
38. "Improvements Needed in the Administration of Foreign Agent Registration," enclosure I in J. K. Fasick to Benjamin Civiletti and Edmund S. Muskie, July 31, 1980, https://www.gao.gov/assets/id-80-51.pdf.
39. U.S. General Accounting Office, "Foreign Agent Registration: Justice Needs to Improve Program Administration," Report to the Chairman, Subcommittee on Oversight of Government Management, Committee on

Governmental Affairs, U.S. Senate, GAO/NSIAD- 90-250, July 1990.
40. Ken Silverstein, "Their Men in Washington: Undercover with D.C.'s Lobbyists for Hire," *Harper's*, July 2007.

第六章　智囊團

1. Alan Taylor, *American Republics: A Continental History of the United States, 1783-1850* (New York: W. W. Norton, 2021).
2. Franklin Foer, "Paul Manafort, American Hustler," *The Atlantic*, March 2018.
3. Ibid.
4. Paul Manafort, *Political Prisoner: Persecuted, Prosecuted, but Not Silenced* (New York: Skyhorse, 2022).
5. Foer, "Paul Manafort, American Hustler."
6. Ibid.
7. Ibid.
8. Ibid.
9. Ibid.
10. Manafort, *Political Prisoner*.
11. Lee Drutman, "How Corporate Lobbyists Conquered American Democracy," *The Atlantic*, April 20, 2015.
12. Quoted in Lee Drutman, *The Business of America Is Lobbying: How Corporations Became Politicized and Politics Became More Corporate* (New York: Oxford University Press, 2015), 51.
13. Joshua Keating, "Get Used to Foreign Interference in Elections," *Slate*, October 7, 2020.
14. John Adams, "Inaugural Address, 4 March 1797," *Founders Online*, National Archives, https://founders.archives.gov/documents/Adams/99-02-02-1878.
15. Dov H. Levin, *Meddling in the Ballot Box: The Causes and Effects of Partisan Elec toral Interventions* (New York: Oxford University Press, 2020).
16. The nearest thing to a foreign interference scandal came during the American Civil War, in which both French and British officials openly toyed with recognizing the Confederacy before deciding against it. See Don H. Doyle, *The Cause of All Nations: An International History of the American Civil War* (New York: Basic Books, 2017).
17. The Nazis didn't use only Ivy Lee to target Americans. As Levin discovered, "In October 1940, the Nazis leaked a captured Polish government

document, hoping to expose Franklin Roosevelt as a 'criminal hypocrite' and 'warmonger.' The German embassy in Washington gave a U.S. newspaper a bribe to publish the document." The efforts, of course, went nowhere. See Dov H. Levin, "Sure, the U.S. and Russia Often Meddle in Foreign Elections. Does It Matter?," *Wash ington Post*, September 7, 2016.

18. Author interview with Dov Levin. Years later, KGB archives revealed that Wal lace's preferred candidates for both secretary of state and treasury secretary were Soviet agents themselves. Roosevelt's replacement of Wallace with Truman "deprived Soviet intelligence of what would have been its most spectacular success." See Christopher Andrew and Vasili Mitrokhin, T*he Sword and the Shield: The Mitrokhin Archive and the Secret History of the KGB* (New York: Basic Books, 1999).
19. "Text of Wallace Letter to Stalin Calling for Peace Program," *New York Times*, May 12, 1948.
20. Author interview with Dov Levin.
21. Jason Daley, "How Adlai Stevenson Stopped Russian Interference in the 1960 Election," *Smithsonian Magazine*, January 4, 2017.
22. Casey Michel, "Russia's Long and Mostly Unsuccessful History of Election Interference," *Politico Magazine*, October 26, 2019.
23. David Shimer, *Rigged: America, Russia, and One Hundred Years of Covert Electoral Interference* (New York: Vintage Books, 2021), 87.
24. Andrew and Mitrokhin, *The Sword and the Shield.*
25. Alexander Feklisov, *The Man Behind the Rosenbergs* (New York: Enigma Books, 2001).
26. Andrew and Mitrokhin, *The Sword and the Shield.*
27. Anatoly Dobrynin, In *Confidence: Moscow's Ambassador to Six Cold War Presi dents* (Seattle: University of Washington Press, 2016).
28. Ibid.
29. Andrew and Mitrokhin, *The Sword and the Shield.*
30. Ibid.
31. Peter Baker, " 'We Absolutely Could Not Do That': When Seeking Foreign Help Was Out of the Question," *New York Times*, October 5, 2019.
32. Manafort, Political Prisoner.
33. Ibid.
34. Ibid.
35. Ibid.

第七章　領先拔群

1. T. J. Stiles, *Custer's Trials: A Life on the Frontier of a New America* (New York: Knopf, 2016), 310.
2. Paul Manafort, *Political Prisoner: Persecuted, Prosecuted, but Not Silenced* (New York: Skyhorse, 2022).
3. Thomas B. Edsall, "Partners in Political PR Firm Typify Republican New Breed," *Washington Post*, April 7, 1985.
4. Manafort, *Political Prisoner*.
5. Edsall, "Partners in Political PR Firm."
6. Meghan Keneally, "The Man Who Got Top Trump Aide into GOP Politics Recalls the Budding Talent," ABC7 Bay Area, April 26, 2016.
7. To take one example: Baker's negotiation with Nursultan Nazarbayev, dictator of the nuclear- armed and newly independent Kazakhstan, took place in the nude, as the two sweated together in a sauna. See J. A. Baker, *The Politics of Diplomacy* (New York: Putnam, 1995), 538-539.
8. "James Baker and the Art of Power," *The Economist*, September 24, 2020.
9. Franklin Foer, "The Quiet American," *Slate*, April 28, 2016.
10. Franklin, "Paul Manafort, American Hustler," *The Atlantic*, March 2018.
11. Bernard Weinraub, "After Nixon and Reagan, Young Republicans Face '88 with Uncertainty," *New York Times*, July 11, 1987.
12. Foer, "Paul Manafort, American Hustler."
13. Ibid.
14. Ibid.
15. Ibid.
16. Edsall, "Partners in Political PR Firm."
17. Kenneth P. Vogel, "Paul Manafort's Wild and Lucrative Philippine Adventure," *Politico Magazine*, June 10, 2016.
18. Foer, "Paul Manafort, American Hustler."
19. Matt Labash, "Roger Stone, Political Animal," *Weekly Standard*, November 5, 2007.
20. Edsall, "Partners in Political PR Firm."
21. In 1981 Atwater authored one of the most infamous quotes in American electoral history, describing the Republicans' so- called Southern Strategy. As Atwater said, "You start out in 1954 by saying, 'N*gger, n*gger, n*gger.' By 1968 you can't say 'n*gger'— that hurts you, backfires. So you say stuff

like, uh, forced busing, states' rights, and all that stuff, and you're getting so abstract. Now, you're talking about cutting taxes, and all these things you're talking about are totally economic things and a byproduct of them is, Blacks get hurt worse than whites. . . . 'We want to cut this,' is much more abstract than even the busing thing, uh, and a hell of a lot more abstract than 'N*gger, n*gger.' " See Rick Perlstein, "Lee Atwater's Infamous 1981 Interview on the Southern Strategy," *The Nation*, November 13, 2012.

22. Edsall, "Partners in Political PR Firm."
23. Vogel, "Paul Manafort's Wild and Lucrative Philippine Adventure."
24. Michael Lewis, "Three Words a Lawyer Should Never Say to Clients," Bloomberg, March 27, 1998.
25. Evan Thomas, "The Slickest Shop in Town," *Time*, March 3, 1986.
26. Steven Mufson and Tom Hamburger, "Inside Trump Adviser Manafort's World of Politics and Global Financial Dealmaking," *Washington Post*, April 26, 2016.
27. Manuel Roig-Franzia, "The Swamp Builders," *Washington Post*, November 29, 2018.
28. Thomas, "The Slickest Shop in Town."
29. Roig-Franzia, "The Swamp Builders."
30. One other element of the "swamp" refined by Manafort and his team: the political action committee. According to both Manafort's memoirs and reportage else where, Manafort's colleagues formed the National Conservative Political Action Committee in the 1970s. Per Manafort, it was "the first real political action committee in the United States." It was also a "precursor to the rise of super PACs," according to *The Washington Post*, helping lay the groundwork for deep- pocketed donors to flood American elections with financing. See Manafort, *Political Prisoner*; Roig-Franzia, "The Swamp Builders."
31. Edsall, "Partners in Political PR Firm."
32. Roig-Franzia, "The Swamp Builders."
33. Foer, "Paul Manafort, American Hustler."
34. Katy Daigle, "Trump Criticizes Pequots, Casino," *Hartford Courant*, October 6, 1993.
35. Shawn Boburg, "Donald Trump's Long History of Clashes with Native Americans," *Washington Post*, July 25, 2016.
36. Joseph Tanfani, "Trump Was Once So Involved in Trying to Block Indian

Casino That He Secretly Approved Attack Ads," *Los Angeles Times*, June 30, 2016.

37. Marie Brenner, "How Donald Trump and Roy Cohn's Ruthless Symbiosis Changed America," *Vanity Fair*, August 2017.
38. Foer, "Paul Manafort, American Hustler."
39. Alexander Burns and Maggie Haberman, "Mystery Man: Ukraine's US Fixer," *Politico*, March 5, 2014.

第八章　勿作懦夫

1. David R. Gayton, "A Letter by Walt Whitman: 'The Spanish Element in Our Nationality,' " *Comparative Literature Undergraduate Journal* (University of California, Berkeley), Fall 2022.
2. *Spy*, February 1992.
3. "Who's the Sleaziest of Them All?," *Spy*, February 1992, 55.
4. Ibid.
5. Filings can be found in the FARA database, available at FARA . gov.
6. Bill Berkeley, "Zaire: An African Horror Story," *The Atlantic*, August 1993.
7. Art Levine, "Publicists of the Damned," *Spy*, February 1992, 55.
8. K. Riva Levinson, "I Worked for Paul Manafort. He Always Lacked a Moral Com pass," *Washington Post*, November 1, 2017.
9. Cristina Maza, "Here's Where Paul Manafort Did Business with Corrupt Dicta tors," *Newsweek*, August 7, 2018.
10. Don Van Natta, Jr., and Douglas Frantz, "Lobbyists Are Friends and Foes to McCain," *New York Times*, February 10, 2000.
11. Tom McCarthy, "Paul Manafort: How Decades of Serving Dictators Led to Role as Trump's Go- To Guy," *The Guardian*, October 30, 2017.
12. Levine, "Publicists of the Damned," 62.
13. Kenneth P. Vogel, "Paul Manafort's Wild and Lucrative Philippine Adventure," *Politico Magazine*, June 10, 2016.
14. Ibid.
15. Ibid.
16. Evan Thomas, "The Slickest Shop in Town," *Time*, March 3, 1986.
17. Mark Fineman and Doyle McManus, "Vote Fraud on Grand Scale Reflected in Manila Area," *Los Angeles Times*, February 16, 1986.
18. Ibid.

19. Vogel, "Paul Manafort's Wild and Lucrative Philippine Adventure."
20. Fineman and McManus, "Vote Fraud."
21. Vogel, "Paul Manafort's Wild and Lucrative Philippine Adventure."
22. J. C. Sharman, *The Despot's Guide to Wealth Management: On the International Campaign Against Grand Corruption* (Ithaca, NY: Cornell University Press, 2017).
23. Pamela Brogan, "The Torturers' Lobby: How Human Rights– Abusing Nations Are Represented in Washington," Center for Public Integrity, Washington, DC, 1992, https://cloudfront-files-1.publicintegrity.org/legacy_projects/pdf_reports /THETORTURERSLOBBY.pdf.
24. Ibid.
25. Ibid.
26. Levine, "Publicists of the Damned."
27. Ibid., 58.
28. Racial realities were an underlying theme of the growing foreign lobbying industry; as one photo caption in the *Spy* investigation, featuring all of the lobbyists and their despotic clients, read, "Rich white lobbyists and the despots who love them." Ibid.
29. Ibid., 59.
30. Ken Silverstein, *Turkmeniscam: How Washington Lobbyists Fought to Flack for a Stalinist Dictatorship* (New York: Random House, 2008), 10.
31. Art Levine, "Shame Is for Sissies," *Mother Jones*, September-October 2005.
32. Adam Bernstein, "'Tyrants' Lobbyist, Flamboyant to the End," NBC News, May 2, 2005.
33. Richard Leiby, "Fall of the House of von Kloberg," *Washington Post*, July 31, 2005.
34. Levine, "Publicists of the Damned," 57.
35. Ibid.
36. Levine, "Shame Is for Sissies."
37. "WWYD 2/2," YouTube, posted by UnkownNickelodeon, April 29, 2011, https: //youtu.be/-CsOyAzdURM.

第二部　革命

1. Leo Perutz, *The Marquis of Bolibar*, translated by John Brownjohn (New York: Ar cade, 1989).

第九章　獨裁者的天堂

1. Quoted in Elizabeth A. Fenn, *Pox Americana: The Great Smallpox Epidemic of 1775-82* (New York: Farrar, Straus and Giroux, 2002).
2. Matthew T. Sanderson, "A History of the FARA Unit," Caplin & Drysdale, May 5, 2020, https://www.fara.us/a-history-of- the-fara-unit.
3. Craig Holman, "Origins, Evolution and Structure of the Lobbying Disclosure Act," Public Citizen, May 11, 2006.
4. Tarun Krishnakumar, "Propaganda by Permission: Examining 'Political Activities' Under the Foreign Agents Registration Act," *Journal of Legislation* 47, no. 2 (2021): 44-74.
5. Cynthia Brown, "The Foreign Agents Registration Act (FARA): A Legal Over view," Congressional Research Service report R45037, December 4, 2017.
6. Lydia Dennett, "Closing the Loophole on Foreign Influence," Project on Govern ment Oversight, April 13, 2018.
7. Office of the Inspector General, U.S. Department of Justice, "Audit of the National Security Division's Enforcement and Administration of the Foreign Agents Registration Act," Audit Division 16-24, September 2016.
8. Alexander Dukalskis, *Making the World Safe for Dictatorship* (New York: Oxford University Press, 2021).
9. Ibid.
10. Ibid.
11. Ibid.
12. Ibid.
13. Ibid.
14. "Hotel Rwanda Hero Paul Rusesabagina Convicted on Terror Charges," BBC News, September 20, 2021.
15. Adele Del Sordi and Emanuela Dalmasso, "The Relation Between External and Internal Authoritarian Legitimation: The Religious Foreign Policy of Morocco and Kazakhstan," *Taiwan Journal of Democracy* 14, no. 1 (2018): 95-116.
16. Dukalskis, *Making the World Safe for Dictatorship*.
17. Ibid.
18. Ben Freeman, *The Foreign Policy Auction: Foreign Lobbying in America* (n.p.: Cre ateSpace, 2012).

19. Ibid.
20. Ibid.
21. Ibid.
22. Ibid.
23. Ibid.
24. Ibid.
25. Ibid.
26. According to DLA Piper, describing the Turkish massacre of the Armenians as genocide— one of the first of the twentieth century, in which Turkish forces killed approximately 1.5 million Armenian men, women, and children— is "a matter of genuine historic dispute." But most Western nations regard it as genocide. See Thomas de Waal, "What Next After the U.S. Recognition of the Armenian Genocide?," Carnegie Europe, April 30, 2021.
27. Freeman, *The Foreign Policy Auction.*
28. Ibid.
29. Erik Wemple, "Former Congressman and Azerbaijan Advocate Finds Receptive Audience at Daily Caller," *Washington Post*, April 3, 2015.
30. Freeman, *The Foreign Policy Auction.*
31. Ken Silverstein, *Turkmeniscam: How Washington Lobbyists Fought to Flack for a Stalinist Dictatorship* (New York: Random House, 2008).
32. Ibid.
33. Ibid.
34. "APCO Wins Agency of the Year at 2006 PRWeek Awards," *PRWeek*, March 3, 2006.
35. Silverstein, *Turkmeniscam.*
36. Ibid.
37. Ken Silverstein, "Alexander Haig's Last Years," *Mother Jones*, September-October 1999.
38. Silverstein, *Turkmeniscam.*
39. Ibid.
40. Ibid.

第十章　烏克蘭雞尾酒

1. Aodogán O'Rahilly, *The O'Rahilly: A Secret History of the Rebellion of 1916* (Gill, Ireland: Lilliput, 2016).

2. Polina Devitt, Anastasia Lyrchikova, and Katya Golubkova, "Biting the Bullet, Not the Dust: Deripaska Gives Up His Aluminum Empire," Reuters, December 20, 2018.
3. Rosalind S. Helderman and Alice Crites, "The Russian Billionaire Next Door: Pu tin Ally Is Tied to One of D.C.'s Swankiest Mansions," *Washington Post*, November 29, 2017.
4. "Treasury Designates Russian Oligarchs, Officials, and Entities in Response to Worldwide Malign Activity," press release, U.S. Department of the Treasury, April 6, 2018. To date, Deripaska has not been indicted for bribery, though he has been indicted for sanction evasion and obstruction of justice. Deripaska has denied these allegations.
5. John S. Gardner, "Bob Dole: Soldier, Politician and Republican of the Old School," *The Guardian*, December 5, 2021.
6. Katharine Q. Seelye, "Bob Dole, Old Soldier and Stalwart of the Senate, Dies at 98," *New York Times*, December 5, 2021.
7. "Reaction to Bob Dole's Death from US Dignitaries, Veterans," Associated Press, December 5, 2021.
8. Dole's foreign lobbying filings can be found on FARA's digital database, such as https://efile.fara.gov/docs/5549-Exhibit-AB-20030401-HDWQXY01.pdf.
9. Carrie Levine, "Bob Dole, Trump Campaign Aide to Lobby for Congolese Government," Center for Public Integrity, Washington, DC, May 11, 2017.
10. Glenn R. Simpson and Mary Jacoby, "How Lobbyists Help Ex- Soviets Woo Washington," *Wall Street Journal*, April 17, 2007.
11. "Grave Secrecy: How a Dead Man Can Own a UK Company and Other Hair- Raising Stories About Hidden Company Ownership from Kyrgyzstan and Beyond," Global Witness, London, June 2012.
12. Author interview.
13. Levine, "Bob Dole, Trump Campaign Aide to Lobby."
14. Azure Hall, "Bob Dole's Net Worth at the Time of His Death Might Surprise You," The List, December 5, 2021.
15. Joseph J. Schatz and Benjamin Oreskes, "Want to Be a 'Foreign Agent'? Serve in Congress First," *Politico*, October 2, 2016.
16. Lee Fang, "John Boehner Cashes Out, Joins Corporate Lobbying Firm That Rep resents China," The Intercept, September 20, 2016.
17. Anna Massoglia and Karl Evers-Hillstrom, "Joe Lieberman Formally Registers as Lobbyist for Chinese Telecom Giant ZTE," Open Secrets,

January 2, 2019.

18. Schatz and Oreskes, "Want to Be a 'Foreign Agent'?"
19. Michael Kelly, "Breaking Convention," *New Yorker*, August 4, 1996.
20. "Press Release— Transcript of Press Conference by Paul Manafort, Dole Convention Manager," July 31, 1996, American Presidency Project, University of California, Santa Barbara.
21. One other foreign, but not necessarily foreign lobbying, scandal that Manafort was involved in by the turn of the century involved a Lebanese national named Abdul Rahman el-Assir. Acting as a global arms broker, el-Assir enlisted Manafort's help on a range of topics, including a financial deal involving a Portuguese bank and an American biometrics company that ended up imploding the bank. El-Assir and Manafort were later accused of taking part in a kickback scheme involving French officials shipping submarines to Pakistan, and then redirecting income from the sales to a French political campaign. It was, as one analyst said, "one of France's biggest political scandals." Manafort allegedly made at least $200,000 from the deal. See Joshua Keating, "Paul Manafort Was Also Involved in One of France's Biggest Political Scandals," *Slate*, October 31, 2017.
22. Karen Yuan, "A Timeline of Paul Manafort's Career," The Atlantic, February 6, 2018.
23. Paul Manafort, Political Prisoner: Persecuted, Prosecuted, but Not Silenced (New York: Skyhorse, 2022).
24. "Report of the Select Committee on Intelligence, United States Senate, on Russian Active Measures Campaigns and Interference in the 2016 U.S. Election, Volume 5: Counterintelligence Threats and Vulnerabilities," 116th Cong., 1st Sess., Report 116-XXX.
25. Ibid.
26. Seth Hettena, *Trump/Russia: A Definitive History* (Brooklyn, NY: Melville House, 2018), 148.
27. "Report of the Select Committee on Intelligence."
28. Jim Rutenberg, "The Untold Story of 'Russiagate' and the Road to War in Ukraine," *New York Times*, November 2, 2022.
29. Associated Press, "Before Trump Job, Manafort Worked to Aid Putin," *Florida Times Union*, March 22, 2017
30. Alayna Treene, "Manafort Memo: 'Can Greatly Benefit the Putin Government,' " Axios, March 22, 2017.
31. Casey Michel, "Ukraine's Corrupt Oligarchs Are Looking Toward the West

to Re hab Their Reputations," *New Republic*, May 12, 2022.
32. Tom Winter, "DOJ: Ex- Manafort Associate Firtash Is Top-Tier Comrade of Russian Mobsters," NBC News, July 26, 2017.
33. Michel, "Ukraine's Corrupt Oligarchs."
34. "How a Putin Ally Is Aiding Giuliani in Ukraine," editorial, *Washington Post*, December 22, 2019.
35. Laura Kusisto, "Unmasking Three Mismatched Heavies Who Won and Lost the Drake," Observer, June 7, 2011.
36. Robert Waldeck, *The Black Ledger: How Trump Brought Putin's Disinformation War to America* (New York: Cobra y Craneo, 2020).
37. The entire lawsuit can be found here: *Yulia Tymoshenko et al. v. Dmytro Firtash et al.*, U.S. District Court for the Southern District of New York, Civ. No. 11-02794 (RJS), 2011, https://freebeacon.com/wp-content/uploads/2016/03 /manafort-complaint-2.pdf.
38. Casey Michel, *American Kleptocracy: How the U.S. Created the World's Greatest Money Laundering Scheme in History* (New York: St. Martin's, 2021).
39. Tom Winter and Ken Dilanian, "Donald Trump Aide Paul Manafort Scrutinized for Russian Business Ties," NBC News, August 18, 2016.
40. Ken Silverstein and Adam Weinstein, "How Trump Aide Paul Manafort Got Ridic ulously Wealthy While Aiding a Ukrainian Strongman," Fusion, August 17, 2016, https://web.archive.org/web/20160820050122/http://fusion.net/story/337482 /trump-manafort-ukraine-mansions-movies-mobsters/.
41. Waldeck, *The Black Ledger*.
42. Clifford J. Levy, "U.S. Political Strategists Help Shape Ukraine Parliamentary Campaign," *New York Times*, September 28, 2007.
43. Alexander Burns and Maggie Haberman, "Mystery Man: Ukraine's US Fixer," *Politico*, March 5, 2014.
44. Manafort, *Political Prisoner*.
45. Ibid.
46. Adam Weinstein, "Trump Aide Connected to 2006 Attack on US Marines in Ukraine," Task & Purpose, December 23, 2020.
47. Adam Weinstein and Ken Silverstein, "Trump Aide Manafort Implicated in Pro- Russian Protests Against US Troops," Fusion, August 18, 2016, https://web.archive .org/ web/20160821164541/http://fusion.net/story/338016/

trump-manafort-marines-nato-protests/.

48. Weinstein, "Trump Aide Connected to 2006 Attack."
49. Ibid.
50. Weinstein and Silverstein, "Trump Aide Manafort Implicated."
51. "Ukraine: Opposition Creates Tempest over 'Sea Breeze' in Crimea," June 6, 2006, WikiLeaks, https://wikileaks.org/plusd/ cables/06KIEV2190_a.html.
52. Casey Michel, "The Crime of the Century," *New Republic*, March 4, 2015.
53. "Ukraine: Opposition Creates Tempest over 'Sea Breeze' in Crimea."
54. Maxim Tucker, "Trump Campaign Chief Linked to Secret Kiev Cash Payments," *Times* (London), August 17, 2016.
55. Weinstein and Silverstein, "Trump Aide Manafort Implicated."
56. Waldeck, *The Black Ledger*.
57. Barry Meier, "Lawmakers Seek to Close Foreign Lobbyist Loopholes," *New York Times*, June 12, 2008.
58. Silverstein and Weinstein, "How Trump Aide Paul Manafort Got Ridiculously Wealthy."
59. Ibid.
60. Ibid.
61. Kenzi Abou- Sabe, Tom Winter, and Max Tucker, "What Did Ex- Trump Aide Paul Manafort Really Do in Ukraine?," NBC News, June 27, 2017.
62. Meier, "Lawmakers Seek to Close Foreign Lobbyist Loopholes."
63. Burns and Haberman, "Mystery Man."

第十一章　沾滿鮮血的黑心錢

1. Joshua L. Reid, *The Sea Is My Country: The Maritime World of the Makahs* (New Haven, CT: Yale University Press, 2015).
2. Yanukovych's zoo would not be Manafort's only brush with an ostrich. As investi gators later discovered, Manafort owned an ostrich- skin jacket worth $15,000, as well as a separate ostrich- skin vest worth $9,500. He further owned a python-skin jacket worth $18,500. See Ashley Hoffman, "The Internet Can't Stop Plucking at Paul Manafort's $15,000 Ostrich Jacket," *Time*, August 3, 2018.
3. Darmon Richter, "Occupy Mezhyhirya: Squatting the Mansion of Ukraine's Ex- President," Ex Utopia, July 29, 2020.
4. Julia Ioffe, "Of Course the Ousted President of Ukraine Commissioned a

Nude Portrait of Himself," *New Republic*, April 30, 2014.

5. "Monument to Corruption: Ukraine's Most- Wanted Man Built $75M Home on a $25G Salary," Fox News, December 5, 2015.
6. Franklin Foer, "Paul Manafort, American Hustler," *The Atlantic*, March 2018.
7. Michael Kranish and Tom Hamburger, "Paul Manafort's 'Lavish Lifestyle' High lighted in Indictment," Washington Post, October 30, 2017.
8. Shortly thereafter, I sat with a friend in a Marquis de Sade– themed café in the western Ukrainian city of Lviv. On the televisions— which were draped by lace stockings, high heels, and whips— played Tymoshenko's prosecution and perp walk on loop. It remains one of the strangest, most surreal meals of my life.
9. It didn't hurt that, around the same time, U.S. attorneys also become key tools in transnational money- laundering networks, providing attorney-client privilege for kleptocratic clients looking to inject their wealth into the American economy. See Alexander Cooley and Casey Michel, "U.S. Lawyers Are Foreign Kleptocrats' Best Friends," *Foreign Policy*, March 23, 2021. As elsewhere, all lobbying- related filings are located in the FARA digital database, such as Baker McKenzie's filing to lobby on behalf of the regime in the Democratic Republic of Congo: https: //efile.fara.gov /docs/6821-Exhibit-AB-20200508-1.pdf.
10. Casey Michel and Ricardo Soares de Oliveira, "The Dictator- Run Bank That Tells the Story of America's Foreign Corruption," *Foreign Policy*, July 7, 2020.
11. All filings regarding Skadden's work in Ukraine are located in the FARA digital database, including https://efile.fara.gov/docs/6617-Exhibit-AB-20190118-1.pdf.
12. Sharon LaFraniere, "Trial of High- Powered Lawyer Gregory Craig Exposes Seamy Side of Washington's Elite," *New York Times*, August 26, 2019.
13. Craig initially connected with Manafort because of another bipartisan link. Doug Schoen, a leading Democratic pollster, had offered to help Manafort in Ukraine— and personally recruited Craig to Yanukovych's cause. See ibid.
14. FARA filing regarding Skadden's work in Ukraine: https://efile.fara.gov/docs/6617-Exhibit-AB-20190118-1.pdf.
15. Greg Farrell and Christian Berthelsen, "Skadden Settlement for Manafort Work Suggests Ex- Partner's Peril," Bloomberg, January 17, 2019.

16. U.S. Department of Justice, "Prominent Global Law Firm Agrees to Register as an Agent of a Foreign Principal," press release, January 17, 2019. For the most detailed examination of Skadden's work for Yanukovych, see the Skadden settlement agreement, January 15, 2019, at https://www.justice.gov/opa/press-release/file/1124381 /download.
17. The entire Skadden report on the Tymoshenko trial can be found at https: // s3 .documentcloud.org/documents/538591/tymoshenko.pdf.
18. U.S. v. Gregory B. Craig, Grand Jury Indictment, April 11, 2019, www. justice. gov/usao-dc/press-release/file/1153646/download.
19. U.S. v. Gregory B. Craig, Memorandum Opinion and Order, U.S. District Court for the District of Columbia, Crim. Action No. 19- 0125 (ABJ), August 6, 2019, https: //www.politico.com/f/?id=0000016c-686c-da83-a96c-fafd98ff0000.
20. Skadden's intimate relationship with Manafort didn't end just in Ukraine; around the same time, Skadden hired Manafort's daughter, placing her in the "same bureau housing the attorneys who had produced the Tymoshenko report." See Ken Silver stein and Adam Weinstein, "How Trump Aide Paul Manafort Got Ridiculously Wealthy While Aiding a Ukrainian Strongman," Fusion, August 17, 2016, https: //web.archive.org/web/20160820050122/http://fusion.net/story/337482/trump-manafort-ukraine-mansions-movies-mobsters/. Craig initially helped Manafort's daughter land interviews, and said he was "pissed" when she was initially turned down. See LaFraniere, "Trial of High- Powered Lawyer Gregory Craig."
21. Skadden settlement agreement, January 15, 2019, https://www justice.gov/opa /press-release/file/1124381/download.
22. *U.S. v. Gregory B. Craig*, Notice of Intent to File Motion In Limine to Exclude Hearsay Testimony from Richard Gates and Jonathan Hawker, U.S. District Court for the District of Columbia, Case No. 1:19-cr-0125 (ABJ), June 24, 2019, https: //storage.courtlistener.com/recap/gov.uscourts.dcd.206162/gov.uscourts.dcd .206162.45.0.pdf.
23. Ibid.
24. Ibid. A separate filing said that Craig did not find Sanger at home, and instead "left the document behind Sanger's storm door." Josh Gerstein, "Mueller Fallout Continues as Greg Craig Trial Opens," *Politico*, August 12, 2019.
25. David M. Herszenhorn and David E. Sanger, "Failings Found in Trial of Ukrainian Ex-Premier," *New York Times*, December 12, 2012. 26. Gerstein,

"Mueller Fallout Continues."

27. Robert Waldeck, *The Black Ledger: How Trump Brought Putin's Disinformation War to America* (New York: Cobra y Craneo, 2020).
28. Another company that worked on Yanukovych's behalf was the behemoth Amer ican consulting company McKinsey. The organization didn't work for Manafort, but instead served in parallel to Manafort's efforts, helping "polish [Yanukovych's] battered image" and working toward "resurrecting Mr. Yanukovych's career." Like Manafort, McKinsey connected with Yanukovych via oligarch Rinat Akhme tov. Yanukovych's government was but one of a series of loathsome regimes that McKinsey worked closely with, from China to Saudi Arabia. McKinsey has never disclosed how much money it made from its arrangement with Yanukovych. See Walt Bogdanich and Michael Forsythe, "How McKinsey Has Helped Raise the Stature of Authoritarian Governments," *New York Times*, December 15, 2018.
29. Pinchuk's American lobbyist? The aforementioned Schoen, who had worked as Bill Clinton's political consultant before joining Pinchuk— and, later, Manafort. See Kevin Bogardus, "Ukrainian Billionaire Hires Clinton Pollster," *The Hill*, October 29, 2011.
30. Amy Chozick and Steve Eder, "Foundation Ties Bedevil Hillary Clinton's Presidential Campaign," *New York Times*, August 20, 2016.
31. Maximilian Hess, "Wooing the West: Who Is Ukraine's Viktor Pinchuk?," Eurasianet, February 26, 2020.
32. Katya Soldak, "Ukraine's Victor Pinchuk: The Oligarch in the Middle of the Crisis," *Forbes*, March 3, 2014.
33. LaFraniere, "Trial of High- Powered Lawyer Gregory Craig."
34. "Skadden Stink," editorial, *Kyiv Post*, September 13, 2019.
35. Josh Gerstein, "Democratic Pollster Divulges Details to Jurors About Greg Craig's Ukraine Work," *Politico*, August 16, 2019.
36. Skadden registration statement, January 18, 2019, https://efile.fara.gov/docs/6617-Registration-Statement-20190118-1.pdf.
37. LaFraniere, "Trial of High- Powered Lawyer Gregory Craig."
38. The entire financing for Skadden's operations in Ukraine was rife with odd, alarming behavior. As *The New York Times* reported: "Publicly, Ukraine's financially strapped government said [Skadden] would be paid only the legal limit for outside contracts of $12,000. In an August 2012 editorial with the headline, 'Skadden Stink,' The Kyiv Post called that assertion 'ridiculous,' noting that would cover only about 12 hours of Mr. Craig's services alone at

his standard rate. Ms. Tymoshenko's lawyer refused to cooperate with the project unless Skadden disclosed more information. Scram bling, Mr. Craig and Mr. Manafort agreed to raise the 'official' fee to $1.25 million. Bypassing his own firm's billing system, Mr. Craig submitted a new invoice for that amount, although the firm had already collected more than three times that sum from Mr. Pinchuk, routed through offshore bank accounts controlled by Mr. Manafort. At Mr. Manafort's request, Mr. Craig backdated the document to before the newspaper editorial was published." See LaFraniere, "Trial of High- Powered Lawyer Gregory Craig."

39. Skadden settlement agreement, https://www.justice.gov/opa/press-release/file /1124381/download.
40. Foer, "Paul Manafort, American Hustler."
41. Kenneth P. Vogel, David Stern, and Josh Meyer, "Manafort's Ukrainian 'Blood Money' Caused Qualms, Hack Suggests," *Politico*, February 28, 2017.
42. As the *Los Angeles Review of Books* noted, the texts revealed that Manafort was a "sexual abuser" who engaged in "over a decade of coercive and manipulative sexual behavior" regarding his wife. See Maya Gurantz, "Kompromat: Or, Revelations from the Unpublished Portions of Andrea Manafort's Hacked Texts," *Los Angeles Review of Books*, February 18, 2019.
43. Punctuation has been added to make the text messages read more smoothly. The unedited versions of the text messages can be found at https: // bit . ly / ManafortDaughterTexts.

第十二章　非營利組織

1. Marlon James, *A Brief History of Seven Killings* (New York: Riverhead Books, 2015).
2. "A Brief History of Nonprofit Organizations (And What We Can Learn)," Nonprofit Hub, n.d., https://nonprofithub.org/a brief history-of-nonprofit-organizations/, accessed 3 March 2023.
3. Juliana Kaplan, "Inequality Flamethrower Anand Giridharadas on Why Billion aires Shouldn't Exist and His Hopes for the Biden Administration," Business In sider, December 8, 2020.
4. "President Bill Clinton and Chelsea Clinton Release 2017 Impact Report on the Work of the Clinton Foundation," Clinton Foundation, New York, May 24, 2018.
5. "Clinton Foundation Impact Report 2021," Clinton Foundation, New York.
6. The Clinton Foundation tax documents are found on the IRS's Tax Exempt

Organizations Search database, at https://apps.irs.gov/app/eos/details/. For a more legible look at Clinton Foundation finances, see "Bill Hillary & Chelsea Clinton Foundation," Nonprofit Explorer, ProPublica, https://projects.propublica.org /nonprofits/organizations/311580204, accessed 3 March 2023.

7. "Bill Hillary & Chelsea Clinton Foundation."
8. David Hilzenrath, "How Foreign Influence Can Corrupt a President. Legally," Project on Government Oversight, June 7, 2021.
9. Sarah Chayes, *On Corruption in America: And What Is at Stake* (New York: Vin tage Books, 2020), 15.
10. "Clinton Foundation Donors," *Wall Street Journal*, December 18, 2008.
11. "A Vast Network for Donors," *Washington Post*, March 18, 2015.
12. United States Attorney's Office, Central District of California, "Lebanese-Nigerian Billionaire and Two Associates Resolve Federal Probe into Alleged Violations of Campaign Finance Laws," press release, March 31, 2021.
13. Rosalind S. Helderman and Tom Hamburger, "Foreign Governments Gave Mil lions to Foundation While Clinton Was at State Department," *Washington Post*, February 25, 2015.
14. "Donors Tied to Foreign Governments Gave Millions to Clinton Foundation," Philanthropy News Digest, March 23, 2015.
15. Jack Greenberg, "Ethics Experts Alarmed by 93% Decrease in Clinton Foun dation Donations Since $250 Million Peak in 2009," Daily Caller, December 5, 2021.
16. Chayes, *On Corruption in America*.
17. Michael Weiss, "The Corleones of the Caspian," *Foreign Policy*, June 10, 2014.
18. Accepting funds from a foreign dictatorship to whitewash the regime remains something of a red line for most journalists. However, around this time a number of pro-Azerbaijan lobbyists had begun writing their own op- eds for a series of American media outlets, including *The Hill and Roll Call*, which never bothered to disclose that the authors were being paid by Azerbaijan's dictatorship— and which were never included in any FARA filings. See Casey Michel, "All the Shills Money Can Buy: How Kazakhstan and Azerbaijan Use Useful Idiots, Crooked Academics, and Law- Breaking Lobbyists to Whitewash Their Police States," MA thesis, Harriman Institute, Columbia University, 2015.
19. Larry Luxner, "Azerbaijan Rolls Out Red Carpet for Visiting U.S.

Lawmakers," Washington Diplomat, July 2013.
20. "Ilham Aliyev: 2012 Person of the Year in Organized Crime and Corruption," Organized Crime and Corruption Reporting Project.
21. Will Fitzgibbon, Miranda Patrucić, and Marcos Garcia Rey, "How Family That Runs Azerbaijan Built an Empire of Hidden Wealth," International Consortium of Investigative Journalists, April 4, 2016.
22. Anastasia Tkach, "The Real Scandal of Congressional Junkets to Azerbaijan," Free dom House, May 26, 2015.
23. Casey Michel, "Azerbaijani Kleptocrats Have Been Getting Their Money's Worth in Washington for a Long Time," *New Republic*, January 26, 2022.
24. Office of Congressional Ethics, U.S. House of Representatives, "Report: Review No. 15-5316," April 22, 2015.
25. Ibid. See also Committee on Ethics, U.S. House of Representatives, "In the Matter of Officially- Connected Travel by House Members to Azerbaijan in 2013," July 31, 2015.
26. *In the Matter of Officially-Connected Travel by House Members to Azerbaijan in 2013: Report of the Committee on Ethics*, House Report 114-239 (Washington, DC: U.S. Government Publishing Office, 2015).
27. Ibid.
28. Author interview with Meredith McGehee.
29. Casey Michel, "US/Azerbaijan: Lobbyists Continue to Flout Travel Rules," Orga nized Crime and Corruption Reporting Project, April 24, 2016.
30. Amanda Becker, "Africa Trip Blurs Lines on Travel Propriety," Roll Call, October 18, 2011, https://web.archive.org/web/20170422025553/https://rollcall.com/issues/57 _44 /Africa-Trip-Blurs-Lines-On-Travel-Propriety-209590-1.html?pg=1&dczone =influence.
31. Eric Lipton and Eric Lichtblau, "Rules for Congress Curb but Don't End Junkets," *New York Times*, December 6, 2009.
32. Author interview with Jack Abramoff.
33. John Bresnahan, "House Ethics Panel Clears Lawmakers over 2013 Azerbaijan Trip," *Politico*, July 31, 2015.
34. Russ Choma, "Lawmakers Who Traveled to Azerbaijan Urged Action Benefiting State Oil Company That Funded Trip," Open Secrets, May 26, 2015.
35. Casey Michel, "The Man Behind One of the Most Controversial Congressional Trips This Decade Finally Pleads Guilty," ThinkProgress,

December 14, 2018.
36. Author interview.
37. Michel, "US/Azerbaijan."
38. Ibid.
39. Author interview.
40. Michel, "US/Azerbaijan."
41. Committee on Ethics, U.S. House of Representatives, "In the Matter of Officially- Connected Travel by House Members to Azerbaijan in 2013," July 31, 2015.
42. U.S. Department of Justice, "Former Non- Profit President Pleads Guilty to Scheme to Conceal Foreign Funding of 2013 Congressional Trip," press release, December 10, 2018.
43. Paul Singer and Paulina Firozi, "Turkish Faith Movement Secretly Funded 200 Trips for Lawmakers and Staff," *USA Today*, October 29, 2015.
44. Author interview. 45. Singer and Firozi, "Turkish Faith Movement Secretly Funded."
46. Alexander Burns and Maggie Haberman, "Mystery Man: Ukraine's US Fixer," *Politico*, March 5, 2014.
47. Rob Crilly, "Can Trump's New Campaign Manager Do for The Donald What He Did for African Tyrants and a Ukrainian Kleptocrat?," *The Telegraph*, April 23, 2016.
48. Paul Manafort, *Political Prisoner: Persecuted, Prosecuted, but Not Silenced* (New York: Skyhorse, 2022).
49. David Voreacos and Chris Dolmetsch, "Manafort Sued by Russian Billionaire Deripaska over TV Deal," Bloomberg, January 10, 2018.
50. The unedited versions of the text messages can be found at https: // bit.ly/ManafortDaughterTexts.
51. Franklin Foer, "Paul Manafort, American Hustler," *The Atlantic*, March 2018.
52. The unedited versions of the text messages can be found at https: //bit.ly/ManafortDaughterTexts.

第四部　叛亂

1. Gregory P. Downs, *After Appomattox: Military Occupation and the Ends of War* (Cambridge, MA: Harvard University Press, 2015).

第十三章　一桶黃金

1. "Will: Disharmony Is Our Creed," *Sarasota Herald-Tribune*, January 23, 2011.
2. Kristen Holmes, "Trump Calls for the Termination of the Constitution in Truth Social Post," CNN, December 4, 2022.
3. Ben Freeman and Lydia Dennett, "Loopholes, Filing Failures, and Lax Enforcement: How the Foreign Agents Registration Act Falls Short," Project on Government Oversight, Washington, DC, December 16, 2014.
4. Ibid.
5. "Sunlight Foundation Recommendations to the Dept. of Justice Regarding the Foreign Agents Registration Act," Sunlight Foundation, Washington, DC, April 8, 2014.
6. Freeman and Dennett, "Loopholes, Filing Failures, and Lax Enforcement."
7. Office of the Inspector General, U.S. Department of Justice, "Audit of the National Security Division's Enforcement and Administration of the Foreign Agents Registration Act," Audit Division 16-24, September 2016.
8. FARA's digital database can be found at https://efile.fara.gov/ords/fara/f?p=1381:1:32995461174955
9. Ibid.
10. Freeman and Dennett, "Loopholes, Filing Failures, and Lax Enforcement."
11. Ken Dilanian, Tom Winter, and Kenzi Abou- Sabe, "Ex- Trump Aide Manafort Bought New York Homes with Cash," NBC News, March 28, 2017.
12. Paul Manafort, *Political Prisoner: Persecuted, Prosecuted, but Not Silenced* (New York: Skyhorse, 2022).
13. Casey Michel, *American Kleptocracy: How the U.S. Created the World's Greatest Money Laundering Scheme in History* (New York: St. Martin's, 2021).
14. Ben Jacobs, "Leader of Pro- Trump Super PAC Had Mortgage on Paul Manafort Property," *The Guardian*, November 1, 2017.
15. "Report of the Select Committee on Intelligence, United States Senate, on Russian Active Measures Campaigns and Interference in the 2016 U.S. Election, Volume 5: Counterintelligence Threats and Vulnerabilities," 116th Cong., 1st Sess., Report 116-XXX.
16. Manafort, *Political Prisoner.*
17. Ibid.

18. Glenn Thrush, “To Charm Trump, Manafort Sold Himself as an Affordable Out sider,” *New York Times*, April 8, 2017.
19. Manafort, *Political Prisoner*.
20. Ibid.
21. Ibid.
22. Nolan D. McCaskill, Alex Isenstadt, and Shane Goldmacher, “Paul Manafort Resigns from Trump Campaign,” *Politico*, August 19, 2016.
23. Meghan Keneally, “Timeline of Paul Manafort’s Role in the Trump Campaign,” ABC News, October 30, 2017.
24. Spencer S. Hsu, Rachel Weiner, and Matt Zapotosky, “Roger Stone Trial: Former Top Trump Official Details Campaign’s Dealings on WikiLeaks, and Suggests Trump Was in the Know,” *Washington Post*, November 12, 2019. Trump later pardoned Stone before he served time in prison.
25. Ken Dilanian, Charlie Gile, and Dareh Gregorian, “Prosecutor Says Roger Stone Lied Because ‘the Truth Looked Bad for Donald Trump,’ ” NBC News, November 6, 2019.
26. Stone sent his email to Manafort on August 3, 2016. The next day, Stone wrote “that he had dinner with Assange the night before,” according to CNN. See An drew Kaczynski and Gloria Borger, “Stone, on Day He Sent Assange Dinner Email, Also Said ‘Devastating’ WikiLeaks Were Forthcoming,” CNN, April 4, 2018; Darren Samuelson and Josh Gerstein, “What Roger Stone’s Trial Revealed About Donald Trump and WikiLeaks,” *Politico*, November 12, 2019.
27. Rosalind S. Helderman, Tom Hamburger, and Rachel Weiner, “At Height of Rus sia Tensions, Trump Campaign Chairman Manafort Met with Business Associate from Ukraine,” *Washington Post*, June 19, 2017.
28. Aaron Blake, “ ‘How Do We Use [This] to Get Whole?’: The Most Intriguing New Paul Manafort– Russia Email,” *Washington Post*, September 20, 2017.
29. “Report of the Select Committee on Intelligence.”
30. Ibid.
31. Robert Waldeck, *The Black Ledger: How Trump Brought Putin’s Disinformation War to America* (New York: Cobra y Craneo, 2020).
32. Ibid.
33. Philip Bump, “New Evidence Revives an Old Question: What Counts as Trump- Russia Collusion?,” *Washington Post*, August 18, 2020.
34. Mattathias Schwartz, “Exclusive: Paul Manafort Admits He Passed Trump

Cam paign Data to a Suspected Russian Asset," Business Insider, August 8, 2022.
35. Ibid.
36. U.S. Department of the Treasury, "Treasury Escalates Sanctions Against the Rus sian Government's Attempts to Influence U.S. Elections," press release, April 15, 2021.
37. Despite all evidence to the contrary, Manafort has continued to claim that Kilim nik is "not a Russian agent." See Manafort, *Political Prisoner*.
38. Jim Rutenberg, "The Untold Story of 'Russiagate' and the Road to War in Ukraine," *New York Times Magazine*, November 2, 2022.
39. "Report of the Select Committee on Intelligence."
40. Federal Bureau of Investigation to Jason Leopold, BuzzFeed News, March 2, 2022 ("Litigation_6th_Release_-_Leopold.pdf"), https://buzzfeed.egnyte.com/dl /gbuL8jn18Z/.
41. Sharon LaFraniere, "Mueller Report Leaves Unanswered Questions About Contacts Between Russians and Trump Aides," *New York Times*, April 18, 2019.
42. Salvador Rizzo, "What Attorney General Barr Said vs. What the Mueller Report S aid," *Washington Post*, April 19, 2020.
43. U.S. Department of Justice, "Report on the Investigation into Russian Interference in the 2016 Presidential Election" (Mueller Report), March 2019.
44. Waldeck, *The Black Ledger*.
45. Andrew E. Kramer, Mike McIntire, and Barry Meier, "Secret Ledger in Ukraine Lists Cash for Donald Trump's Campaign Chief," *New York Times*, August 14, 2016.
46. Jonny Wrate, "Trump's Ex- Campaign Chief Accused of Money Laundering in Ukraine," Organized Crime and Corruption Reporting Project, March 21, 2017.
47. Manafort, *Political Prisoner*.
48. Ibid.
49. McCaskill, Isenstadt, and Goldmacher, "Paul Manafort Resigns."

第十四章　財務黑洞

1. Alexis de Tocqueville, *Democracy in America* (Chicago: University of Chicago Press, 2002).

2. Brenda Shaffer, "Russia's Next Land Grab," *New York Times*, September 9, 2014.
3. Brenda Shaffer, "Stopping Russia from Cornering Europe's Energy Market," *Washington Post*, November 3, 2014.
4. Casey Michel, "This Professor Refuses to Disclose Her Work for an Autocratic Regime. Here's What Happened When I Confronted Her," *New Republic*, January 22, 2015.
5. Robert Coalson, "Azerbaijan's Opinion-Shaping Campaign Reaches 'The New York Times,' " Radio Free Europe/Radio Liberty, September 18, 2014.
6. Carl Schreck, "Sparks Fly over Scholar's Azerbaijani Ties at Columbia University Event," Radio Free Europe/Radio Liberty, October 24, 2014.
7. Till Bruckner, "How to Build Yourself a Stealth Lobbyist, Azerbaijani Style," Organized Crime and Corruption Reporting Project, June 22, 2015.
8. Collin Binkley, "Feds Say US Colleges 'Massively' Underreport Foreign Funding," Associated Press, October 20, 2020.
9. U.S. Department of Education, "Section 117 of the Higher Education Act of 1965," last modified July 19, 2022.
10. Alexander Cooley, Tena Prelec, John Heathershaw, and Tom Mayne, "Paying for a World-Class Affiliation: Reputation Laundering in the University Sector of Open Societies," working paper, National Endowment for Democracy, May 2021.
11. Brendan O'Brien, "Harvard and Yale Universities Investigated for Possible Non- Disclosure of Foreign Money," Reuters, February 12, 2020.
12. Permanent Subcommittee on Investigations, U.S. Senate, "China's Impact on the US Education System," February 27, 2019.
13. Office of the General Council, U.S. Department of Education, "Institutional Com pliance with Section 117 of the Higher Education Act of 1965," October 2020.
14. Ibid.
15. Ibid.
16. Ibid.
17. Phillip Martin, "MIT Abandons Russian High-Tech Campus Partnership in Light of Ukraine Invasion," *All Things Considered*, WGBH, February 25, 2022.
18. Jessica Shi, "MIT Removed Russian Oligarch Viktor Vekselberg from Corporation in April 2018," *The Tech*, January 18, 2019.

19. Cooley et al., "Paying for a World- Class Affiliation."
20. The database can be found at https://sites.ed.gov/foreigngifts/. There remains ample room to improve the database, such as adding contracts, detailing which entities formalized the donations, and noting any additional requests or meetings that accompanied the donations.
21. Office of the General Council, "Institutional Compliance with Section 117."
22. Permanent Subcommittee on Investigations, "China's Impact on the US Education System."
23. Linda Yeung and Ng Kang-chung, "Harvard University Receives Largest Ever Do nation from Hong Kong Foundation," *South China Morning Post*, September 8, 2014.
24. Ben Rooney, "Harvard Gets Record $350 Million Donation," CNN Money, Sep tember 8, 2014.
25. Cooley et al. "Paying for a World- Class Affiliation."
26. Guillermo S. Hava, "The Other Chan: Donation Sanitization at the School of Public Health," *Harvard Crimson*, October 19, 2020.
27. Jonathan L. Katzman, "Distasteful Donations," Harvard Crimson, September 6, 2019. 28. "Ronnie & Gerald Chan," *Forbes*, https://www.forbes.com/profile/ronnie-gerald-chan/?sh=4704cc285948, accessed 3 March 2023.
29. Author interview.
30. Austin Ramzy, "Asia Society Blames Staff for Barring Hong Kong Activist's Speech," *New York Times*, July 7, 2017.
31. "Statement on PEN Hong Kong Event, Joshua Wong," Asia Society, July 6, 2017.
32. "Asia Society Staff Survey 2019," uploaded by Casey Michel, https: // www.scribd.com /document/495683135/Asia-Society-Staff-Survey-2019.
33. Author interview.
34. Casey Michel and David Szakonyi, "America's Cultural Institutions Are Quietly Fueled by Russian Corruption," *Foreign Policy*, October 30, 2020.
35. John de Boer, "What Are Think Tanks Good For?," Centre for Policy Research, United Nations University, March 17, 2015.
36. Ben Freeman, "Foreign Funding of Think Tanks in America," Foreign Influence Transparency Initiative, Center for International Policy, Washington, DC, January 2020.
37. "Our Mission," Aspen Institute, https://www.aspeninstitute.org/what-we-

do/#:~:text = The%20Aspen%20Institute%20is%20a,United%20States%20 and%20the%20 world, accessed 3 March 2023.

38. Freeman, "Foreign Funding of Think Tanks in America."
39. "About the Atlantic Council," Atlantic Council, https://www.atlanticcouncil. org / about /, accessed 3 March 2023. 40. Freeman, "Foreign Funding of Think Tanks in America."
41. Author interview.
42. "International Advisory Board," Atlantic Council, https://www. atlanticcouncil.org /about/international-advisory-board/, accessed 3 March 2023. As mentioned earlier, Pinchuk denies any financial links to Manafort's network.
43. Ryan Grim and Clio Chang, "Amid Internal Investigation over Leaks to Media, the Center for American Progress Fires Two Staffers," The Intercept, January 16, 2019.
44. Eric Lipton, Brooke Williams, and Nicholas Confessore, "Foreign Powers Buy In f luence at Think Tanks," *New York Times*, September 6, 2014.
45. Ibid.
46. Ibid.
47. Casey Michel, "Congress Takes Aim at Think Tanks and Their Corrupt Money," *New Republic*, June 27, 2022.
48. Kjølv Egeland and Benoît Pelopidas, "No such thing as a free donation? Research funding and conflicts of interest in nuclear weapons policy analysis," *International Relations*, December 22, 2022.
49. *In the Matter of the Search of Information Stored Within the iCloud Account Associated with DSID/Apple Account Number 1338547227*, Application for a Warrant by Telephone or Other Reliable Electronic Means, U.S. District Court for the Central District of California, Case No. 2:22-MJ-1530, April 15, 2022, https: // www.documentcloud.org/documents/22062338-allen-search-warrant? responsive=1&title=1.
50. Alan Suderman and Jim Mustian, "FBI Seizes Retired General's Data Related to Qatar Lobbying," Associated Press, June 7, 2022.
51. *In the Matter of the Search of Information . . .*, Application for a Warrant.
52. Michel, "Congress Takes Aim at Think Tanks."
53. Associated Press, "FBI Seizes Retired General's Data Related to Qatar Lobbying," *Politico*, June 7, 2022.
54. Lipton, Williams, and Confessore, "Foreign Powers Buy Influence at Think

Tanks."

55. Ibid.
56. Nahal Toosi, "Trump Administration Demands Think Tanks Disclose Foreign Funding," *Politico*, October 13, 2020.
57. Michael R. Pompeo, "On Transparency and the Foreign Funding of U.S. Think Tanks," press statement, U.S. Department of State, October 13, 2020.
58. Secretary Pompeo (@secpompeo), "The @StateDept will henceforth request think tanks that accept money from foreign governments disclose this information to the public. The purpose is simple: to promote free and open dialogue, untainted by the machinations of authoritarian regimes," Twitter, 11:47 a.m. October 13, 2020, https://twitter.com/secpompeo/status/1316042794411196417.

第十五章　你死定了

1. "Bloomberg: Would Be Godsend if More Billionaires Moved to NYC," NBC 4 New York, September 20, 2013.
2. Paul Manafort, *Political Prisoner: Persecuted, Prosecuted, but Not Silenced* (New York: Skyhorse, 2022).
3. Ibid.
4. U.S. Department of Justice, "Report on the Investigation into Russian Interference in the 2016 Presidential Election" (Mueller Report), March 2019.
5. Another vector of Russian meddling that the Mueller Report overlooked was Mos cow's cultivation of American secessionists in places like Texas and California, though this was less an influence or lobbying campaign and more simply a matter of sowing chaos in the United States— and potentially fracturing the United States outright. This, unexpectedly, was how I initially uncovered the social media prong of Russian interference efforts— including a grammatically challenged post that read, memorably, "IN LOVE WITH TEXAS SHAPE." See Casey Michel, "How the Russians Pretended to Be Texas— and Texans Believed Them," *Washington Post*, October 17, 2017.
6. One area the Mueller Report overlooked, for instance, was how the Kremlin was firmly embedded in leading nonprofit organizations among America's so called Religious Right. One organization in particular, the US-based World Congress of Families (WCF), offered entrée for a range of pro-Kremlin oligarchs and their proxies— and allowed them to directly access, and lobby, American politicians and allies within the Religious Right.

As Alexey Komov, the Russian representative for the WCF— which has accepted funding from multiple now- sanctioned Russian oligarchs— told me, "We're often shown as a strange people like we're homophobic fascists or something." Given the Kremlin's recent manifestation, "homophobic fascist" remains an apt description. See Casey Michel, "How Russia Became the Leader of the Global Christian Right," *Politico Magazine*, February 9, 2017.

7. Unsurprisingly, cultivation of evangelical organizations and groups like the NRA carried significant overlap. For instance, Russian agent Maria Butina originally connected with the NRA because of a Tennessee lawyer named Kline Preston. When I spoke with Preston, he revealed that he believed Putin was, quite liter ally, a gift from God. "I think there are certain people throughout history . . . who have been placed on this planet, once about every five hundred years, who are difference-makers, without whom things would be much different and worse," Preston told me. "In the history of our nation, I believe firmly that George Washington was one of those people. Had he not lived, this would be a totally different scenario. There are two people in Russian history in the last days that I believe were God- sent. One was Boris Yeltsin, and one was Vladimir Putin. And the reason I say Yeltsin . . . he was the guy that anointed Putin, and, man, that was a world- changer right there. Him. Yeltsin did it. And from whence it came, I can only think, you know, that it was divine."
8. Casey Michel, "Tom Barrack Suggests Trump's White House Was Even More Vulnerable than We Thought," NBC News, July 25, 2021.
9. Sharon LaFraniere and William K. Rashbaum, "Thomas Barrack, Trump Fund- Raiser, Is Indicted on a Lobbying Charge," *New York Times*, July 20, 2021.
10. U.S. Department of Justice, "Former Advisor to Presidential Candidate Among Three Defendants Charged with Acting as Agents of a Foreign Government," press release, July 20, 2021.
11. *U.S. v Rashid Sultan Rashid Al Malik Alshahhi et al.*, Indictment, U.S. District Court, Eastern District of New York, Case No. 1:21-cr-00371, July 15, 2021, https: //www.justice.gov/opa/press-release/file/1413381/download.
12. Tom Winter and Dareh Gregorian, "Tom Barrack, Former Trump Inaugural Chair, Released on $250 Million Bond," NBC News, July 23, 2021.
13. Michel, "Tom Barrack Suggests."
14. Rebecca Davis O'Brien, "Trump Adviser's Trial May Shed Light on Foreign

Influence Campaigns," *New York Times*, September 17, 2022.
15. Debra J. Saunders, "Steve Wynn Named RNC Finance Chairman," *Las Vegas Review-Journal*, January 30, 2017.
16. Isaac Stanley- Becker and Spencer S. Hsu, "U.S. Sues to Compel Casino Mogul Steve Wynn to Register as Agent of China," *Washington Post*, May 17, 2022.
17. *Attorney General of United States of America v. Stephen A. Wynn*, Complaint for Declaratory and Injunctive Relief, U.S. District Court for the District of Columbia, Civil Action No. 22-1372, May 17, 2022, https://www.justice.gov/opa/press-release/file/1506786/download.
18. U.S. Department of Justice, "Elliott Broidy Pleads Guilty for Back- Channel Lob bying Campaign to Drop 1MDB Investigation and Remove a Chinese Foreign Na tional," press release, October 20, 2020.
19. Spencer S. Hsu, "Major RNC, Trump Fundraiser Elliott Broidy Pleads Guilty to Acting as Unregistered Foreign Agent," *Washington Post*, October 20, 2020.
20. *Attorney General of United States of America v. Stephen A. Wynn*, Complaint for Declaratory and Injunctive Relief.
21. Mark Hosenball, "Trump Ex-Fundraiser Elliott Broidy Pleads Guilty in 1MDB Foreign Lobbying Case," Reuters, October 20, 2020.
22. *Attorney General of United States of America v. Stephen A. Wynn*, Complaint for Declaratory and Injunctive Relief.
23. Ken Dilanian, "Russians Paid Mike Flynn $45K for Moscow Speech, Documents Show," NBC News, March 16, 2017.
24. Carol E. Lee, "Mueller Gives New Details on Flynn's Secretive Work for Turkey," NBC News, December 5, 2018.
25. Isaac Arnsdorf, "Trump's New Spy Chief Used to Work for a Foreign Politician the U.S. Accused of Corruption," ProPublica, February 21, 2020.
26. U.S. Department of the Treasury, "Treasury Targets Corruption and the Kremlin's Malign Influence Operations in Moldova," press release, October 26, 2022.
27. Arnsdorf, "Trump's New Spy Chief."
28. Casey Michel, "The Law That Could Take Down Rudy Giuliani," *New Republic*, October 15, 2019.
29. Jo Becker, Maggie Haberman, and Eric Lipton, "Giuliani Pressed for Turkish Pris oner Swap in Oval Office Meeting," *New York Times*, October 10, 2019.

30. Aram Roston, Matt Spetalnick, and Brian Ellsworth, "Exclusive: Giuliani Told U.S. His Client Deserves Leniency for Financing Venezuela's Opposition— Parnas," Reuters, January 22, 2020.

31. Casey Michel, "The Kleptocrat Who Bankrolled Rudy Giuliani's Drive for Dirt on Biden," *New Republic*, August 4, 2022. Firtash is currently fighting extradition to the United States.

32. Nick Penzenstadler, Steve Reilly, and John Kelly, "Most Trump Real Estate Now Sold to Secretive Buyers," *USA Today*, June 13, 2017.

33. Craig Unger, "Trump's Russian Laundromat," New Republic, July 13, 2017.

34. Richard C. Paddock and Eric Lipton, "Trump's Indonesia Projects, Still Moving Ahead, Create Potential Conflicts," *New York Times*, December 31, 2016.

35. "Trump's Luxury Condo: A Congolese State Affair," Global Witness, April 10, 2019.

36. Luke Broadwater and Eric Lipton, "Documents Detail Foreign Government Spending at Trump Hotel," *New York Times*, November 14, 2022.

37. Details of Malaysian government expenditures at Trump International Hotel, Wash ington, DC, for September 10-19, 2017, prepared December 19, 2018, https: //int.nyt.com/data/documenttools/pages-from-malaysian-government-expenditures-trump-hotel/c3e82c1247e1ccc8/full.pdf.

38. Broadwater and Lipton, "Documents Detail Foreign Government Spending."

39. Melissa Zhu, "Najib Razak: Malaysia's Ex-PM Starts Jail Term After Final Appeal Fails," BBC News, August 23, 2022.

40. Broadwater and Lipton, "Documents Detail Foreign Government Spending."

41. Katherine Sullivan, "How a Nigerian Presidential Candidate Hired a Trump Lobbyist and Ended Up in Trump's Lobby— 'Trump, Inc.' Podcast," ProPublica, February 27, 2019.

42. Scott Bixby, "Trump's Ukraine Conspiracy Theory Came from Paul Manafort During his 2016 Campaign: Mueller Notes," *Daily Beast*, November 4, 2019.

43. Jim Rutenberg, "The Untold Story of 'Russiagate' and the Road to War in Ukraine," *New York Times*, November 2, 2022.

44. Radley Balko, "No-Knock Raids Like the One Against Paul Manafort Are More Common than You Think," *Washington Post*, August 10, 2017.

45. *U.S. v. Paul J. Manafort Jr. and Konstantin Kilimnik*, Superseding Indictment, U.S. District Court, District of Columbia, Case No. 1:17-cr-00201- ABJ, June 8, 2018, www.justice.gov/archives/sco/page/file/1070326/download.

46. *U.S. v. Paul J. Manafort Jr. and Richard W. Gates III*, Indictment, U.S. District Court, District of Columbia, Case No. Case No. 1:17-cr-00201-ABJ, October 30, 2017, www.justice.gov/file/1007271/download.

47. Ibid.

48. Sharon LaFraniere, "Paul Manafort's Prison Sentence Is Nearly Doubled to 7½ Years," *New York Times*, March 13, 2019.

49. Dartunorro Clark, Gary Grumbach, and Charlie Gile, "Manafort Gets 7.5 Years in Prison, After Additional 43 Months in Second Sentencing," NBC News, March 13, 2019.

50. Paul Manafort, *Political Prisoner: Persecuted, Prosecuted, but Not Silenced* (New York: Skyhorse, 2022).

51. Theodoric Meyer, "Flynn Admits to Lying About Turkish Lobbying," *Politico*, December 1, 2017. Trump later pardoned Flynn, who was never imprisoned.

52. U.S. Department of Justice, "Elliott Broidy Pleads Guilty."

53. Soo Rin Kim, "Trump Associates Who Have Been Sent to Prison or Faced Criminal Charges," ABC News, January 17, 2020.

54. Skadden settlement agreement, January 15, 2019, https://www.justice.gov/opa /press-release/file/1124381/download.

55. Kenneth P. Vogel and Matthew Goldstein, "Law Firm to Pay $4.6 Million in Case Tied to Manafort and Ukraine," *New York Times*, January 17, 2019.

56. Kenneth P. Vogel, "Skadden Said to Have Paid $11 Million to Settle Ukraine Dis pute," *New York Times*, May 10, 2020.

57. David D. Kirkpatrick and Mark Mazzetti, "Prosecutors Add Details to Foreign Lobbying Charges Against Trump Ally," *New York Times*, May 17, 2022.

58. Eric Tucker, "US Sues Casino Mogul Steve Wynn over Relationship with China," Associated Press, May 17, 2022.

59. Erica Orden, "How Federal Prosecutors Are Pursuing Rudy Giuliani," CNN, May 22, 2021.

60. Julia Ainsley, Andrew W. Lehren, and Anna Schecter, "The Mueller Effect: FARA Filings Soar in Shadow of Manafort, Flynn Probes," NBC News, January 18, 2018.

61. Katie Benner, "Justice Dept. to Step Up Enforcement of Foreign Influence Laws," *New York Times*, March 6, 2019.
62. Office of Senator Elizabeth Warren, "Anti- Corruption and Public Integrity Act," August 21, 2018.
63. "The Biden Plan to Guarantee Government Works for the People," https://joebiden.com/governmentreform/#, accessed 3 March 2023.

第十六章　美國深陷危機

1. Quoted in Scott Weidensaul, *Living on the Wind: Across the Hemisphere with Mi gratory Birds* (New York: Farrar, Straus and Giroux, 2000).
2. Paul Manafort, *Political Prisoner: Persecuted, Prosecuted, but Not Silenced* (New York: Skyhorse, 2022).
3. Ibid.
4. Ibid.
5. "Trump Pardons Paul Manafort, Roger Stone and Charles Kushner," BBC News, December 24, 2020.
6. Franklin Foer, "The Triumph of Kleptocracy," *The Atlantic*, December 23, 2020.
7. David L. Stern, "FAQ: Who Is Konstantin Kilimnik and Why Does His Name Ap pear 800 Times in a Senate Report?," *Washington Post*, August 18, 2020.
8. "Report of the Select Committee on Intelligence, United States Senate, on Russian Active Measures Campaigns and Interference in the 2016 U.S. Election, Volume 5: Counterintelligence Threats and Vulnerabilities," 116th Cong., 1st Sess., Report 116-XXX.
9. Ibid.
10. Aaron Blake, "The Senate's 'Grave' Russia Report: What We Learned, and What It Means," *Washington Post*, August 18, 2020.
11. "Report of the Select Committee on Intelligence."
12. Charlie Savage, "Trump Pardons Michael Flynn, Ending Case His Justice Dept. Sought to Shut Down," *New York Times*, November 25, 2020.
13. Theodoric Meyer, "Emails Give New Detail About Mercury, Podesta Role in Manafort's Lobbying," *Politico*, September 13, 2018.
14. It's worth noting that there's no evidence that Hunter's work in Ukraine or elsewhere affected his father's policies. If anything, in Ukraine, such a scheme appeared to backfire; Biden publicly called for Ukrainian authorities

to specifically investigate the firm his son was affiliated with. See Casey Michel, "Trump's Big Lie About Joe Biden, Hunter Biden, and Ukraine Falls Apart," *The Daily Beast*, September 29, 2019.

15. Casey Michel, "The Emerging Artistry of Hunter Biden," *The Atlantic*, September 28, 2021.
16. Sarah Chayes, "Hunter Biden's Perfectly Legal, Socially Acceptable Corruption," *The Atlantic*, September 27, 2019.
17. Theodoric Meyer, "How Lobbyists Are Supporting Biden," *Politico*, April 26, 2019.
18. Mark Paustenbach and Mark Skidmore, "Larry Rasky: A Legendary Democratic Operative Who Boosted Joe Biden," *Politico Magazine*, December 26, 2020.
19. Casey Michel, "Biden's Super PAC Buddy Has a Paul Manafort Problem," *New Republic*, November 1, 2019.
20. Author interview with Larry Rasky.
21. Karin Fischer, "Far-Reaching Investigations of Colleges' Foreign Ties Could Be Closed," letter to the editor, *Chronicle of Higher Education*, October 5, 2022.
22. Jimmy Quinn, "Biden Admin Winds Down Probes into Universities' Foreign Gifts," *National Review*, October 18, 2022.
23. U.S. Department of Justice, National Security Division, email to [addressee re dacted], "Re: [Company] Request for Advisory Opinion Pursuant to 28 C.F.R. § 5.2," April 12, 2022, https://www.justice.gov/nsd-fara/page/file/1526096/download.
24. The State Department did not respond to my questions regarding requirements or requests about think tanks and foreign funding disclosure.
25. *U.S. v. Gregory B. Craig*, Grand Jury Indictment, U.S. District Court, District of Columbia, April 11, 2019, https://www.justice.gov/usao-dc/press-release/file/1153646/download.
26. Matthew Continetti, "The Shameful Saga of Greg Craig," Commentary, October 2019.
27. Sharon LaFraniere, "Gregory Craig Acquitted on Charge of Lying to Justice Department," *New York Times*, September 4, 2019.
28. Ibid.
29. Ibid.
30. Instead of FARA, Barrack was charged with violating a statute known as

Section 951, a related lobbying- and espionage- related regulation. Section 951 was used against others involved in the 2016 interference campaign, such as Maria Butina, the Russian agent who infiltrated the National Rifle Association (NRA). See 18 U.S. Code § 951, "Agents of Foreign Governments."

31. Department of Justice, "Former Advisor to Presidential Candidate Among Three Defendants Charged with Acting as Agents of a Foreign Government," press release, July 20, 2021.
32. Rebecca Davis O'Brien, "Former Trump Adviser Acquitted on Charges of Acting as Emirati Agent," *New York Times*, November 4, 2022.
33. Ibid.
34. Jacqueline Thomsen, "Casino Tycoon Wynn Defeats U.S. Lawsuit over Chinese Agent Claims," Reuters, October 12, 2022.
35. Devan Cole, "Steve Wynn Can't Be Forced to Register as a Foreign Agent of China, Judge Rules," CNN, October 12, 2022.
36. McKinsey's filings can be found in the FARA database, including: https: // efile.fara.gov/docs/6852-Registration-Statement-20200810-1.pdf.
37. Katie Benner, Mark Mazzetti, Ben Hubbard, and Mike Isaac, "Saudis' Image Makers: A Troll Army and a Twitter Insider," *New York Times*, October 20, 2018.
38. Walt Bogdanich and Michael Forsythe, "How McKinsey Has Helped Raise the Stature of Authoritarian Governments," *New York Times*, December 15, 2018.
39. Sheelah Kolhatkar, "McKinsey's Work for Saudi Arabia Highlights Its History of Unsavory Entanglements," *New Yorker*, November 1, 2018.
40. Taylor Giorno and Anna Massoglia, "Saudi Arabia Ramped Up U.S. Influence Operations During Biden's Presidency," Open Secrets, October 7, 2022.
41. Ben Freeman, "It's Time to Silence the Saudi Lobbying Machine in Washington," *Washington Post*, October 22, 2018.
42. Ben Freeman, "The Saudi Lobby Builds Back Better," The Intercept, August 25, 2022.
43. Craig Whitlock and Nate Jones, "Retired U.S. Generals, Admirals Take Top Jobs with Saudi Crown Prince," *Washington Post*, October 18, 2022.
44. Jeremy Herb, "Mattis Advised UAE Military Before Joining Trump Administration," CNN, August 2, 2017.

45. Craig Whitlock and Nate Jones, "UAE Relied on Expertise of Retired U.S. Troops to Beef Up Its Military," *Washington Post*, October 18, 2022.

第十七章　李氏公關指南

1. Quoted in Sean Wilentz, *Rise of American Democracy: Jefferson to Lincoln* (New York: W. W. Norton, 2006).
2. Dan Mangan, "Federal Authorities Bar Ex- Trump Campaign Chief Paul Manafort from Dubai Flight Because of Invalid Passport," CNBC, March 23, 2022.
3. John Hudson, "U.S. Intelligence Report Says Key Gulf Ally Meddled in American Politics," *Washington Post*, November 12, 2022.
4. Jonathan Guyer, "Where in the World Are Russians Going to Avoid Sanctions?," Vox, August 9, 2022.
5. Eugene Daniels, "Politico Playbook: Biden Braces for Brutal Inflation Numbers," *Politico*, April 12, 2022.
6. Paul Manafort, *Political Prisoner: Persecuted, Prosecuted, but Not Silenced* (New York: Skyhorse, 2022).
7. "Foreign Lobby Watch," Open Secrets, https://www.opensecrets.org/fara, accessed 3 March 2023.
8. Much of the spike in these Russian expenditures stems from the fact that the fed eral government forced RT's parent company to register with FARA in 2017. See Devlin Barrett and David Filipov, "RT Agrees to Register as an Agent of the Russian Government," *Washington Post*, November 9, 2017.
9. Casey Michel, *American Kleptocracy: How the U.S. Created the World's Greatest Money Laundering Scheme in History* (New York: St. Martin's, 2021).
10. Hailey Fuchs, "How Russian Entities Are Retaining Much of Their D.C. Lobbying Influence," *Politico*, March 22, 2022.
11. Josh Rogin, "It's Time to Shut Down the Foreign Dictator Lobbying Racket," *Washington Post*, October 5, 2022.
12. Office of Rep. Steve Cohen, "Representatives Cohen, Wilson, Banks, and Slot kin Introduce the Bipartisan Stop Helping Adversaries Manipulate Everything (SHAME) Act," press release, October 5, 2022.
13. Office of Rep. Jared Golden, "Golden, Bipartisan Colleagues Introduce Legislation to Combat Foreign Influence in Washington," press release, June 16, 2022.

14. Casey Michel, "Congress Takes Aim at Think Tanks and Their Corrupt Money," *New Republic*, June 27, 2022.
15. Emily Wilkins, "GOP Changes Stir Fears About the Future of House Ethics Office," Bloomberg Government, January 17, 2023.
16. Ivy Lee with Burton St. John III, *Mr. Lee's Publicity Book: A Citizen's Guide to Public Relations* (New York: PRMuseum Press, 2017).
17. Ibid.
18. Ibid.
19. "#EthicsMatter— Ivy Lee and the First Code of Ethics," Global Alliance for Public Relations and Communication Management, Zurich, February 19, 2021. 20. "Rise of the Image Men," *The Economist*, December 16, 2010.
21. Gary McCormick, "Merely 'Image Men'? Hardly," Public Relations Society of America, December 20, 2010.
22. For instance, the "Code of Ethics" for McCormick's organization is silent as it pertains to American PR specialists aiding dictators. See "Public Relations So ciety of America (PRSA) Member Code of Ethics," n.d., https://web.archive.org/web/20140115230822/https://www.prsa.org/AboutPRSA/Ethics/CodeEnglish/#.UtcU7XbP23A.
23. Adam Lowenstein, "The American PR Firm Helping Saudi Arabia Clean Up Its I mage," *The Guardian*, December 22, 2022.
24. Hailey Fuchs, "The Daily Show Meets Riyadh! How a Giant PR Firm Is Pitching the Saudis," *Politico*, July 17, 2022.
25. Lowenstein, "The American PR Firm Helping Saudi Arabia."
26. Aziz El Yaakoubi, "Saudi Woman Gets 45- Year Prison Term for Social Media Posts, Rights Group Says," Reuters, August 30, 2022.
27. Marcus Baram, "How Saudi Arabia Restored Its U.S. Influence Machine After the Khashoggi Murder," *Foreign Policy*, January 27, 2021.
28. Lowenstein, "The American PR Firm Helping Saudi Arabia."
29. Ibid.
30. Fuchs, "The Daily Show Meets Riyadh!"
31. In May 2022, Edelman CEO Richard Edelman wrote that he was "more convinced than ever about the global rift between democracy and autocracy." A few days later, the company signed its new deal with Saudi Arabia. It's unclear how Edelman views its own role in this rift between democracy and autocracy. See Richard Edelman, "Davos Mid-Year," June 2, 2022, https://www.edelman.com /insights/davos-mid-year-6-am, and

Lowenstein, "The American PR Firm Helping Saudi Arabia."
32. Lee, *Mr. Lee's Publicity Book*.
33. Ibid.

後記

1. Bob Lee, "They Came for the Gold and Stayed for the Grass," *Rangelands*, Octo ber 1996, https://journals.uair.arizona.edu/index.php/rangelands/article/viewFile/11303/10576.
2. Peter Duffy, "The Congressman Who Spied for Russia," *Politico*, October 6, 2014.
3. Cascy Michel, "We've Never Seen Anything Like the Menendez Indictment," *The Atlantic*, October 26, 2023.
4. Nina Burleigh, "Nadine and Bob Menendez's Flashy, Allegedly Corrupt, Romance," *New York Magazine*, October 31, 2023.
5. Ben Penn, "Menendez Indicted as Foreign Agent After Thwarting Related Bill," *Bloomberg Law*, October 13, 2023.
6. Alexander Hamilton, "Federalist No. 21: Other Defects of the Present Confederation" (1787).

Horizon 視野 014

外國代理人：美國公關遊說業如何威脅全球民主

Foreign Agents:
How American Lobbyists and Lawmakers Threaten Democracy Around the World

作者 凱西·米歇爾（Casey Michel）
翻譯 林添貴

明白文化事業有限公司
社長暨總編輯 林奇伯
責任編輯 楊鎮魁
文字編輯 楊鎮魁、李宗洋
文稿校對 楊鎮魁
封面設計 兒日設計
內文排版 大光華印務部

出版 明白文化事業有限公司
地址：231 新北市新店區民權路 108-3 號 6 樓
電話：02-2218-1417 傳真：02-8667-2166
發行 遠足文化事業股份有限公司（讀書共和國出版集團）
地址：231 新北市新店區民權路 108-2 號 9 樓
郵撥帳號：19504465 遠足文化事業股份有限公司
電話：02-2218-1417
讀書共和國客服信箱：service@bookrep.com.tw
讀書共和國網路書店：https://www.bookrep.com.tw
團體訂購請洽業務部：02-2218-1417 分機 1124
法律顧問 華洋法律事務所 蘇文生律師
印製 中原造像股份有限公司
出版日期 2025 年 4 月初版
定價 650 元
ISBN 978-626-99329-5-5（平裝）
9786269932962（EPUB）
書號 3JHR0014

國家圖書館出版品預行編目 (CIP) 資料

外國代理人：美國公關遊說業如何威脅全球民主 / 凱西 . 米歇爾 (Casey Michel) 著；林添貴譯 . -- 初版 . -- 新北市：明白文化事業有限公司出版：遠足文化事業股份有限公司發行，2025.04
面； 公分 . -- (Horizon 視野；14)
譯自：Foreign agents : how American lobbyists and lawmakers threaten democracy around the world.
ISBN 978-626-99329-5-5(平裝)

1.CST: 馬納福 (Manafort, Paul J.) 2.CST: 李 (Lee, Ivy L., 1877-1934) 3.CST: 政治 4.CST: 國際關係 5.CST: 代理 6.CST: 美國

574.52 114001480